МИХАЭЛЬ ЛАЙТМАН

«ТАЙНЫ ВЕЧНОЙ КНИГИ»

КАББАЛИСТИЧЕСКИЙ КОММЕНТАРИЙ К ТОРЕ

ТОМ 9

«КОГДА БУДЕШЬ ЗАЖИГАТЬ»
«И ПОСЛАЛ»
«КОРАХ»
«ЗАКОН»
«БАЛАК»

МЕЖДУНАРОДНАЯ
АКАДЕМИЯ
КАББАЛЫ

Лайтман, Михаэль
Тайны Вечной Книги. Том 9/ Михаэль Лайтман – Laitman Kabbalah Publishers, 2019. – 392с.
Напечатано в Израиле.

Laitman, Michael
Secrets of the Eternal Book. Volume 9/ Michael Laitman – Laitman Kabbalah Publishers, 2019. – 392 pages.
Printed in Israel.

ISBN 978-965-7577-98-1
DANACODE - 760-143

Подобного раскрытия Торы до сих пор не было. Дайте себе немного времени, войдите в материал, и, уверяю вас, вы не оторветесь от этой книги. Потому что почувствуете, что она – о вас. И она нужна вам, как близкий друг, который всегда поможет, придет на помощь, будет рядом и в горе, и в радости.

Семен Винокур, автор и ведущий серии передач с Михаэлем Лайтманом «Тайны Вечной Книги»

ISBN 978-965-7577-98-1
DANACODE - 760-143

Copyright [c] 2019 by Laitman Kabbalah Publishers
1057 Steeles Avenue West, Suite 532
Toronto, ON M2R 3X1, Canada
All rights reserved

ОГЛАВЛЕНИЕ

ПРЕДИСЛОВИЕ	9
ГЛАВА «КОГДА БУДЕШЬ ЗАЖИГАТЬ»	11
НИКТО НИ В ЧЕМ НЕ ВИНОВАТ	12
ВЫКОВАТЬ ИЗ ЧЕЛОВЕКА СВЕТИЛЬНИК	15
НАЙДИ В СЕБЕ ЛЕВИТОВ	18
В СУМЕРКИ, В ПУСТЫНЕ СИНАЙ…	23
МОШЕ – РАБ БОЖИЙ	25
РАЗГРЕБАТЬ СВОИ КОНЮШНИ	29
ЗАКРЫТЬ ГЛАЗА, ЧТОБЫ УВИДЕТЬ	32
ОБРАТНАЯ ЛОГИКА ВЫСШЕГО МИРА	35
ПОДНИМАЕМ ФЛАГИ	39
НА ЧЕТВЕРЕНЬКАХ КАРАБКАЕМСЯ ВВЕРХ	44
ВЕЛИКИЕ ПОТОМКИ ИТРО	47
БЕРУТ ОТ ИЗРАИЛЯ И УХОДЯТ	51
ШАГ ДЛИНОЮ В 40 ЛЕТ	53
КТО НАКОРМИТ НАС МЯСОМ?!	57
НЕ ДУМАЙ О ЗАВТРАШНЕМ ДНЕ	62
МУЗЫКАНТ ИЛИ ПЕВЧАЯ ПТИЧКА?	65
ХОТИМ МЯСА НА ПРИНТЕРЕ	69
МОШЕ ВСЁ ВАЛИТ НА ТВОРЦА	74
ВЫСШИЙ СВЕТ ИЛИ ДЕНЬГИ	76
И СМЕРТЬ СТАНЕТ БЛАГОМ ДЛЯ ВАС!	79
«ВЫ ПРИНИЗИЛИ СЕБЯ; ПОСЕМУ Я ВОЗНЕСУ ВАС»	83
ТЫ ВРАЛ САМ СЕБЕ	87
НАЕЛИСЬ МЯСА ДО ОТВАЛА	91
СЛАДКИЕ СТРАДАНИЯ ЛЮБВИ	94
Я САМ! Я БОЛЬШОЙ!	95
БОЛЬНЫХ НЕ БРОСАЮТ В ПУСТЫНЕ	99

ГЛАВА «И ПОСЛАЛ» — **103**
   ПОШЛИ ЛАЗУТЧИКОВ ВПЕРЕД — 104
   КАРАБКАЙСЯ НА ЧЕТВЕРЕНЬКАХ — 109
   ЧТО ДЕЛАТЬ? МЫ НЕ ЗНАЕМ — 111
   НА ГРАНИЦЕ ЖДУТ НАС ВЕЛИКАНЫ — 115
   ОНИ БУДУТ ВОЕВАТЬ И ПОБЕДЯТ — 118
   ПОДОЗРИТЕЛЬНОЕ МЕСТО — 120
   ЧЕЛОВЕК НЕ ХОЧЕТ ПЕРЕМЕН — 122
   ТАМ ХОРОШО, НО МНЕ ТУДА НЕ НАДО — 125
   ЛУЧШЕ ВЕРНУТЬСЯ В ПУСТЫНЮ — 129
   ЗЛАЯ МОЛВА О СТРАНЕ — 131
   КУЗНЕЧИКИ, ПОХОЖИЕ НА ЛЮДЕЙ — 134
   КОПАЛИ МОГИЛЫ И ЛОЖИЛИСЬ В НИХ — 138
   ПОМИНОВЕНИЕ — 141
   ВЕЧЕР ГОРЕСТНЫХ ЖАЛОБ ДЕВЯТОГО АВА — 145
   ПОДЛОСТЬ, ПРЕДАТЕЛЬСТВО, МЕРЗОСТЬ — 148
   ЗАБИРАЙ ТАКОЕ СЧАСТЬЕ ОБРАТНО! — 150
   МОЛИТВА – ЭТО САМОСУД — 155
   НА ГРАНИЦЕ МОШЕ УМИРАЕТ — 157
   НИКТО НЕ МЕЧТАЕТ О ЦАРСКОЙ ДОЧЕРИ — 160
   КАЖДЫЙ РАЗ ЧЕЛОВЕК – НОВЫЙ — 162
   ЗАКРОЕШЬ ГЛАЗА – И НЕТ ПРЕГРАД — 166
   ТЫ НЕ СПОСОБЕН СОГРЕШИТЬ — 169
   КАК ОЩУТИТЬ, ЧТО ЭТО – ОШИБКА? — 174
   ИСТРЕБИТЬ ДУШУ НЕВОЗМОЖНО — 179
   МОЖНО ЛИ СОБИРАТЬ ХВОРОСТ В СУББОТУ? — 180
   КИСТИ НА КРАЯХ ОДЕЖДЫ — 183

ГЛАВА «КОРАХ» — **187**
   РАСПОРЯДИТЕЛЬ ЦАРСКОЙ КАЗНЫ — 188
   ВСЕ РАВНО Я ПОКОРЯЮСЬ МОШЕ — 193
   СОМНЕНИЕ – ПУТЬ К ПРОДВИЖЕНИЮ — 195
   ВЕСЬ ДЕНЬ ТЫ ПРОВОДИШЬ В МОГИЛЕ — 197

МЫ ПОЙДЕМ ДРУГИМ ПУТЕМ?!	200
ОДИН СОГРЕШИЛ, А ВСЕ ВИНОВАТЫ	204
И ПОГЛОТИЛА ИХ ЗЕМЛЯ	207
В ПРЕИСПОДНЮЮ СОШЛИ ЖИВЫМИ	210
ЧТО МОЖНО НАСКРЕСТИ СОВКОМ?	212
НЕ ПОМНЮ, ЧТО ДУМАЛ ВЧЕРА	217
МНОГИЕ ЗНАНИЯ УМНОЖАЮТ ПЕЧАЛИ	219
ЛИДЕРЫ НЕ ВИНОВАТЫ?	222
ОДНИ ПОГИБАЮТ, ДРУГИЕ СТРАДАЮТ, ТРЕТЬИ...	224
МОЯ ГОТОВАЯ ДУША	228
И РАСЦВЕЛ ПОСОХ ААРОНА	230
СВЯЗАННЫЕ ОДНОЙ ЦЕЛЬЮ	233
ЦАРЬ ИУДЕЙСКИЙ: НИ БАЛОВ, НИ ОХОТЫ	236
ПЯТЬ БОЛЬШИХ СЕРЕБРЯНЫХ МОНЕТ	239
НЕ ВЕРЬ СЕБЕ ДО САМОЙ СМЕРТИ	241
ПЕРЕД СЛЕПЦОМ НЕ СТАВЬ ПРЕГРАДЫ	244

ГЛАВА «ЗАКОН» — **247**

ПОЛЕЗНОЕ ЖИВОТНОЕ – КОРОВА	248
С КАЖДОГО – ПОЛШЕКЕЛЯ	250
НАЙТИ В СЕБЕ РЫЖУЮ КОРОВУ	252
ПОЧЕМУ В ЧАСЕ 60 МИНУТ	253
НОВЫЙ ДЕНЬ НАЧИНАЕТСЯ С ВЕЧЕРА	254
ЗАЧЕМ ОКУНАТЬСЯ В МИКВУ?	256
ИЗ ЭГОИСТА – В АЛЬТРУИСТА. И НАОБОРОТ	258
СМЕРТЬ В ШАТРЕ	261
ДЛЯ ЧЕГО НУЖНА ЗАТЫЧКА?	264
И УМЕРЛА ТАМ МИРЬЯМ...	266
ОН УХОДИЛ НА МОИХ ГЛАЗАХ	268
ПОЧЕМУ НЕ СКАЗАЛ, А УДАРИЛ?	270
МЕЖДУ НАРОДОМ И ТВОРЦОМ	273
ПОСПОРИЛИ СЫНЫ ИЗРАИЛЯ С БОГОМ	274
ДВЕРЬ В ТАЙНУЮ КОМНАТУ	277

ЗАЧЕМ ЧЕЛОВЕКУ ОДЕЖДА?	283
КОГДА ХОДИТЬ НА КЛАДБИЩЕ?	285
«МЫ УНИЧТОЖИМ ЭТОТ НАРОД»	288
ВМЕСТО ПРЯМОГО ПУТИ – ЗИГЗАГИ	291
КОГДА ЛЕКАРСТВО ПРЕВРАЩАЕТСЯ В ЯД	293

ГЛАВА «БАЛАК» — **295**

ЗЛОЕ НАЧАЛО – ДВИГАТЕЛЬ ПРОГРЕССА	296
«ВСЕ ОБГЛОДАНО ВОКРУГ НАС»	299
ПОСМОТРИ В ПРИЦЕЛ	302
ПРИНЦ МОШЕ – ОСОБАЯ СУДЬБА	304
НАРИСУЙ ТВОРЦА НА ЭКРАНЕ	307
ОПЯТЬ ТУМАН	309
ОСЛИЦА ПРОРОЧЕСТВУЕТ, ПТИЦЫ ГОВОРЯТ	311
У ВСЕХ ПРЕТЕНЗИИ К ТВОРЦУ	315
КРАЖА ОВЕЦ И КРАЖА ПЕРВОРОДСТВА	319
СМЕРДЯЩИЙ НИЛ	322
ОСЕДЛАТЬ ОСЛИЦУ, ПОСТРОИТЬ ВИСЕЛИЦУ…	325
С ОДНОЙ СТОРОНЫ – ЗАБОР И С ДРУГОЙ СТОРОНЫ…	328
СБРОСИТЬ ТВОРЦА И ЗАНЯТЬ ЕГО МЕСТО	332
ДИАЛОГ С ОСЛИЦЕЙ	335
ВСЕ АНГЕЛЫ В ОДНОЙ УПРЯЖКЕ	340
НАСТОЯЩИЕ АНТИСЕМИТЫ И ИХ МИССИЯ	343
НАРОД ЭТОТ НЕ ЧИСЛИТСЯ МЕЖДУ НАРОДАМИ	347
ХОЧУ СЛУЖИТЬ ТВОРЦУ! ИЗ ЭГОИЗМА	351
ПАРАДОКС БУРИДАНОВА ОСЛА	353
НЕТ КОЛДОВСТВА ПРОТИВ ИЗРАИЛЯ	355
ВЕДЬ МЫ ТАКИЕ ТАЛАНТЛИВЫЕ…	358
ИГРА В ЛЮБОВЬ	362
ЧЕРЕЗ ТЕРНИИ — К СВЕТУ	364
НАРОД ПОДНИМАЕТСЯ, КАК ЗВЕРЬ	365
КАК ПОБЕДИТЬ ТВОРЦА?	369
«НЕ ПУСКАЮ, А ТЫ ИДИ!»	371

УПАЛ С ОТКРЫТЫМИ ГЛАЗАМИ	373
ГОРА СОМНЕНИЙ, ИЗМЕН И ПРОКЛЯТИЙ	375
АМАЛЕК ПОГИБАЕТ ПОСЛЕДНИМ	379
И ПРЕКРАТИЛСЯ МОР СРЕДИ СЫНОВ ИЗРАИЛЯ	381
ПРИЛОЖЕНИЕ	**385**
ОБ ИЗДАНИИ «ТАЙНЫ ВЕЧНОЙ КНИГИ»	387
СОДЕРЖАНИЕ ТОМОВ	388
МИХАЭЛЬ ЛАЙТМАН	389
СЕМЕН ВИНОКУР	389
МЕЖДУНАРОДНАЯ АКАДЕМИЯ КАББАЛЫ	390
УГЛУБЛЕННОЕ ИЗУЧЕНИЕ КАББАЛЫ – ЕЖЕДНЕВНЫЙ УРОК	390
ИНТЕРНЕТ-МАГАЗИНКАББАЛИСТИЧЕСКОЙ КНИГИ	391

Предисловие

Когда мы снимали серию телепередач «Тайны Вечной Книги», мы все время ловили себя на мысли: «Лишь бы не прекращалось это чудо»...

Вот именно для того, чтобы сохранить это ощущение, мы и оставили все, как было.

Вот так, в виде свободной беседы все и происходило.

Мы получали ответы на сложнейшие вопросы.

Перед нами раскрывался волшебный мир Торы.

Точнее сказать, мы впускали ее в себя.

И открывалось нам, что это действительно инструкция, и действительно единственная в своем роде.

В книге все сохранено. И даже личные темы, которые вдруг возникали по ходу беседы, они тоже вошли в книгу.

Дорогие читатели, мы советуем вам, «отпустите весла» и начните сплавляться по этой великой реке жизни, которая называется каббалистический комментарий к главам Торы.

Читайте не торопясь, тогда вы почувствуете неповторимый вкус этой книги.

И захотите прочитать ее еще и еще раз.

У нас надежный проводник. Он чувствует эту реку, как свою, она для него – родная.

Каббалист Михаэль Лайтман раскрывает нам тайны Книги, в которой написано абсолютно все о каждом из нас.

О том, как нам жить.

Как быть счастливыми.

Двинемся же вслед за ним в это увлекательное путешествие!

Семен Винокур, автор и ведущий серии передач с Михаэлем Лайтманом «Тайны Вечной Книги»

Глава
«КОГДА БУДЕШЬ ЗАЖИГАТЬ»

НИКТО НИ В ЧЕМ НЕ ВИНОВАТ

Мы начинаем новую главу, она называется «Баалотха». В переводе – «Когда будешь зажигать».

Название главы указывает на твое движение вверх.

И начинается она со слов: «Когда будешь возжигать лампады…». Указано, как должны стоять светильники по отношению к меноре – главному светильнику. Упоминается заповедь о пасхальном жертвоприношении. Рассказывается о Скинии, о левитах. Дальше очень интересно развиваются события: народ ропщет, хочет обратно в Египет… Моше просит Творца: «Не могу я один нести весь этот народ». И тут уничтожается часть народа. Мы с Вами разберем, что это означает.

В конце главы описывается случай, когда Мирьям вместе с Аароном начинают обсуждать Моше: «Разве только с Моше говорил Творец?!». Аарон и Мирьям, уже находящиеся на высоком уровне, тоже впадают в эгоизм. Что же говорить об остальных, если у них такие праведники?!

Это надо понимать. Все проходят подобные состояния, и никто не может пройти их лучше, чем это сделали они.

Мы состоим всего лишь из мяса, плоти. Из человека можно сделать все, что угодно – нет у нас сил ни на что! Все зависит только от того, в какое состояние и в какие условия поместить человека. Ничего другого нет!

Постоянно идет расчет не с человеком, а с Творцом, с Высшей силой, которая направляет.

Насколько дано человеку соответствующее напутствие, понимание управления, настолько быстро и относительно гладко он идет. Но если надо, то свыше могут заставить его делать все, что угодно. Нет ограничения на эгоизм, на желание наслаждаться, из которого мы состоим. Нет ограничений на желание. Можно так подействовать на человека, что он выполнит все, что ему сказано, что бы это ни было! Абсолютно все! Наше желание насладиться, наполниться является основой природы. Внизу, кроме этого, ничего нет. Желание определяет всё.

Люди, которые прошли концлагеря или лагеря в Сибири, это знают и понимают, потому что перенесли на себе это испытание.

Говорят о сталинском времени, что люди доносили на своих детей, тем самым подписывая им смертный приговор. А что творилось в Ленинграде во время блокады!

Да, да. Ничего не могли с собой сделать! Это естественно. Нечего тут стыдиться. Надо просто понимать свою природу.

Вы не обвиняете человека в этом?

Человека вообще не в чем обвинять! Абсолютно не в чем. Творца – еще ладно. Но человека – абсолютно нет, никак.

Начнем читать главу «Когда будешь зажигать»:

/1/ И ГОВОРИЛ БОГ, ОБРАЩАЯСЬ К МОШЕ, ТАК: /2/ «ГОВОРИ ААРОНУ И СКАЖИ ЕМУ: КОГДА БУДЕШЬ ЗАЖИГАТЬ СВЕТИЛЬНИКИ, ТО К ЛИЦЕВОЙ СТОРОНЕ МЕНОРЫ ДА ОБРАТЯТ СВЕТ ЭТИ СЕМЬ СВЕТИЛЬНИКОВ».

И дальше написано:

/4/_ И ВОТ УСТРОЙСТВО МЕНОРЫ: ИЗ ЦЕЛЬНОГО СЛИТКА ЗОЛОТА ВЫКОВАНА ОНА, ДО САМОГО ОСНОВАНИЯ ЕЕ, ДО ЦВЕТКОВ ЕЕ, ИЗ ЦЕЛЬНОГО СЛИТКА ВЫКОВАНА ОНА. ПО ОБРАЗУ, КОТОРЫЙ БОГ ПОКАЗАЛ МОШЕ, ТАК СДЕЛАЛ ОН МЕНОРУ.

Почему глава начинается со светильника?

Светильник – *менора* – является олицетворением света, нисходящего сверху на человеческие души. Это семисвечник, который означает объединение шести светов, нисходящих свыше: хэсэд, гвура, тиферэт, нэцах, ход, есод, относящихся к Зэир Анпин. Это устройство мы называем – Творец.

Зэир Анпин?

Да. Он находится выше нас. Относительно нас Зэир Анпин – Творец.

Творец – всегда понятие относительное: тот, кто выше меня, и есть мой Творец. Я поднимаюсь на его уровень, и он становится еще выше. Каждый раз у меня как бы другой Творец: я меняюсь – поднимаюсь, и вместе со мной Он меняется.

Творец воздействует на меня семью светами, поэтому менора – семисвечник: шесть свечей и одна посредине. Та, что посередине, – это я, уже готовый светиться, как Он. Поэтому семисвечник олицетворяет собою объединение, соединение.

ГЛАВА «КОГДА БУДЕШЬ ЗАЖИГАТЬ»

ВЫКОВАТЬ ИЗ ЧЕЛОВЕКА СВЕТИЛЬНИК

Семисвечник – это объединение моё и Творца?

Да, моё и Творца, когда я свечусь, как Он. Я меняю свои свойства на обратные – свойства получения на свойства отдачи, и поэтому могу светить так же, как Он.

Есть правая и левая линия, а я в своей работе являюсь средней линией. Светильник является основным предметом. Все остальное: стол, хлеб на столе, покрывала и так далее, – олицетворяют собой всевозможные свойства связи между Творцом и творениями. Но самое яркое, самое главное – это светильник, менора.

Почему светильник выкован из цельного куска золота, из слитка?

Это невозможно сделать, на самом деле.

Невозможно создать форму и залить ее?

Я думаю, что тут дело не в литье и не в ковке. В нашем мире нет этому подобия. Невозможно создать эту конструкцию такой, какой она предназначена быть по замыслу своему. И не в материале дело – не о материале тут, конечно, говорится.

Сделать из чистого золота означает – из чистого эгоизма. Ты должен создать менору из самого чистого эгоизма. Проба – 100 процентов, никаких 99 и прочее. Это самый чистый эгоизм, который ты перерабатываешь, чтобы он весь светился в обратную сторону – отдавал свет. Он не может состоять из кусков.

Ты должен прийти к такому состоянию, когда весь твой эгоизм, вся твоя природа превращается в свойство отдачи и любви. Ты поднимаешься над своим эгоизмом. Поэтому и называется глава «Беаалотха ле-неэйрот» – при твоем подъеме к свету, к свечению.

Все-таки Вы – романтик. Красиво объясняете. Сейчас я приведу пример еще одного огромного романтика – Вашего учителя РАБАШа.

РАБАШ пишет: «Под светильником подразумевается тело человека, и когда свет Творца облачен в него, человек светится подобно светильнику. Но спрашивается: как человеческое тело может облачить высший свет в то время, когда есть такое отличие в свойствах между светом и кли, то есть телом человека?»

Под телом имеется в виду эгоизм.

«Трудность создания кли называется «требованием», а затем уже в него может войти наполнение, отвечающие на это требование (хисарон). Но если у человека нет трудностей, то нет у него и места, чтобы в ответ на свое требование получить наполнение, называемое «помощью свыше». Отсюда ясно, что без трудностей человек сам не может начать действовать, и тогда нет места для наполнения потребностей».

Помощь заключается в трудностях, поставляемых нам свыше. Без них у человека не будет требования, он не загорится.

Получается так: Я создам трудности, Я же их наполню, потом и Я же их исправлю?

Да, но эти трудности человек должен переработать в себе и использовать как материал для свечения.

Моя главная задача – ощутить, что трудности идут от Него? И оправдать Его?

Да, конечно. Всё идет от Творца! Всё это мы должны правильно изменить в себе, правильно поставить. Причем, это понимание приходит человеку в таких обстоятельствах, когда он находится в абсолютной запутанности, в нем вдруг возникают страхи, всевозможные неверные представления и так далее. Его поднимают на такой уровень, где он ощущает себя буквально как стебелек, он совершенно не может ориентироваться. Тут-то и начинают его формировать, ковать из него светильник.

Когда весь эгоизм человека становится мягким, тогда из него можно создать менору. В момент ковки, конечно, приходят разные состояния...

Вы сейчас настолько красиво рассказываете, но одновременно я прекрасно понимаю, какой там стоит крик – внутренний, вселенский, который тебя просто уничтожает.

Да, это – переход. Но! Когда человек находит связь с Творцом, мучительный переход превращается в наслаждение. Это воспринимается как операция, как очищение: ты знаешь, что избавляешься от внутренней ненависти, от внутреннего змея, от всего того, что ненавидишь. И ненавидеть это ты должен больше, чем боль, и тогда не чувствуешь мучений.

Сила намерения, стремления к цели должна быть больше, чем причиняемая боль. Всё измеряется одним и тем же параметром – силой притяжения или силой отталкивания. Если сила притяжения к цели больше, чем сила боли, то есть сила отталкивания, то ты ее не чувствуешь. Это мы видим даже и в нашем мире.

Ваш учитель рассказывал, что человек должен страдать?
Да, да.

Вы видели у него такие состояния, когда он поднимался над этой болью? Внешне это видно?
Нет, не видно. Абсолютно! Я мог иногда подсмотреть на его лице что-то такое, но, в принципе, это всегда скрывалось, невозможно было увидеть.

Человек привыкает, что всё это в нем, настолько внутри, что снаружи нельзя ничего заметить. Я видел, в каком состоянии, допустим, он находился минуту назад, и вдруг он встречался с кем-то – всё, совсем другое состояние!

НАЙДИ В СЕБЕ ЛЕВИТОВ

Дальше о левитах.
/5/ И ГОВОРИЛ БОГ, ОБРАЩАЯСЬ К МОШЕ, ТАК: /6/ «ВОЗЬМИ ЛЕВИТОВ ИЗ СРЕДЫ СЫНОВ ИЗРАИЛЯ И ОЧИСТИ ИХ.

…ОКРОПИ ИХ ГРЕХООЧИСТИТЕЛЬНОЙ ВОДОЙ, И ПУСТЬ ОБРЕЮТ ВСЕ ТЕЛО СВОЕ, И ВЫМОЮТ ОДЕЖДЫ СВОИ, И ОЧИСТЯТ СЕБЯ.
/8/ И ВОЗЬМУТ МОЛОДОГО БЫКА И ХЛЕБНЫЙ ДАР…

И дальше написано:
/9/ И ПРИВЕДЕШЬ ЛЕВИТОВ К ШАТРУ ОТКРОВЕНИЯ, И СОБЕРЕШЬ ВСЕ ОБЩЕСТВО СЫНОВ ИЗРАИЛЯ. /10/ И ПРЕДСТАНУТ ЛЕВИТЫ ПРЕД БОГОМ, И ВОЗЛОЖАТ СЫНЫ ИЗРАИЛЯ РУКИ СВОИ НА ЛЕВИТОВ. /11/ И ПОСВЯТИТ ААРОН ЛЕВИТОВ БОГУ ОТ СЫНОВ ИЗРАИЛЯ, ЧТОБЫ СЛУЖИЛИ ОНИ БОГУ. /12/ А

Глава «Когда будешь зажигать»

ЛЕВИТЫ ВОЗЛОЖАТ РУКИ СВОИ НА ГОЛОВУ БЫКОВ: ОДИН БУДЕТ В ГРЕХООЧИСТИТЕЛЬНУЮ ЖЕРТВУ…

…И СТАНУТ МОИМИ ЛЕВИТЫ.

Все происходит внутри человека. Конечно, можно разыграть здесь целую оперу. Левиты стоят на ступенях, поют «Шир а-маалот» («Песнь ступеней»), зажигается менора, светится сама по себе, – можно представить это в Большом театре. На самом деле, всё не так.

Как бы Вы объяснили: «И найди в себе левитов»?

Всё находится внутри человека, и он должен сопоставить свои свойства так, чтобы собрать их в правильную схему.

Каждое свойство, всевозможные свои желания мы должны соединить между собой в правильном порядке. И когда вся мозаика будет собрана и станет основой души, тогда она начинает светиться.

Собранная в правильном соотношении, когда все свойства дополняют друг друга и устремляются к отдаче Творцу, она светится светом, который в ней возникает.

Весь высший свет, который ты не видишь, находится здесь. Делаешь правильное соединение между своими свойствами, – и свет проявляется в нем.

В этой созданной тобой схеме проявляется свойство отдачи, любви, объединения над эгоизмом, который тоже в ней находится. Всё время там возникают внутренние сопротивления, и именно благодаря им формируется свойство отдачи. То есть одновременно проявляется эгоизм, сокращение, экран и свет.

Написано: «Возьми левитов из среды сынов Израиля…». Что это внутри человека?

Основа всего – желания человека. Сейчас надо их отсортировать. Выделить такие, которые могут относиться к свойству бины. Это и есть «возьми левитов из сынов Израиля». «И очисти их». То есть они должны работать только на отдачу, у них нет никаких эгоистических желаний, имеется в виду, что нет даже исправленных желаний.

Сыны Израиля – это исправленные, полуисправленные, а также еще не до конца исправленные эгоистические желания.

Желания, которые очищены от них, – это левиты. И те, которые очищены еще дополнительно, на второй ступени, – уже коэн, коаним.

Есть две ступени очищения: *леашпиа аль минат леашпиа* (отдача ради отдачи) и *лекабель аль минат леашпиа* (получение ради отдачи).

И дальше: «Окропи их очистительной водой».

Вода – это свойство бины. То есть проведи их через бину.

«И пусть обреют всё тело свое и вымоют одежды свои».

Потому что волосы, которые растут на теле, показывают, насколько тело нуждается в исправлении. *Саарот* (волосы) – от слова *соэр* (возмущение): недостатки вылезают наружу.

«И возьмут молодого быка и хлебный дар...», – дальше уже идет жертвоприношение. Принесут жертву? Как бы отрежут от себя?

Да-да. Выделят из себя жертвы, которые невозможно исправить другим образом. Поэтому свою животную составляющую они обязаны зарезать или отослать в пустыню, или еще каким-то образом отделить. Обрабатывают животное в себе, часть съедают, другую – отдают.

Весь Храм напоминает собой скотобойню, на самом деле. Если человек не понимает и не находится в духовном подъеме, то для него это место должно быть страшно вонючим. Течет кровь, крики животных, которых режут и тут же разделывают, жарят, едят с хлебом, с вином… Попади туда современный человек с улицы, его реакция была бы простой: «Отлично, ребята, я присоединяюсь к застолью».

Внутренний смысл того, что говорится в Торе, конечно, совершенно противоположен такому повествованию.

«И приведешь левитов к Шатру откровения». Что это значит?

Свойства в человеке, которые называются левиим – левиты, необходимо поднять до такого уровня, когда они смогут быть в раскрытии Творца. Сами они этого не могут, потому что их свойства отдающие – гальгальта вэ-эйнайм. У них совершенно нет эгоизма, нет получающих свойств.

Вся работа левитов заключается в том, чтобы служить народу. Они работали просветителями, учителями. С одной стороны, собирали десятину и, с другой – обучали людей. Десятину привозили в Иерусалим, потом разъезжались оттуда и просвещали народ.

Левиты сами подняться не могут – это должен делать Моше.

Дальше:

И СОБЕРЕШЬ ВСЕ ОБЩЕСТВО СЫНОВ ИЗРАИЛЯ. /10/ И ПРЕДСТАНУТ ЛЕВИТЫ ПРЕД БОГОМ,

И ВОЗЛОЖАТ СЫНЫ ИЗРАИЛЯ РУКИ СВОИ НА ЛЕВИТОВ.

Руки – это получающие свойства людей. Если они присоединяются к левитам, тогда левиты могут получать ради того, чтобы передать народу. Если же народ не присоединяется к левитам, то левитам некуда получать, у них нет емкости для получения.

Левиты заинтересованы, чтобы народ приблизился к ним?

Да, тогда они выполняют свою функцию. Поэтому сказано, что у коаним и у левиим (коэнов и левитов) нет никакого своего надела. Их надел – это духовный мир. Ничего своего у них нет.

Их дом – бина. Так можно сказать?

Да. Вот твоя одежда, вот твоя работа – и это вся твоя жизнь. То есть левиты – такие свойства в человеке, которые идут только на отдачу в самом чистом виде.

И далее:
/11/ И ПОСВЯТИТ ААРОН ЛЕВИТОВ БОГУ ОТ СЫНОВ ИЗРАИЛЯ, ЧТОБЫ СЛУЖИЛИ ОНИ БОГУ. /12/ А ЛЕВИТЫ ВОЗЛОЖАТ РУКИ СВОИ НА ГОЛОВУ БЫКОВ…

Начинается процесс, когда народ приблизился, передал им свои получающие свойства. Левиты начинают их перерабатывать. Это значит, что они делают жертвоприношение?

Да. Левиты начинают в себе процесс очищения народа. Хотя это не их личные свойства, но работа левитов – очищение получающих свойств в нас, в том числе. Они постепенно готовят себя к тому, чтобы принимать свет и подтягивать к нему всех остальных. Это и называется образованием народа. В таком виде они занимаются образованием, просвещением.

Их жертвоприношение – «возложение рук на голову быков» – означает, что они получили от народа Израиля желания получать?

Народ, приближаясь к левитам, начинает через них воспринимать высший свет и таким образом меняться. Это преобразование и есть жертвоприношение.

Что такое – «и станут Моими левиты»?

Станут Моими, то есть войдут в сопряжение – *двекут* (слияние).

В СУМЕРКИ, В ПУСТЫНЕ СИНАЙ...

Дальше идет разговор о принесении пасхальной жертвы. Говорится:

/1/ И ГОВОРИЛ БОГ, ОБРАЩАЯСЬ К МОШЕ В ПУСТЫНЕ СИНАЙ, ВО ВТОРОЙ ГОД ПОСЛЕ ИСХОДА ИХ ИЗ СТРАНЫ ЕГИПЕТСКОЙ, В ПЕРВЫЙ МЕСЯЦ, ТАК: /2/ «ПУСТЬ ПРИНЕСУТ СЫНЫ ИЗРАИЛЯ ПАСХАЛЬНУЮ ЖЕРТВУ...»

/5/ И ПРИНЕСЛИ ОНИ ПАСХАЛЬНУЮ ЖЕРТВУ В ПЕРВЫЙ МЕСЯЦ ЧЕТЫРНАДЦАТОГО ДНЯ, В СУМЕРКИ, В ПУСТЫНЕ СИНАЙ...

Прошел год после бегства из Египта. Сейчас они уже могут праздновать годовщину выхода из Египта, то есть Песах. Тут идут указания, каким образом это делать.

Это первое празднование Песаха. Так праздновали Песах 40 лет, то есть на сорока ступенях каждый раз повторяется то же самое.

Зачитаю, что написано в Книге Зоар:

56) Каков смысл того, что предупредил их здесь о Песахе – ведь было уже сказано им в Египте? Но это было во второй год, и Исраэль думали, что Песах действует только в Египте. И поскольку уже прошли его однажды в Египте, то думали, что больше не нужно. …Именно поэтому предостерег их в пустыне Синай, во второй год, чтобы установить им Песах во все поколения.

Каждый раз на новых ступенях мы проходим очищение, исправление нашего эгоизма на свойства отдачи и любви. Всё повторяется вновь и вновь. Это, конечно, иносказательно нам передается.

Здесь говорится об исправлении человека, когда он начинает подъем. Это высокие ступени, на которых он выделяет из себя свойство левитов, свойство коэнов, делает из себя светильник (менору).

Далее идут всевозможные пасхальные жертвы. Человек проверяет себя, каким образом он может последовательно снова выделить в себе свойства, которые должен был оставить в Египте, с какими он уходит из него и какие свойства можно очистить.

Проверяется каждый год из сорока лет. Что значит 40 лет? Это не количество лет. Это состояние, когда человек видит, что он может повторить прошлые исправления на новых уровнях. Так образуются 40 лет возвышения до уровня Земли Израиля.

Так и исчезает поколение Египта? Проходит 40 лет, и оно очищается до уровня Земли Израиля?

Да. Поэтому Творец и говорит, что никто из вас не войдет в Землю Израиля. Войдет лишь тот, чей эгоизм полностью исправился на альтруизм. Всё остальное, что не присоединится к свойству отдачи и любви, должно умереть. Оно и так мертвое. Только сейчас это мертвое не выделено, это еще как салат, где все вперемешку.

Выделяется то, что можно исправить на отдачу. Желание отдачи и есть Земля Израиля. То, что не может участвовать в исправлении, называется Египет, который умирает, потому что лишен всякого света.

Когда-то он получал свечение за счет того, что был соединен со свойствами, которые можно исправить. Сейчас желания, невозможные к исправлению, отделились: они уже полностью мертвы.

Можно сказать, что пока они проходят 40 ступеней, перед ними проявляется Эрец Исраэль (Земля Израиля)? Эрец Исраэль проявляется как из тумана все больше и больше, и уже есть куда идти?

Конечно. Они постоянно ее формируют.

МОШЕ – РАБ БОЖИЙ

Но прежде, чем начнется основной подъем, необходима дополнительная очистка. Вот что написано в Торе:

/6/ НО БЫЛИ ЛЮДИ, КОТОРЫЕ БЫЛИ НЕЧИСТЫ, ИБО ПРИКОСНУЛИСЬ К МЕРТВЫМ, И НЕ МОГЛИ ОНИ ПРИНЕСТИ ПАСХАЛЬНУЮ ЖЕРТВУ В ТОТ ДЕНЬ;

«Прикоснулись к мертвым» – это понятно? Речь не идет о мертвом теле: прикоснулись к своим мертвым желаниям.

Вся работа является внутренней. Сами по себе эти люди чисты, но прикоснулись к мертвым, то есть соединились с мертвыми желаниями. Осквернились.

И ПОДОШЛИ ОНИ К МОШЕ И К ААРОНУ В ТОТ ДЕНЬ. /7/ И СКАЗАЛИ ТЕ ЛЮДИ ЕМУ: «МЫ НЕЧИСТЫ, ИБО ПРИКОСНУЛИСЬ К МЕРТВЫМ». ...

/8/ И СКАЗАЛ ИМ МОШЕ: «ПОСТОЙТЕ, А Я ПОСЛУШАЮ, ЧТО ПОВЕЛИТ БОГ ВАМ».

Мертвые – это желания ради себя, а не для отдачи другим. Человек, который окунулся в свои мертвые желания, должен очиститься от них, исправиться. Ведь в этом состоянии, – идет лишь второй год из сорока лет, – они дальше двигаться не могут.

«И сказал им Моше: «Постойте, а я послушаю, что повелит Бог вам»». Сам Моше не решает?

Конечно, нет. А кто он такой?! Моше – это точка в нас, которая стремится к Творцу, но ничего об этом не знает. Она должна получать желания снизу и при этом находить контакт с Творцом. Из этого только и состоит функция Моше, его действия.

Моше сам по себе – это точка, преданная народу и преданная Творцу. Точка контакта между народом и Творцом, то есть между всеми неисправленными свойствами и высшим свойством отдачи и любви.

Тем самым Вы утверждаете, что у Моше не существует «я»?

Нет никакого «я», конечно. Поэтому и называется «раб Божий».

«Не было праведника большего, чем Моше», – так говорится именно потому, что он был проводником?

Абсолютная отдача в обе стороны – это и есть Моше.

И вот что Творец отвечает Моше:

/9/ И ГОВОРИЛ БОГ, ОБРАЩАЯСЬ К МОШЕ, ТАК: /10/ «ГОВОРИ СЫНАМ ИЗРАИЛЯ ТАК: ВСЯКИЙ, КТО БУДЕТ НЕЧИСТ, ИБО ПРИКОСНУЛСЯ К МЕРТВОМУ, ИЛИ В ДАЛЬНЕМ ПУТИ, ИЗ ВАС ИЛИ из потомков ваших ВО ВСЕХ ПОКОЛЕНИЯХ ИХ, И намерен ПРИНЕСТИ ПАСХАЛЬНУЮ ЖЕРТВУ БОГУ, /11/ ВО ВТОРОЙ МЕСЯЦ ЧЕТЫРНАДЦАТОГО ДНЯ, В СУМЕРКИ ПУСТЬ ПРИНЕСУТ ЕЕ, С ОПРЕСНОКАМИ И ГОРЬКОЙ ЗЕЛЕНЬЮ ПУСТЬ ЕДЯТ ЕЕ. /12/ ПУСТЬ НЕ ОСТАВЛЯЮТ ОТ НЕЕ ДО УТРА И НЕ ЛОМАЮТ КОСТЕЙ ЕЕ: ПО ВСЕМУ УСТАНОВЛЕНИЮ О ПАСХАЛЬНОЙ ЖЕРТВЕ ПУСТЬ ПРИНОСЯТ ЕЕ.

Речь идет о том, каким образом исправиться. Надо привести себя в порядок – принести пасхальную жертву.

«Во второй месяц, 14-го дня, в сумерки…»

Это точно ночь выхода из Египта. В годовщину выхода из Египта принести пасхальную жертву.

Что значит пасхальная жертва? То, что вышло из Египта, пряталось где-то внутри, присоединилось незаметно, а сейчас это можно выявить и вытащить. Я обязан исправить следующий пласт моего эгоизма, как будто выхожу из Египта в данный момент.

Сказано, что в каждом поколении, то есть в каждом действии, человек должен представить себе, как будто сейчас он выходит из Египта. Всегда в нас остаются такие желания, которые не были тронуты, которые мы не раскрыли в то время. Ведь была тьма, когда мы бежали. Обо всем этом говорится в аллегорической форме.

Надо представить человека, который желает себя исправить. При этом он понимает, как проанализировать в себе, что относится к свойствам отдачи и что нет. Но как исправлять? Этого он не понимает.

Прошел год после выхода из Египта, после целого круга исправления, – и вновь он приходит к той же начальной точке. Сейчас еще раз он может взять малхут, то есть свойство получения, эгоистическое свойство, и снова выйти из Египта. И через год, и еще раз через год. Так 40 раз он очищает себя. Это и есть подъем от малхут в бину.

То есть 40 ступеней очищения? И 40 раз он как бы находит эту пасхальную жертву и работает с ней?

Да. Эту жертву надо исправить – вытащить ее из Египта. Тогда она была скрыта внутри и не чувствовалась, не виделась. Подобно тому состоянию, в котором человек не понимает, что с ним происходит, из чего он состоит внутри себя.

В нашем мире через страдания мы начинаем понимать, кто мы и что. Тора же говорит нам, как все проанализировать с помощью света, то есть учит продвигаться не путем страданий, а путем света. Но все равно мы проходим те же 40 лет.

ГЛАВА «КОГДА БУДЕШЬ ЗАЖИГАТЬ»

РАЗГРЕБАТЬ СВОИ КОНЮШНИ

Почему выход из Египта происходит в сумерки?
/12/ ПУСТЬ НЕ ОСТАВЛЯЮТ ОТ НЕЕ ДО УТРА…

Сумерки – это состояние, в котором ты не можешь разобрать, кто или что находится перед тобой. Как будто стоишь в четырех шагах от знакомого тебе человека и не узнаешь его.

Интересно говорится: ни день, ни ночь, ни свет, ни тьма. Такое вот сомнение…

Поэтому называется *эрев* (вечер) – от слова *леарвэв* – перемешиваться.

Все время человек находится в сомнении. И дальше:
/12/ ПУСТЬ НЕ ОСТАВЛЯЮТ ОТ НЕЕ ДО УТРА И НЕ ЛОМАЮТ КОСТЕЙ ЕЕ: ПО ВСЕМУ УСТАНОВЛЕНИЮ О ПАСХАЛЬНОЙ ЖЕРТВЕ ПУСТЬ ПРИНОСЯТ ЕЕ.

Что это означает?

Кости (*эцэм* на иврите) – это основа. Все эти свойства должны быть исполнены абсолютно так, как они даны, ни в коем случае не искажать их. Ты берешь то, что можешь исправить, а остальное необходимо оставить.

Это и называется «не ломать кости»?

Да. Взять основу и с ней идти дальше.

/13/ ЧЕЛОВЕК ЖЕ, КОТОРЫЙ ЧИСТ, И В ДОРОГЕ НЕ БЫЛ, И ОТКАЖЕТСЯ ПРИНЕСТИ ПАСХАЛЬНУЮ ЖЕРТВУ, ОТТОРГНУТА БУДЕТ ДУША ЭТА ОТ НАРОДА ЕЕ, ИБО ЖЕРТВЫ БОГУ НЕ ПРИНЕС ОН В НАЗНАЧЕННОЕ ДЛЯ НЕЕ ВРЕМЯ; ГРЕХ СВОЙ ПОНЕСЕТ ЧЕЛОВЕК ТОТ.

Если человек чувствует, что он чистый, что нет в нем эгоизма, который надо исправлять, и не с чем ему приходить к пасхальной жертве…

То есть считает себя праведником?

Да. Он говорит: «У меня ничего нет, я чист», – это значит, что весь год он не работал над собой. Ему не с чем прийти к Богу. Ему нечего принести в жертву.

Жертва – *курбан* на иврите. *Курбан* – от слова *каров* – приблизиться, стать на ступень выше. Поэтому и глава называется «На ступенях возвышения».

Человек не может участвовать в жертвоприношении, если ничего не выявил в себе: ему нечего исправлять, он считает себя совершенным. Такому человеку нет дороги вперед.

К Творцу приближается тот, кто систематически «разгребает свои конюшни» и видит, что может исправить, а что – нет. То, что может исправить, он приносит к меноре – к исправлению. Поэтому называется *курбан* (жертва), приносит курбан.

Здесь совершенно другое ощущение по сравнению с этим миром! Ведь, если в нашем мире говорят: «Он святой!», то имеют в виду, что ему нечего исправлять.

Нет! Святым называется тот, кто все время находит в себе падаль.

Не просто находит, он еще стремится к исправлению.

Святой – это тот, кто исправляет себя и постоянно выявляет в себе всё большие и большие причины для исправления. Он всегда находится в динамике. И нет этому конца.

Сколько новых определений мы получаем из ваших комментариев! Дальше говорится:

/14/ И ЕСЛИ БУДЕТ ЖИТЬ У ВАС ПРИШЕЛЕЦ И НАМЕРЕН ОН ПРИНЕСТИ ПАСХАЛЬНУЮ ЖЕРТВУ БОГУ – ПО УСТАНОВЛЕНИЮ О ПАСХАЛЬНОЙ ЖЕРТВЕ И ПО ЗАКОНУ ЕЕ ДОЛЖЕН ОН ПОСТУПИТЬ. УСТАНОВЛЕНИЕ ОДНО БУДЕТ ДЛЯ ВАС И ДЛЯ ПРИШЕЛЬЦА, И ДЛЯ ЖИТЕЛЯ СТРАНЫ».

Почему «одно и то же установление будет и для вас, и для пришельца, и для жителя страны»?

Пришельцем называется желание, которое ты присоединяешь к прошлым, уже исправленным желаниям. Было эгоистическое желание – «народы мира». Сейчас ты выбираешь от него части, которые можешь присоединить к свойству отдачи *Исраэль* – прямо к Творцу (*яшар Эль*).

Как только свойство «пришелец» присоединяется к народу Израиля, оно сразу попадает в ту же категорию.

Пришелец перестает быть пришельцем?

Конечно! По всем законам он абсолютно такой же, как все. Даже более того! Сказано, что на ступени, где находятся *хозрей бе тшува* (те, кто возвратился к Творцу), не стоят даже великие праведники.

Хозрей бе тшува приносят с собой самый большой эгоизм, который раньше не был исправлен. Каждый раз исправляется все более внутренняя эгоистическая часть, поэтому он вызывает подъем, который прошлые праведники не могут вызвать.

Всё это – система. Система! Она работает таким образом. Тут нет ничего просто красивого, сказанного для красного словца.

Выходит, те из народов мира, которые присоединяются к Израилю, становятся не просто на их уровень, а даже выше?

Выше. Потому что они приносят такие эгоистические свойства, которых в народе Израиля нет. Поэтому сказано: «Поверь, что есть мудрость среди народов мира», – *хохма ба-гоим таамин*. Там самые сильные эгоистические желания, и когда они исправляются, то поднимаются выше всех.

Рабби Акива не был евреем, а как бы присоединившимся. И прабабушка царя Давида – моавитянка Рут тоже. Есть еще много таких примеров.

Было много таких в то время. А сами евреи откуда?!

Сами евреи – из Вавилона.

Ну да. То же самое.

Понятно. Поэтому «установление одно будет и для вас, и для пришельца, и для жителя страны». Они также исполняют этот закон.

ЗАКРЫТЬ ГЛАЗА, ЧТОБЫ УВИДЕТЬ

Дальше идет разговор об облаке. Говорится:

/15/ А В ДЕНЬ, КОГДА ВОЗДВИГНУТ БЫЛ ШАТЕР ОТКРОВЕНИЯ, ПОКРЫЛО ОБЛАКО ШАТЕР НАД ПОКРЫТИЕМ ЕГО, И С ВЕЧЕРА БЫЛО НАД ШАТРОМ КАК БЫ ОГНЕННОЕ ЯВЛЕНИЕ ДО УТРА. /16/ ТАК БЫЛО

Глава «Когда будешь зажигать»

ВСЕГДА: ОБЛАКО ПОКРЫВАЛО ЕГО, А ЯВЛЕНИЕ ОГНЕННОЕ – НОЧЬЮ.

Облако покрывало днем.

…ОБЛАКО ПОКРЫВАЛО ЕГО, А ЯВЛЕНИЕ ОГНЕННОЕ – НОЧЬЮ. /17/ А КОГДА ПОДНИМАЛОСЬ ОБЛАКО ОТ ШАТРА, ДВИГАЛИСЬ ЗА НИМ И СЫНЫ ИЗРАИЛЯ; НА МЕСТЕ ЖЕ, ГДЕ ОПУСКАЛОСЬ ОБЛАКО, ОСТАНАВЛИВАЛИСЬ СТАНОМ СЫНЫ ИЗРАИЛЯ. /18/ ПО УКАЗАНИЮ БОГА ДВИГАЛИСЬ СЫНЫ ИЗРАИЛЯ И ПО УКАЗАНИЮ БОГА ОСТАНАВЛИВАЛИСЬ.

Что это такое? Облако командует движением?

Все абсолютно просто! Для того, чтобы двигаться к цели – к свойству отдачи, мне надо все время заботиться о том, чтобы пребывать в скрытии, чтобы мой эгоизм не видел ничего.

Постоянно скрывать мой эгоизм и работать выше него, – эта сила называется «вера выше знания». Поэтому я постоянно слежу за покрытием – за облаком. Оно мне указывает, куда и как я должен идти. Я не убегаю от облака, чтобы двигаться к свету, а, наоборот, прячусь от света в облаке.

Мы изучали это во многих источниках! Все статьи РАБАШа только об этом – как подняться из *ло лишма* в *лишма*.

Нет другого выхода у человека, который хочет приблизиться к полному исправлению, кроме как постоянно искать облако – свойство скрытия.

Только в скрытии Творца я могу постоянно приподнимать себя. Вопреки здравому смыслу вроде бы, да? Я скрываю свой эгоизм и работаю на свойство отдачи выше него, вопреки всему – своим ощущениям, знаниям, постижениям. Вопреки тому, что Творец может раскрываться мне как великий, как большой.

Я хочу скрыть Творца! То есть ищу облако, внутри которого ничего не вижу, ничего не слышу из Высшего и могу двигаться вместе с остальным народом, вместе с моей группой. Двигаться только в направлении, когда сами из себя мы должны выделять свойства отдачи и любви, но не законченные, а такие, которые пытаемся строить, – и просить Его, чтобы Он сделал их нам. Это всё – вне всяких явлений Творца!

Но, с другой стороны, ведь каббала – это раскрытие Творца человеку. Как же мы Его раскрываем? В той мере, в которой можем быть внутри облака, мы начинаем ощущать, что всё действие происходит в огромном свете – днем. Сквозь это облако мы начинаем ощущать высший свет, но только тогда, когда правильно позиционируем себя относительно него.

Затем, когда достигаем полного исправления, это облако неизвестным образом улетучивается. И раскрытие света мы начинаем воспринимать в свойстве отдачи и любви, то есть вне себя над собой.

Не хватает слов, чтобы выразить это состояние. Но человек, который занимается каббалой, постепенно понимает, о чем ведется речь.

ОБРАТНАЯ ЛОГИКА ВЫСШЕГО МИРА

Может, еще чуть-чуть об облаке? В обычной жизни человек говорит: «Я ищу чистое небо». Вы же говорите: «А я ищу облако».

Да. Все раскрытия имеют двоякое свойство – раскрытие в скрытии. Допустим, «Мегилат Эстер». *Мегила* – это *гилуй*, раскрытие. Эстер – *бе астара*, то есть в скрытии.

Раскрытие в скрытии постоянно идет в каббале, поэтому так трудно воспринимать ее человеку, который думает, что все просто, понятно, логично. На самом деле надо много трудиться, чтобы понять логику Высшего мира. Она – обратная и все время ускользает. И когда мне предлагается раскрытие, я должен, наоборот, закрыть глаза.

Сказано, что, когда раскрывался Творец, Моше закрывал себя. И благодаря этому, заслужил полное раскрытие Творца.

Дальше читаем:

/21/ И БЫВАЛО, ЧТО ОСТАВАЛОСЬ ОБЛАКО ОТ ВЕЧЕРА ДО УТРА, И КОГДА ПОДНИМАЛОСЬ ОБЛАКО УТРОМ, ОНИ ДВИГАЛИСЬ, И БЫВАЛО, ЧТО ОСТАВАЛОСЬ ОНО И ДНЕМ И НОЧЬЮ – ЛИШЬ ПОДНИМАЛОСЬ ОБЛАКО, ОНИ ДВИГАЛИСЬ. /22/ ИЛИ ЕСЛИ ДВА ДНЯ, ИЛИ МЕСЯЦ, ИЛИ ГОД – СКОЛЬКО НИ НАХОДИЛОСЬ ОБЛАКО НАД ШАТРОМ, СТОЯЛИ СЫНЫ ИЗРАИЛЯ И НЕ ДВИГАЛИСЬ, А КАК ПОДНИМАЛОСЬ ОНО – ДВИГАЛИСЬ. /23/ ПО УКАЗАНИЮ БОГА СТОЯЛИ И ПО УКАЗАНИЮ БОГА ДВИГАЛИСЬ: ПРЕДОСТЕРЕЖЕНИЮ БОГА СЛЕДОВАЛИ ПО СЛОВУ БОГА ЧЕРЕЗ МОШЕ.

Неделю находились на месте, месяц, год, пока стояло облако, если оно поднималось – они двигались. Что это значит?

Мне нужен не сам Творец, а только его скрытие, чтобы под скрытием, под его крыльями я мог растить себя.

Растить себя в подобии Ему можно только тогда, когда Он дает мне соответствующее скрытие. Если сквозь это скрытие я могу уподобиться Ему, это и есть самый настоящий правильный рост.

Так все-таки главное – это раскрытие Творца? Или нет?

Надо впитать в себя все свойства облака, чтобы раскрыть Творца. Оно должно войти в меня. Облако не должно быть внешним, оно должно быть во мне. В каждом моем желании должно существовать покрытие, – над ним работать!

Здесь есть еще одна составляющая – серебряные трубы. Вот что о ней говорится:

/1/ И ГОВОРИЛ БОГ, ОБРАЩАЯСЬ К МОШЕ, ТАК: /2/ «СДЕЛАЙ СЕБЕ ДВЕ СЕРЕБРЯНЫЕ ТРУБЫ, ВЫКУЙ ИХ ИЗ ОДНОГО КУСКА серебра, – в данном случае говорится – «серебра». И БУДУТ ОНИ У ТЕБЯ, ЧТОБЫ СОЗЫВАТЬ ОБЩЕСТВО И ПОДНИМАТЬ СТАНЫ. /3/ И КОГДА ЗАТРУБЯТ В НИХ, СОБЕРЕТСЯ К ТЕБЕ ВСЕ ОБЩЕСТВО КО ВХОДУ В ШАТЕР ОТКРОВЕНИЯ. /4/ КОГДА ЖЕ только В ОДНУ ЗАТРУБЯТ, СОБЕРУТСЯ К ТЕБЕ ВСЕ ВОЖДИ, ГЛАВЫ ТЫСЯЧ ИЗРАИЛЯ. /5/ А КОГДА ЗАТРУБИТЕ ТРУБНЫМ ЗВУКОМ, ДВИНУТСЯ СТАНЫ, СТОЯЩИЕ НА ВОСТОКЕ. /6/ КОГДА ЖЕ ЗАТРУБИТЕ ТРУБНЫМ ЗВУКОМ ВТОРИЧНО, ДВИНУТСЯ СТАНЫ, СТОЯЩИЕ НА ЮГЕ; ТРУБНЫМ ЗВУКОМ ПУСТЬ ТРУБЯТ ДЛЯ КАЖДОГО ДВИЖЕНИЯ ИХ. /7/ ПРИ СОЗЫВЕ ЖЕ СОБРАНИЯ ТРУБИТЕ, НО НЕ ТРУБНЫМ ЗВУКОМ.

Что такое серебряные трубы, которые созывают и ведут?

Мы говорили об облаке, что оно – благо. Облако – благословение: Творец скрывает себя и при этом дает нам возможность работать под Его зонтиком.

Глава «Когда будешь зажигать»

Серебряные трубы – совсем другое. Речь идет о том, как нам быть связанными между собой.

Золото – это желание получать, серебро – желание отдавать. Поэтому трубы – серебряные, и звук, который они издают, призывает к правильному соединению народа. Притом слово *кесэф* (серебро) происходит от слова *кисуф, мехасэ*, то есть покрытие.

Тут можно говорить, что значит – «человек, когда трубит», откуда это приходит. Наши легкие состоят из пяти частей согласно пяти свойствам общего кли. Когда мы выдыхаем из них воздух, он должен выдыхаться изнутри, из самого внутреннего состояния легких.

В Храме, то есть в серьезных исправлениях, используется трубный звук. И при исправлении в пустыне. Трубный звук показывает, каким образом человек может идти вперед, когда чувствует себя в пустыне. Понятно, что имеется в виду не физическая пустыня.

Свыше, через коэнов и левитов, ему дают направление – свойство отдачи, к которому надо двигаться. Именно это и происходит во время трубления.

Что значит – «трубит»? То есть он стремится к соединению? Или желает передать это свойство другим?

Призываются люди для соединения. Созываются все свойства человека. Ведь проблема не в том, чтобы исправить одно, второе, третье свойство. Самое главное – это соединение в одну единую схему, в одно единое желание.

Начни собирать человеческое тело по клеточкам, по атомам, по дезоксирибонуклеиновым кислотам (ДНК, РНК и прочие). Это же миллиарды, бесконечное количество взаимных связей и их совместная работа. Такую систему невозможно создать искусственно! А мы должны это сделать.

Мы должны создать живую материю из мертвых желаний подобно тому, как постепенно возникла сначала неживая материя, потом растительная, животная. Из духовно неживой материи, как происходило это в течение миллиардов лет эволюции, нам надо создать живую.

Это и есть то, что «ты изнутри выдуваешь»? Выдуваешь из неживой материи?

Да. Всё надо собирать вместе, компоновать, чтобы в итоге получилось живое желание, которое уже может находиться в Храме, то есть в связи с Творцом, в какой-то мере подобия Ему.

Почему здесь говорится: «Выкуй из одного куска»? Так же точно, как менору (светильник)?

Желание обязано быть одно, тем более, если оно дается тебе свыше, чтобы ты его воспроизвел. Оно – одно. Не имеешь права его расчленять. Это в соответствии с указанием, что Творец един. Всё, что нисходит из Него, дается одно на всех.

ПОДНИМАЕМ ФЛАГИ

С главы «Когда будешь зажигать» начинается движение. Они отстояли свое, построили Шатер Завета, распределили войска, определили порядок, как стоят колена вокруг Шатра. Левиты – рядом, обслуживают. Двенадцать колен Израилевых поднимают знамена – дгалим.

Глава «Когда будешь зажигать»

На иврите слово *дгалим* (флаги) происходит от слова *ледалег* – перескакивать. Перескакивать с одного уровня на другой. То, во имя чего идешь, – это флаг, *дегель*, который поднимаешь над собой.

Когда поднимаешь флаг, уже начинаешь движение?

Тогда и начинается движение. Необходима мотивация – серьезнейшая! Без этого не можешь двигаться.

Даже в нашем материальном мире идут за флагом. Это как корень и ветвь. То, что есть в духовном, всегда отражается в материальном, и многие вещи человек делает, не зная даже, откуда это идет.

Флаг – это идея. Поднимая флаг, ты поднимаешь над собой идею.

Какую идею ты поднимаешь в духовном?

«Отдача ради отдачи» – абсолютная отдача, абсолютный выход из себя, подъем над собой, над своим эгоизмом. Настолько полное отрешение от эгоизма, что можно не только отделиться от него, но и использовать его же ради отдачи. Все это олицетворяет собою флаг.

Народ состоит из 12 колен. Исходят из того, что в любом полном желании есть 12 частей. Само желание состоит из 4-х стадий. Так они и называются 1, 2, 3, 4 – в соответствии с четырехбуквенным именем Творца.

Творец является олицетворением всей этой схемы. Четыре стадии развития. Четыре стадии эгоизма. Потом желание разделяется на 3 линии, 3 по 4 – это 12. Значит, все общество делится на 12 частей. Так оно разделилось еще со времени Яакова, когда к нему подключается огромный эгоизм следующей стадии, в который надо входить.

Один Яаков не сможет вынести этот эгоизм?

Конечно, не сможет. И поэтому 12, так называемых, его сыновей начинают разрабатывать эгоизм и обращать его в альтруизм, во взаимную любовь. И получается 12 колен с 12 знаменами – так они идут вперед.

Получается, что каждый из возглавляющих эти колена: Йехуда, Биньямин, Йосеф… – определенный уровень эгоизма во мне?

Да. Человек – это маленький мир, микромир! В нем есть всё! Так что каждое имя соответствует моему определенному свойству. И у каждого из двенадцати есть свое особенное исправление.

Йосеф, который был помещен в Египет, – какой у него эгоизм, самый большой или самый маленький?

Йосеф – обобщение эгоизма всех. Своего эгоизма у него нет. Поэтому он называется Йосеф Цадик. С одной стороны – *цадик*, праведник. А с другой – именно благодаря своему свойству праведности, не относящемуся ни к кому, он как бы отчужден от остальных братьев. Он может собрать все их свойства и уже с ними войти в малхут, то есть обратиться к фараону. Он сам собирает их в себе. Поэтому называется *Йосеф* – от слова *леэсоф* (собирать).

Потом идут Эфраим и Менаше – сыновья Йосефа, которые подключаются к остальным 12-ти коленам.

Вы уже объяснили, что такое трубы, что значит – из одного серебреного слитка сделать трубу. Еще немножко о трубах:

Глава «Когда будешь зажигать»

/8/ СЫНЫ ААРОНА, КОЕНЫ, ДОЛЖНЫ ТРУБИТЬ В ТРУБЫ, ЭТО БУДЕТ ДЛЯ ВАС УСТАНОВЛЕНИЕМ ВЕЧНЫМ ДЛЯ ВСЕХ ПОКОЛЕНИЙ ВАШИХ.

Почему именно коэны должны трубить в трубы? А левиты?

Труба означает возвышение, это – сила подъема. Только коэн может трубить, потому что он имеет связь с Творцом. Левиты – нет, они только прислуживают коэнам.

В нашей душе есть часть, которая относится к Творцу, она называется коэн. Есть часть – высокая и тоже относится к Творцу, но предназначена для того, чтобы учение от Него проводить к низшим. Это – левиты.

Коэны направлены снизу вверх – на Творца, а левиты – сверху вниз, на творения.

Далее:

/9/ А КОГДА ПОЙДЕТЕ НА ВОЙНУ В СТРАНЕ ВАШЕЙ ПРОТИВ ВРАГА, ПРИТЕСНЯЮЩЕГО ВАС, ТО ТРУБИТЕ В ТРУБЫ ТРУБНЫМ ЗВУКОМ, И ВСПОМНИТ О ВАС БОГ, ВСЕСИЛЬНЫЙ ВАШ, И БУДЕТЕ ВЫ СПАСЕНЫ ОТ ВРАГОВ ВАШИХ. /10/ И В ДЕНЬ ВЕСЕЛЬЯ ВАШЕГО, И В ПРАЗДНИКИ ВАШИ, И В НОВОМЕСЯЧЬЯ ВАШИ тоже **ТРУБИТЕ В ТРУБЫ ПРИ ЖЕРТВАХ ВСЕСОЖЖЕНИЯ ВАШИХ…**

И заканчивается:

«…Я – БОГ, ВСЕСИЛЬНЫЙ ВАШ».

Трубы служат абсолютно для всего. Ты поднимаешь свое намерение: ради чего, во имя чего, к чему идешь, с чем связываешься. Поэтому фанфары, звуки трубы очень четко делятся, разбиваются на различные звуки, на частоты, на всевозможные повторения. Они олицетворяют собой те части души, которые исправляются именно ими и ничем другим.

Если мы начнем читать у АРИ про трубления, то увидим каббалу, в которой не разобраться! Это самая сложная часть каббалы. Или возьмем то, что описывается в Книге Зоар. Тут не просто фанфары, марш, медные инструменты. Это особые звуки, на особых частотах, в особой последовательности, с повторениями. И всё это означает стадии исправления кли.

В нашем мире трубы, звуки – чисто внешнее занятие, а во внутренней работе человека – очень серьезное действие.

Это отличается от трубных звуков рога, которые трубим в окончание Йом Кипур (Судного дня)?

В Судный день – это рог, шофар. Тут же речь идет о трубах серебряных – они особые, для работы в особые времена. А шофар – трубы, скорее праздничные и содержащие в себе просьбу.

Но принцип очень близкий: и то, и другое предназначено для исправления?

Принцип всегда один – привлечение света для исправления эгоистического желания, чтобы обратить его в альтруистическое.

Чтобы понять этот принцип, Вы давали простой пример. Человек загорает на солнце и сам определяет, как ему повернуться, чтобы лучше загореть. Так и здесь. Человек смотрит по отношению к свету и вызывает на себя свет исправления. То есть или почитать текст, или послушать лекцию, или…

Глава «Когда будешь зажигать»

Да, да. Это и есть вся наша методика. Ничего больше нет. Исправляющая сила – одна. Она приходит свыше, а наше дело только знать, каким образом поворачиваться к ней.

И все-таки самый лучший «загар», как Вы говорите, в Книге Зоар?

Я не могу категорично ответить, потому что Книга Зоар, конечно, включает в себя и обобщает всю каббалу. Но сейчас, в наше время особенно, нужны уже и другие источники для привлечения света

Мы находимся в состоянии, очень удаленном от духовного, от того, что рассказывается в Книге Зоар. Я читаю ее и в то же время могу думать, о чем угодно.

Сколько лет надо, чтобы подобраться к Книге Зоар, чтобы начать понимать, о чем она говорит? Не точно понимать, а лишь догадываться. Потребуются годы, чтобы начать правильно переводить слова, обозначения, определения! Поэтому нельзя сказать, что ничего не надо, кроме Книги Зоар.

Надо изучить много книг для того, чтобы подняться к Зоар. И тогда начнешь ее постигать, тогда она станет для тебя действительно источником, самым живительным.

Сейчас, я думаю, будут больше обращаться к книге «Талмуд Эсер Сфирот» («Учение десяти сфирот»), потому что там все расписано очень точно, четко, точечно. Для нашего и для следующих поколений 6-томник «Учение десяти сфирот» будет более практическим, чем Зоар.

Книга Зоар – это свет. «Учение десяти сфирот» – инструмент, средство, как подобраться к этому свету, как принести к нему свою чашу, чтобы наполнить ее.

НА ЧЕТВЕРЕНЬКАХ КАРАБКАЕМСЯ ВВЕРХ

Надо ли упрощать «Учение десяти сфирот», чтобы сделать его более понятным для людей?

Не думаю, что стоит упрощать его. Начнешь упрощать и вместо шести томов сделаешь еще десять. Получится слишком много слов, которые раздуют 6-томник до неизвестного количества томов.

Вы – за одно, стоящее на месте точное предложение, и вокруг него немного пояснений?

Я – за то, чтобы человек обращался к тому, что написал великий каббалист. И не пытался сделать из этого нечто свое. Он может добавить что-то маленькое, чтобы помочь себе и другим приподняться. Но не больше.

Скажем, есть одна ступенька и следующая – выше первой. И не могу я подняться на нее. Маленький ребенок переползает с одной ступеньки на другую. Становится на четвереньки, чтобы забраться выше. Так и мы. Для того, чтобы помочь себе подняться по ступенькам, можно добавить несколько своих объяснений, как бы промежуточных ступеней. Но только для того, чтобы подняться на следующий уровень. И так снова и снова.

Если говорить об «Учении десяти сфирот», то тут возможен, на мой взгляд, очень небольшой щадящий вспомогательный материал. И только такой, который не отвлекает человека и не отучает его думать.

Это очень непросто. В таких комментариях, я думаю, надо больше пояснять слог, а далее человек пусть сам разбирается, – иначе нельзя. Часто я слышу много вопросов и рассуждений, из которых понимаю, что

Глава «КОГДА БУДЕШЬ ЗАЖИГАТЬ»

человек остался недоволен моим объяснением. Может быть, он прав, но я не могу иначе. В противном случае я обкрадываю его.

Дальше начинается движение:

/11/ И БЫЛО, ВО ВТОРОЙ ГОД, ВО ВТОРОЙ МЕСЯЦ, ДВАДЦАТОГО ДНЯ ПОДНЯЛОСЬ ОБЛАКО ОТ ШАТРА ОТКРОВЕНИЯ. /12/ И ДВИНУЛИСЬ СЫНЫ ИЗРАИЛЯ В ПОХОДЫ СВОИ ИЗ ПУСТЫНИ СИНАЙ…

Тут надо прояснить важную вещь. От горы Синай до входа в Эрец Исраэль – неделя ходу, две недели максимум, но никак не сорок лет.

Много времени человек находился на одном и том же месте. Переходов было мало: пришли, расставили всё и сидим, сидим, стоим. Очень много времени и сил поглощает освоение места, к которому ты приходишь. В принципе, в нем ничего нового нет – пустыня.

Происходят какие-то изменения в нашем состоянии, но мы не понимаем этого. Не ощущаем, что в это время внутри нас создаются огромные ступени подготовки. Никоим образом нельзя их перескочить, сократить, снять, сжать. Вот и говорится: «На второй год, во второй месяц…». Поднялось облачко… Опустилось…

Такие простые действия – это то, чему нам надо учиться в нашем мире. В духовной работе главное – терпение, выдержка.

Не просто это всё. Так иногда взрываешься…

Как я хотел взорваться в свое время! Но ничего… Вышло все наоборот.

…ПОДНЯЛОСЬ ОБЛАКО ОТ ШАТРА ОТКРОВЕНИЯ.

Это означает, что начинаем двигаться?

Да, приоткрываем скрытие.

Вы говорили, что всё время мы должны быть под облаком?

Да. В скрытии. Или в облаке днем, или в темноте ночью мы должны скрывать от себя Творца.

Если мы раскроем Его, то этим начнем наслаждаться, то есть наше движение вперед к цели, к исправлению себя будет исходить из себялюбия, из самонаполнения, самонаслаждения.

Надо все время бояться, чтобы не раскрыть Творца.

Всё наоборот. И когда приоткрылось облако, – это как бы Творец приоткрывает себя?

Ну, вроде бы так. В чем-то показывает свое направление.

И дальше:

/12/ И ДВИНУЛИСЬ СЫНЫ ИЗРАИЛЯ В ПОХОДЫ СВОИ ИЗ ПУСТЫНИ СИНАЙ, И ОПУСТИЛОСЬ ОБЛАКО В ПУСТЫНЕ ПАРАН.

Перешли. Разница там, может быть, пара шагов.

/13/ И ДВИНУЛИСЬ ОНИ В ПЕРВЫЙ РАЗ ПО УКАЗАНИЮ БОГА, ЧЕРЕЗ МОШЕ. /14/ И ДВИНУЛОСЬ ЗНАМЯ СТАНА СЫНОВ ЙЕГУДЫ ВПЕРЕДИ ПО ОПОЛЧЕНИЯМ ИХ, А НАД ОПОЛЧЕНИЕМ ЕГО – НАХШОН, СЫН АМИНАДАВА. /15/ А НАД ОПОЛЧЕНИЕМ КОЛЕНА СЫНОВ ИСАХАРА…

Рассказывается, как один за другим двигаются колена Израиля.

Таким образом, части общей души входят в исправление. Именно в такой последовательности.

Сказано, что первым вышло знамя стана сынов Йехуды. Почему Йехуда первым входит в исправление?

Йехуда – старший. И в наше время считается, что мы все являемся коленом Йехуды.

Йехуда *был старшим*, когда у 12 братьев возникла проблема с Йосефом. И потом, в истории с Беньямином, когда Йехуда сказал: «Забирай меня, я остаюсь, только отошли младшего к отцу, иначе отец не выдержит».

Старший первым должен пройти путь исправления?

Конечно, Йехуда – это первое свойство исправления из двенадцати.

ВЕЛИКИЕ ПОТОМКИ ИТРО

Дальше очень интересно. После перечисления двенадцати свойств вдруг говорится, что оказался в войске кто-то, который не относился к коленам.

/29/ И СКАЗАЛ МОШЕ ХОВАВУ, СЫНУ РЕУЭЛЯ, МИДЬЯНИТЯНИНУ, ШУРИНУ МОШЕ: «ОТПРАВЛЯЕМСЯ МЫ В ТО МЕСТО, О КОТОРОМ СКАЗАЛ БОГ: ЕГО ОТДАМ ВАМ. ИДИ ЖЕ С НАМИ, И МЫ СДЕЛАЕМ ТЕБЕ ДОБРО, ИБО БОГ ОБЕЩАЛ БЛАГОПОЛУЧИЕ ИЗРАИЛЮ». /30/ НО Ховав СКАЗАЛ ЕМУ: «НЕ ПОЙДУ, НО В СТРАНУ СВОЮ И НА РОДИНУ СВОЮ ПОЙДУ». /31/ И СКАЗАЛ Моше: «ПРОШУ, НЕ ОСТАВЛЯЙ НАС, ИБО ТОЧНО ЗНАЕШЬ ТЫ ПРИСТАНИЩА ДЛЯ НАС В ПУСТЫНЕ, И БЫЛ БЫ ТЫ НАМ ГЛАЗАМИ! /32/ И ВОТ, ЕСЛИ ПОЙДЕШЬ С

НАМИ, ТО ТЕМ ДОБРОМ, КОТОРЫМ ОСЧАСТЛИВИТ БОГ НАС, ОСЧАСТЛИВИМ ТЕБЯ!».

Рассказывается в Мидраше, что пошел с ними Ховав, – есть об этом отрывок небольшой. Были в их стане и другие.

Это идет еще до бегства из Египта. Мидьянитяне происходят от Итро, который со своей эгоистической мудростью пришел к Моше и рассказал, как лучше организовать народ.

Практически то же самое происходит здесь. Говорится о Ховаве, сыне Реуэля: «Ты нам укажешь, где стоянке стоять, ты нам лучше это покажешь». Интересно, что все время идет это свойство.

Почему Итро и все последователи Итро знают лучше?

Из нашего эгоистического желания мы постоянно поднимаем всё новые и новые свойства, чтобы себя исправлять. Эти свойства необходимо приподнимать, чтобы двигаться вперед.

Итро, наш эгоизм, является клипой, с одной стороны, а с другой – указывает направление. Мы должны постоянно обращаться к эгоизму, то есть исправлять что-то, иначе не сможем продвигаться.

Обязан с нами идти – это свойство, которое мы должны привлечь, чтобы идти вперед. Но говорится, что потом он все-таки уехал к себе обратно, в свои места. То есть мы взяли от этого эгоизма то, что надо. И начали использовать под другим именем, поскольку тут уже образовалось другое свойство, совокупленное с альтруизмом.

Все это перетекает от одного к другому. На самом деле в Торе основных имен очень мало. Но оттого, что они переходят с одного уровня на другой, соединяются между собой и образуют нечто среднее, чтобы исправиться, возникает большое количество имен. В общей сложности можно выделить несколько сот имен.

То же самое, что мы изучаем в науке каббала. Есть всего пять сфирот, пять частей, пять светов. Потом, когда начинаешь это разворачивать, то на их взаимодействии получается очень много дополнительных названий и определений.

Вы говорите, что даже в Мидраше сказано про мидьянитянина, что он – Итро, но сейчас имеет другое имя?

Да, конечно. Каждый раз в соответствии со своим уровнем он получает новое имя.

В Мидраше написано и указывается:

Среди сынов Израиля находился Итро, тесть Моше, получивший после своего обращения в иудаизм новое имя — «Ховев».

Часть из него перешла в исправление, а часть, которая ушла обратно, считается клипой.

Услышав о том, что народ собирается отправиться в Эрец Исраэль, Итро сообщил Моше, что вернется на свою родину, в Мидиан.

Моше пытался убедить его остаться.

Творец заповедал нам любить всех *герим*[1], **а ты достоин особой любви и доброты.**

Любить всех герим – что это?

---

[1] *Герим – мн. число от гер. Гер – человек, принявший иудаизм.*

Любое эгоистическое желание, которое притягивается к исправлению, называется гер. Это может быть человек, который начинает использовать науку каббала, чтобы достичь ступени «Возлюби ближнего, как себя».

Который не является евреем…
Не имеет значения, еврей он или нет. Абсолютно.

Дальше:
Хоть мы и не можем дать тебе в постоянное владение какие-нибудь поля в Эрец Исраэль, мы предоставим тебе вместо этого другие блага. Ты и твои сыны будете жить в изобильном плодами городе Йерихо и в его окрестностях. Ты сможешь возделывать там поля, пока не будет построен Храм.
Итро, однако, настаивал на возвращении в Мидиан. У меня есть настоятельные причины вернуться туда, — объяснил он Моше. — Я не только оставил в Мидиане все свое имущество, но хочу обучить Торе свою семью и тех друзей, что есть у меня на родине, и обратить их… Кроме того, тот год, когда я ушел оттуда, был годом засухи. Я одолжил деньги у разных людей, дабы поддержать бедняков. Если я не вернусь, мои должники подумают, что я пытаюсь избежать расплаты.
Подумай о том, что я нужен в Мидиане, а не здесь.

БЕРУТ ОТ ИЗРАИЛЯ И УХОДЯТ

Все будет звучать очень интересно, если мы переведем на язык исправления эгоизма. Всегда речь идет об исправлении.

Человек должен поднять и исправить все свои эгоистические свойства и то, что он когда-то поглотил, получил ради своей эгоистической жизни.

Это все находится внутри человека. Весь расчет производится только с собой.

Возвращения Итро нужны, чтобы исправить эгоистические состояния? Он хочет принести Тору, чтобы исправить их?

Исправить свои прежние состояния, именно благодаря тому, что у него есть возможность прийти и снова обратиться к ним.

Сейчас у Итро есть Тора. Именно поэтому он может исправить! Иначе бы он не возвращался. Его поездка к Моше нужна для того, чтобы взять силу у народа Израиля, у Моше, и вернуться обратно. По дороге заодно он исправил и их строение: разделил на десятки, сотни, тысячи.

Итро шел к Моше и знал, к кому и для чего идет?

Обязательно. Потому что его миссия именно в исправлении того состояния, где он является хозяином.

Все народы мира, приходящие в Исраэль, то есть к пониманию Исраэль, знают, для чего они приходят?

Берут от Израиля и уходят, чтобы принести своим народам это знание. И исправить свой эгоизм. Все исправление происходит сверху – через Израиль на народы мира.

В этом уже есть как бы печать, древнее доказательство.

Да.

Итро был непреклонен и покинул стан.

**Доводы Моше убедили Итро оставить своих сыновей в стане евреев. Внуки Итро вошли в Эрец Исраэль и, как и обещал Моше, получили плодородные земли Йерихо и его окрестностей. 440 лет они жили в этих владениях и обрабатывали их, пока не был построен Храм. Тогда эти земли были переданы колену Биньямина…
В конце концов, они стали выдающимися знатоками Торы. Потомки Итро прославились как руководители Санхедрина, обучавшие Торе всю общину Израиля.**

Это люди с большим эгоистическим желанием. Хотя они и относились к желанию получать, но смогли исправить свои желания и стать самыми великими.

Они стали выше, чем самые великие предводители колен. Так же как Рабби Акива. Именно те, которые приходят в Израиль из других народов, становятся самыми мудрыми учителями.

Израиль по своему корню – гальгальта вэ-эйнаим – это легкие желания, которые не могут глубоко вобрать в себя свет мудрости.

Когда народы мира берут от Израиля эту методику, то, исправляя себя, они раскрывают большой свет мудрости. Поэтому сказано: «Мудрость у народов мира», – верь, что она существует. Имеется в виду, – верь, но не сейчас, а именно при исправлении.

Народы мира, приходящие к пониманию того, что такое Израиль, приходят, чтобы присоединиться к народу Израиля или чтобы исправить те народы, которые они покинули?

Присоединиться к народу Израиля и быть переходным мостиком для тех народов, откуда они пришли. Сам

Израиль этим мостиком стать не может. Должен быть АХАП дэ-алия – подъем снизу вверх.

Поэтому надо распространять каббалу! И на самом деле распространять – всему миру.

ШАГ ДЛИНОЮ В 40 ЛЕТ

Итак, народ двинулся в пустыню. И говорится:
/33/ И ОТПРАВИЛИСЬ ОНИ ОТ ГОРЫ БОГА,

Имеется в виду гора Синай.
ТРИ ДНЯ ПУТИ, А КОВЧЕГ СОЮЗА БОГА ШЕЛ НА ТРИ ДНЯ ПУТИ ВПЕРЕДИ НИХ, ЧТОБЫ НАЙТИ ДЛЯ НИХ место ОТДЫХА. /34/ А ОБЛАКО БОГА БЫЛО НАД НИМИ ДНЕМ, КОГДА ДВИНУЛИСЬ ОНИ ИЗ СТАНА.

/35/ И БЫЛО, КОГДА ДВИГАЛСЯ КОВЧЕГ, ГОВОРИЛ МОШЕ: «ВСТАНЬ, БОГ, И РАССЕЮТСЯ ВРАГИ ТВОИ, И РАЗБЕГУТСЯ НЕНАВИСТНИКИ ТВОИ ОТ ЛИЦА ТВОЕГО!». /36/ А КОГДА ОСТАНАВЛИВАЛСЯ Ковчег, ГОВОРИЛ ОН: «ВЕРНИСЬ, БОГ ДЕСЯТКОВ ТЫСЯЧ ИЗРАИЛЯ!».

Что такое ковчег, который идет на три дня раньше и ищет место для них?

Намерение! Ради чего ты это делаешь. Моше – это тоже намерение человека. Затем идут все желания.

На три дня пути – потому что через три ступени практически полностью теряется связь между намерениями и желаниями. На таком расстоянии они должны быть, чтобы неисправленное желание следовало за намерением, но не могло перевернуть его ради себя.

Это всё – в духовном, нет речи о том, кто и какими шагами идет вперед. Имеется в виду продвижение человека внутри себя в постоянном изменении своих желаний на всё более и более альтруистические намерения.

Три ступени – это расстояние, после которого пропадает связь. Допустим, есть три поколения: мы, родители, бабушка и дедушка. Прабабушка и прадедушка уже не чувствуются. Если человек хочет исследовать своих предков, ему достаточно знать родителей и своих дедов. Следующее четвертое поколение уже не имеет значения – так от природы заложено и в нашем мире.

Три дня пути – это безопасное расстояние между желанием и намерением. Намерение шло впереди и искало место. Почему только оно может определить место стоянки? Что такое «место» в духовном?

Только с помощью намерения можно определить места, которые по своим свойствам готовы, чтобы производить в них исправление.

Место в духовном – это желание. Движение в пустыне к Эрец Исраэль – это подъем малхут до уровня бины. Надо выбирать такие сочетания между малхут и биной, которые ведут к исправлению самым полным образом.

Тут существует как бы формула, построенная на максимуме. Из всех возможных вариантов я должен выбрать самый подходящий, не упустить ничего из желаний, которые есть во мне, чтобы все они могли исправиться. Если я могу исправить только часть из них и двинуться вперед, а другая часть остается внизу, то я не продвинусь. Этого делать нельзя.

Движение в пустыне исходит из двух критериев: один – движение только в сторону большей отдачи, и второй – движение максимального включения всех желаний. Тут надо принять во внимание, что стоит мне двинуться и все мои желания направятся туда же.

Как выбирать вектор направления? Есть только один путь: я выбираю движение точно в направлении отдачи и с учетом полного набора всех своих свойств! Ни одно из них не остается не обслуженным. Всё это напоминает первопроходца, который идет как бы с закрытыми глазами и своим шестым чувством ощущает, куда ему направляться.

Движение происходит именно в полной привязке к Творцу и с пониманием, что только таким образом человек идет к самому чистому свойству. Он ощущает связь со своими свойствами, но они не затянут его назад. И он не увлечет их куда-то вперед. То есть тут есть такое равновесное состояние, когда они, помогая один другому, не мешают друг другу.

Ни одно из моих свойств я не оставляю?

Нет! Ни в коем случае! Движение вперед должно включать в себя абсолютно всю душу, все свойства души! И даже если будет маленький шажок, – пускай это займет 40 лет, – но он должен быть именно таким.

Движение на один шаг вперед предусматривает изучение всех своих свойств, сканирование всех своих возможностей, чтобы ни одно из них не осталось неохваченным.

Моше говорил в Египте: «Мы уходим, и ничего я не оставляю под парсой». То же самое и здесь.

Этим Вы утверждаете, что все, что дано человеку, помогает ему дойти до конечного исправления?

Абсолютно! Конечно.

Даже самый последний, самый ужасный человеческий характер и самое плохое свойство?

Все создано светом. И стало инверсным свету, для того чтобы человек сознательно вернулся обратно.

И последний подонок необходим для того, чтобы мир пришел к исправлению?

Этого последнего подонка создал Творец для того, чтобы он затем исправился и достиг самой высшей точки. И поднялся над всеми праведниками.

Дальше говорится:

/35/ И БЫЛО, КОГДА ДВИГАЛСЯ КОВЧЕГ, ГОВОРИЛ МОШЕ…

«ВСТАНЬ, БОГ, И РАССЕЮТСЯ ВРАГИ ТВОИ, И РАЗБЕГУТСЯ НЕНАВИСТНИКИ ТВОИ ОТ ЛИЦА ТВОЕГО!». /36/ А КОГДА ОСТАНАВЛИВАЛСЯ, ГОВОРИЛ: «ВЕРНИСЬ, БОГ ДЕСЯТКОВ ТЫСЯЧ ИЗРАИЛЯ!».

«Встань, Бог!», а потом: «Вернись, Бог!» – что означает это движение?

Как ты можешь сказать: «Встань и сядь, вернись и иди»?

Имеется в виду, что таким образом человек строит, ощущает себя. Он производит такие действия и просит Творца, чтобы Творец в его глазах поднялся. «Встань, Бог!» – означает: встань в моих глазах. И тогда я смогу двигаться вперед. Я почувствую величие. У меня будут силы, чтобы идти, сделать шаг вперед.

И настолько, может быть, будут силы Твои во мне, что я смогу победить своих внутренних врагов и сделать действительно хороший шаг вперед.

КТО НАКОРМИТ НАС МЯСОМ?!

Дальше начинается серьезное действие – ропот народа.

Да, как обычно. Без противодействия нельзя начинать исправление. Это тоже проблема. Человек, который идет в духовном, никогда с этим не согласен. Никогда!

Просто потрясающе, как его закручивает! Вроде, он на подъеме, вроде, горит!

О-о-о! Это же было на прошлой ступени! А на новой он – ничто и никто.

И говорится так:

/1/ И СТАЛ НАРОД КАК БЫ РОПТАТЬ НА БОГА, И УСЛЫШАЛ ЭТО БОГ, И ВОЗГОРЕЛСЯ ГНЕВ ЕГО, И ЗАГОРЕЛСЯ У НИХ ОГОНЬ БОГА, И ПОЖРАЛ КРАЙ СТАНА. /2/ И ВОЗОПИЛ НАРОД К МОШЕ, И ПОМОЛИЛСЯ МОШЕ БОГУ, И ПОГАС ОГОНЬ. /3/ И НАЗВАЛИ МЕСТО ЭТО ТАВЭРА, ПОТОМУ ЧТО ЗАГОРЕЛСЯ У НИХ ОГОНЬ БОГА.

/4/ А СБРОД, КОТОРЫЙ СРЕДИ НИХ, СТАЛ ПРОЯВЛЯТЬ ПРИХОТИ, И СНОВА ЗАПЛАКАЛИ СЫНЫ ИЗРАИЛЯ, И СКАЗАЛИ: «КТО НАКОРМИТ НАС МЯСОМ? /5/ ПОМНИМ МЫ РЫБУ, КОТОРУЮ ЕЛИ В ЕГИПТЕ ДАРОМ, ОГУРЦЫ И ДЫНИ, И ЗЕЛЕНЬ, И ЛУК, И ЧЕСНОК.

/6/ А ТЕПЕРЬ ДУША НАША ИССОХЛА, НЕТ НИЧЕГО, КРОМЕ МАНА ЭТОГО, что перед ГЛАЗАМИ НАШИМИ!».

Потому что среди народа был *эрев рав*!

Все их желания еще не очистились от своего эгоизма. Еще остались в них желания, которые называются *эрев рав*.

Эрев рав – это *ирэй Ашем овдэй Паро*. Они боятся Творца (*ирэй Ашем*), но работают на фараона. *Овдэй Паро* – работают на фараона, это то же самое, что на себя.

Человек боится Творца, то есть выполняет всё, что Творец сказал ему, что написано в книжках. Есть у нас молитвенники, есть сборники законов, мы все это выполняем. Для чего?!

«Я выполняю, что Ты мне скажешь, а Ты взамен выполни то, что Ты мне обещаешь!», – это и называется великий сброд (*эрев рав*).

Ты как бы и при Творце, и себя не забываешь.

Прекрасная жизнь! Ты можешь идти на смерть, зная, что тебя ожидает впереди. Как, например, террористы. Даже есть такие случаи, что в последний момент их останавливают, а они все равно кричат, что хотят умереть! Они уже готовы через минуту войти в райский сад. Там уже ждут их девственницы и прочее.

К чему я это говорю? Великий сброд – эти желания подзуживают народ или наши желания внутри каждого из нас, – и человек начинает роптать. Ведь он не получает того, что ожидает. Все движение в пустыне – это движение в пустоте, ты ничего не получаешь и должен двигаться вперед без вознаграждения. Есть маленький признак того, что ты за чем-то идешь, – какое-то призрачное облако.

ГЛАВА «КОГДА БУДЕШЬ ЗАЖИГАТЬ»

Как ты можешь ощутить присутствие Творца? Если делаешь огромные нарушения и за это хорошо получаешь по голове. «О! Сейчас я убедился, что нельзя». Таким образом нас учат!

И тогда получается, что надо что-то делать. Эгоистические желания говорят: «Мы не хотим удовлетворяться тем, что будем просить Творца».

Что значит МАН в пустыне? Из пустоты, из абсолютной сухости – ничего у меня нет! – может возникнуть связь с Творцом. Именно благодаря тому, что нахожусь в пустыне, в абсолютно безысходном состоянии, я могу найти один единственный путь – к Творцу. Ни к кому больше мне обращаться нельзя. Да, и не к кому! И когда я к Нему обращаюсь, это называется МАН.

МАН – это подъем моей молитвы, просьбы именно к Творцу и только в пустыне! У меня ничего нет ни для тела, ни для близких, ни для кого, ни чего другого, даже для будущего мира. Только из состояния, что у меня ничего нет, я могу обратиться к Нему. И этим наполняюсь.

Обращение к Творцу наполняет меня. Я ничего не получаю, есть только односторонняя связь с Ним. Если я действую таким образом, то мне с неба приходит МАН. Я начинаю питаться, наполнять свою душу.

Но душа наполняется только моим обращением! Поэтому не говорится: «МАД», то есть я не получаю свыше. А именно МАН – мое призрачное отношение к Творцу, одностороннее, безответное обращение к Нему из безысходного состояния. Ничего другого, никаких благ всего мира я не желаю, кроме моего обращения к Творцу! Не хочу ничего! Только пустыню и эту возможность обратиться к Нему в односторонней связи, – даже не известно, обращаюсь я к Нему или нет, – этого мне достаточно, это наполняет мою душу. Если таким образом я могу двигаться, то вхожу в пустыню и прохожу ее.

Вы говорили не МАД, а МАН. Что такое МАД?

Нет ответа – это МАН. Им я питаюсь. МАД – это ответ. Маим дхурин – ответ от Творца.

Что значит – «в МАНе были всякие вкусы»?

Там ты можешь ощущать все, что угодно. Это зависит от тебя, от того, насколько к своему отношению к Творцу ты можешь приложить свои эгоистические желания. Тогда в соответствии с этим ты чувствуешь, будто наполняешься.

Можно сказать, что если я подтягиваю к МАНу свои внутренние растительные желания, то я ощущаю вкус растения, укропа, например? А если поднимаю свои животные желания, то у меня вкус мяса? Именно это имеется в виду?

Да-да. Иносказательно, конечно.

…И ВОЗГОРЕЛСЯ ГНЕВ ЕГО…

То есть они начали роптать, И ЗАГОРЕЛСЯ У НИХ ОГОНЬ БОГА, И ПОЖРАЛ КРАЙ СТАНА.

Что это такое?

Я думаю, что это последний уровень – бхина далет, то есть самый сильный эгоистический уровень. Проявляются свойства суда, свойства жесткости. И начинаются с самых жестких желаний: огонь пожрал край стана.

/2/ И ВОЗОПИЛ НАРОД К МОШЕ, И ПОМОЛИЛСЯ МОШЕ БОГУ, И ПОГАС ОГОНЬ.

Всё содержится в одном человеке. Тора говорит только об одном человеке! Ни в коем случае не про огромную массу людей – как это без конца изображают в фильмах. Это ужасно! Десятки лет они остаются на том же уровне.

И повторяют по шестому, по седьмому разу те же идеи. Они всё очеловечивают по полной программе. Я понимаю приблизительно, *почему* **они так делают. Героев в этом мире не стало. Вот они и возвращают героев тех времен.**
Еще я хочу спросить. Откуда всё-таки возникает воспоминание о рыбе, о мясе, о том, что ели в Египте? Откуда этот ропот?

Они требуют того естественного, чем наполняется эгоизм.

Они говорят: «МАН этот нам надоел, мы уже не можем!»?

МАН – это духовное питание, я наполняюсь тем, что отдаю, передаю, наполняю кого-то, обращаюсь к кому-то. Это духовное наполнение, духовное питание.

Когда эгоистические желания поднимаются во мне, то я начинаю ощущать их потребности в том виде, в котором они существуют. Они желают, действительно, света наполнения в этих желаниях: свет хая и йехида – мясо. Это хищники. «Нам не нужно духовного **наполнения,** нам нужно мясо».

Нам нужно то, что было там, в эгоизме?

Да, приподнимаются эгоистические желания, которые называются эрев рав. Но надо понимать, что в человеке это поднимается с точки зрения именно его духовной работы.

Эрев рав говорит: «Не надо тебе МАНа. Ты можешь получить все прямо сейчас, если пойдешь в другую сторону. Мы тебе обещаем всё, что хочешь, – и этот мир будет другим, и будущий мир. Вот книжка, выполняй, что написано, и всё будет хорошо. Не надо работать над собой. Все работы над собой оставь. Они тебе не помогут и вообще не нужны».

Эрев рав, то есть этот **сброд внутри человека**, тащит его: «Давай проверим, правильно ли ты всё выполняешь в этом мире. Оставь всё, что касается исправления души, своего отношения к «возлюби ближнего». Тора – вот она, выполняй прописанные там правила». И этим эрев рав уводят человека. Всем всё понятно и видно, что ты сделал, что – нет.

НЕ ДУМАЙ О ЗАВТРАШНЕМ ДНЕ

Написано в «Большом комментарии»:
Напомнив евреям об их прежней жизни, свободной от всяких ограничений, *эрев рав* **вызвали волнение.**
«Мы помним рыбу, что ели в Египте!» – восклицали они. ...
Другие подхватывали: «С тех пор, как ушли мы из Египта, не едим мы ни огурцов, ни дынь, ни зеленого и репчатого лука, ни чеснока, а один лишь *ман*».
Хотя ман принимал вкус любой еды, какую бы человек ни пожелал, он не соответствовал вкусу пяти этих овощей, ибо они наносят вред кормящим женщинам.

На самом деле *ман* мог обретать и вкус мяса. Поэтому, чтобы оправдать свое требование мяса, *эрев рав* принялись возводить на *ман* всяческую хулу.

Некоторые из них жаловались: «Это правда, что вкус *мана* может быть самым разным, но выглядит-то он все время одинаково. Нет никакой радости видеть на завтрак *ман*, на обед *ман* и на ужин тоже *ман*».

Другие сетовали: «Очень тяжело жить без всяких запасов. Мы каждый день беспокоимся, выпадет ли назавтра *ман*.

То есть быть привязанным к милости Творца – это нехорошо.

Если, не дай Бог, он не выпадет, то наши семьи будут голодать.

Почему нам не разрешено собирать *ман* про запас?».

Истинной причиной всех этих жалоб было то, что счастливо жить на одном лишь *мане* могли только великие праведники.

Да, действительно, только единицы идут в праведности, а остальные – по нормальному пути. Так и идите спокойно. Дайте этим единицам продвинуться. «Не отвлекайте, – фараон говорил Моше и Аарону, – не отвлекайте людей от их работы, оставьте их в покое. Вы хотите, – так вы и идите».

Здесь всё время крутится разговор вокруг необходимого.

Разговор очень простой. Во имя чего жить? Ради чего? Тут надо ставить вопрос ребром!

Не отдаляй от себя конец жизни! Человек должен видеть, что сейчас он решает, для чего живет. И сколько ему осталось до конца дня, с чем он закончит его. Это и называется, что он живет!

Никаких дум о запасе, о завтрашнем дне?

Да. И это – проблема. Он не должен думать. Он должен жить этим мгновением! В хорошем смысле слова, не в плохом. Этим мгновением – то есть всё, что у меня сейчас есть, я отдаю и расстаюсь с этим. И тогда он точно будет двигаться правильно!

Если ты выкладываешься, то выкладываешься полностью. Ничего другого нет. Иначе не поднимешь МАН.

И не говорить, что сейчас я работаю духовно, но часть работы оставляю на завтра?

Мы же видим, как это непросто. Но постепенно все-таки порционно приходит свет и исправляет нас.

Наступает такое состояние, когда ты можешь оторвать от себя свое тело, не оставляя ему ничего, – оторвать и уйти в другие расчеты. Но это делаем не мы, а свет. Каждая копейка прибавляется и достигает нужной суммы усилий, тогда и получается переход.

Страшно, что мы не видим, как эти копеечки падают в копилку.

Нет, это недопустимо! Ты уподобился бы великому сброду, если бы видел, что каждый день тебе что-то прибавляет.

Я не должен это видеть?

Нет. Это и называется работа выше знания.

МУЗЫКАНТ ИЛИ ПЕВЧАЯ ПТИЧКА?

В главе «Когда будешь зажигать» речь идет о наказании народа, который возроптал и возжелал мяса. И очень много говорится о мане (по-русски – манна).

Маленький отрывочек из Торы. Написано:
/7/ МАН ЖЕ БЫЛ ПОХОЖ НА СЕМЯ КОРИАНДРОВОЕ, А ВИД ЕГО, КАК ВИД ХРУСТАЛЯ. /8/ РАСХОДИЛИСЬ ЛЮДИ, И СОБИРАЛИ, И МОЛОЛИ В ЖЕРНОВАХ ИЛИ ТОЛКЛИ В СТУПЕ, И ВАРИЛИ В КОТЛЕ, И ДЕЛАЛИ ИЗ НЕГО ЛЕПЕШКИ, И БЫЛ ВКУС ЕГО, КАК ВКУС НЕЖНОГО МАСЛА.

«Большой комментарий» добавляет:
«Посмотри, на какую чудесную пищу возжаловались они», — говорит *Творец*. Она блестела и была привлекательна, как горный хрусталь. На вкус она была восхитительно сладка. И хотя она падала на голую почву, ни прах земной, ни насекомые не пачкали ее, ибо доля каждого еврея была обернута в покров из росы, чтобы сыны Израиля получили *ман* совершенно чистым.
Кроме того, он помогал судьям разрешать запутанные тяжбы. Например, если спор шел о том, кому принадлежит некий раб, судья просто-напросто смотрел, перед чьим порогом выпадет *ман* этого раба на следующее утро. Хозяином раба был тот человек, у дома которого выпадал *ман* этого раба.
Тут возникают не только вкусовые качества мана. Ман вообще становится всем!
Определяющим все!
Уже не раз мы говорили, что в нашем настоящем состоянии находимся на уровне животного мира. Мы

обустраиваем себя, у нас есть науки, культура, воспитание, мы развиты социально, если можно так сказать. Но в любом случае мы относимся к животному миру.

Мы не можем утверждать, что человеческое сообщество выше животного. Мы руководствуемся абсолютно теми же приемами, которыми пользуются животные в своих социальных, воспитательных и других измерениях. Мы живем по определенным законам, понятиям, что называется, которые в общем-то являются животными.

Ученые-биологи, социологи, психологи, если серьезно подходят к изучению человеческого общества, тоже делают вывод, что мы являемся частью животного мира.

Вы встречались с творческой интеллигенцией, и я помню, какое сопротивление вызвало у них это утверждение.

Особенно у людей искусства! Я понимаю их. Однако не думаю, что певчая птичка делает свою работу хуже, чем музыкант, у которого к тому же, может быть, есть какие-то искаженные представления о человеческих взаимоотношениях.

Все наше искусство не имеет никакого отношения к возвышению человека! Это дар, который дается людям от природы. Это может быть человек, который призывает к убийствам и к изуверствам, но делает это прекрасным языком. Или с харизмой пропагандирует ненависть к другим народам.

Вагнер, например, писал о евреях, что это черви, крысы, которых нужно уничтожать, как чуму…

Да, Вагнер, великий композитор, который наполнен ненавистью ко всем. Так что, и лирики, и физики, и все, кто работает на войну или на полицейское государство, могут только успокаивать себя красивыми фразами.

Вам больше нравится птичка?

Птичка выполняет свою природную функцию и уж точно не причиняет вреда. Как и лев, например, который, хотя и поедает других животных, но намеренно не наносит никому вреда, потому что является чистильщиком того, что должно умереть. Мы все это прекрасно понимаем. Помним проблемы с воробьями, которых уничтожали в Китае, и что из этого вышло.

Природа – это цельный организм. Так и надо к ней подходить и считать, что человек является ее частью. Все, что он творит на Земле, в чем выходит за пределы обычной природы, – это проявление того, что он использует свой эгоизм на пользу себе и во вред другим.

От первобытных людей мы отличаемся в самую плохую сторону. В наше время это уже проявляется, и люди постепенно начнут со мной соглашаться. Хотя я помню еще времена, когда такое даже было страшно произнести. Это было вопреки прогрессу и светлому будущему, космическим полетам и всему, в чем мы были «впереди планеты всей» – и в балете, и в науке и технике. Понятно, что действительно было чем хвалиться.

Сегодня достижения человечества начинают восприниматься совсем по-другому. Они совершались за счет нашего эгоизма и потому идут во вред человечеству. Если мы хотим сделать что-то хорошее, то у нас есть только одно единственное хорошее действие, оно называется подъем МАНа (*алаат МАН*).

Подъем МАНа – это подъем желания к отдаче и любви, к объединению. Только в этом направлении мы и должны действовать. Говорится в Торе, что в мане есть все вкусы, есть всё.

В ответ на подъем МАНа приходит высший свет, который нас создал, в том числе и наш дополнительный эгоизм, чтобы с его помощью вновь и вновь мы просили о добавке высшего света. И когда он будет приходить в ответ на наше желание, то наш эгоизм обратится во взаимное добро. Тогда мы будем чувствовать только приятное в любых проявлениях нашей жизни, в разных вкусах – во всем.

Вы говорите о подъеме МАНа, а здесь пишется, что ман выпадает…

Да. То, что ты заказывал снизу, на тебя нисходит сверху. Поэтому и говорится, что ман выпадает и вкусы его разные.

Теперь еще один момент, который здесь впервые возникает. «МАН – это всё» настолько, что он даже разрешает судебные споры?

МАН решает абсолютно всё. Это – свет. Поднимая МАН, мы на самом деле поднимаем молитву к тому, чтобы пришел высший свет и наполнил нас, дал нам понимание, осознание, мудрость, правильность решений. Чтобы обеспечил связь между нами, здоровье, безопасность. Чтобы сделал нас абсолютными, совершенными, вечными, без каких бы то ни было пороков: физических, нравственных. Это все может сделать свет, но в ответ на нашу просьбу.

В каббале наша просьба называется МАН. В Торе это описывается как наше движение. Когда мы движемся в обратном направлении, снизу вверх, МАН обязательно выпадает на нас. Это главное.

Поэтому здесь и написано, что споры будут разрешены и все станет ясным? Все споры оказываются не спорами…

Да. Проблем вообще нет. Но жизнь от этого не становится пресной, монотонной, безвкусной, бесцельной. Наоборот, начинаешь видеть перед собой огромный мир, который предстоит исследовать.

Надо постоянно находить всевозможные пороки, несовершенства и просить, чтобы они стали совершенными. Ты смотришь на себя и становишься исправленным. В соответствии с этим и мир видишь более совершенным.

Мы получили от Вас реалистическую, идеальную картину мира. Отчего же роптали евреи?

Тогда они не хотели! А сегодня? Хотят? Вот начни так действовать…

Но они хотя бы ощущают, что такое МАН.

Нет, они не ощущают МАН до тех пор, пока он выпадает, как белый свет, который все исправляет и приводит к единственному, совершенному состоянию.

ХОТИМ МЯСА НА ПРИНТЕРЕ

/9/ А КОГДА СПУСКАЛАСЬ РОСА НА СТАН НОЧЬЮ, СПУСКАЛСЯ И МАН С НЕЮ. /10/ И УСЛЫШАЛ МОШЕ, КАК НАРОД ПЛАЧЕТ, ПО СЕМЕЙСТВАМ СВОИМ, КАЖДЫЙ У ВХОДА В СВОЙ ШАТЕР, И ВЕСЬМА ВОСПЛАМЕНИЛСЯ ГНЕВ БОГА…

…И МОШЕ БЫЛО ПРИСКОРБНО. /11/ И СКАЗАЛ МОШЕ БОГУ: «ЗАЧЕМ СДЕЛАЛ ТЫ ЗЛО РАБУ ТВОЕМУ, И ОТЧЕГО НЕ УДОСТОИЛСЯ Я МИЛОСТИ В ГЛАЗАХ

ТВОИХ, ЧТО ВОЗЛАГАЕШЬ БРЕМЯ ВСЕГО НАРОДА ЭТОГО НА МЕНЯ? /12/ РАЗВЕ Я НОСИЛ ВО ЧРЕВЕ ВЕСЬ НАРОД ЭТОТ, ИЛИ Я РОДИЛ ЕГО, ЧТО ТЫ ГОВОРИШЬ МНЕ: НЕСИ ЕГО В ЛОНЕ ТВОЕМ, КАК НОСИТ ПЕСТУН РЕБЕНКА, В СТРАНУ, КОТОРУЮ ТЫ ПОКЛЯЛСЯ ОТДАТЬ ОТЦАМ ЕГО?»

Моше говорит: «Ты создал этот народ, Ты его и исправляй».

И дальше очень красиво. Моше продолжает:
/13/ ОТКУДА У МЕНЯ МЯСО, ЧТОБЫ ДАТЬ ВСЕМУ ЭТОМУ НАРОДУ, КОГДА ПЛАЧУТ ОНИ ПЕРЕДО МНОЙ, ГОВОРЯ: ДАЙ НАМ МЯСА И БУДЕМ ЕСТЬ? /14/ НЕ МОГУ Я ОДИН НЕСТИ ВЕСЬ НАРОД ЭТОТ, ИБО СЛИШКОМ ТЯЖЕЛО ЭТО ДЛЯ МЕНЯ! /15/ И ЕСЛИ ТАК ТЫ ПОСТУПАЕШЬ СО МНОЙ, ТО ЛУЧШЕ УМЕРТВИ МЕНЯ, ЕСЛИ Я УДОСТОИЛСЯ МИЛОСТИ В ГЛАЗАХ ТВОИХ, ЧТОБЫ НЕ ВИДЕТЬ МНЕ БЕДСТВИЯ МОЕГО ... *народа*.

Ему больно за народ?

Здесь Моше проявляет связь со всеми с обратной стороны. Дело в том, что МАН выпадает как роса.

Роса на иврите – *таль*. Каково численное значение слова *таль*? Ламед – это тридцать и тэт – девять. Тридцать девять.

Таль орот – тридцать девять светов (*ор* – свет) – это МАН. Выпадает тридцать девять светов. Очень большое, совершенное явление света, которое практически может исправить все наши миазмы, все наши язвы, то есть все наши эгоистические свойства.

Об этом и говорится: «Тридцать девять путей света существуют»?

Да, да. Поэтому и называется *таль* – роса. В нашем мире роса – это прекрасное лечебное средство. Мы не умеем ею пользоваться. Животные умеют, пьют росу. Если б мы за животными наблюдали и учились у них, то были бы здоровее.

Итак, возроптал народ. Очень трудно ему идти таким путем, потому что надо выявлять в себе проблемы и просить об их исправлении. Никому этого не хочется. И люди ропщут. Говорят: «Ты нам сразу дай мяса. Ничего другого не хотим».

Но вы же получаете! Пожалуйста, вот перед вами ман. Какая разница – в виде лепешки, семени или чего-то иного?! Хотите куриные окорочка? Пожалуйста, сейчас перед каждым будет гора.

То есть вы получите ман этого вкуса?

Да. Совершенно не имеет значения, что вы хотите – любой вкус. Так сегодня в пищевой промышленности: едим одно, а ощущаем другое, ничего нет, кроме сои, а ощущается все, любой вкус. Скоро будем печатать еду на принтере. Хочу, допустим, помидор – будет тебе помидор, красный, сочный. Потребуется зубная паста – будет выходить из того же материала. Почистить туфли? Пожалуйста. Конфету – нет проблем. И все это – один и тот же картридж.

Это, получается, наподобие мана?

Да, то же самое, к этому идем. Только тот ман был на пользу. А то, что сейчас создается на новых принтерах, идет во вред, потому что внутри – простые опилки, пропитанные ароматизаторами и вкусовыми добавками.

Моше так и говорит: «Нет, не так надо действовать». Надо идти естественным путем, а не печатать на принтере, то есть не просить мяса обычного. Вам с неба подают высший свет, который содержит в себе абсолютно все. Но народ не согласен.

Выходит, что люди не хотят работать над собой?

Они не хотят взаимодействовать с высшим светом. Так происходит и сейчас: любые виды работ мы готовы выполнять, но только не вызывать высший свет. Почему не хотим? Потому, что высший свет можно вызвать только в мере своего объединения друг с другом.

Чем больше мы объединяемся, тем сильнее проявляется высший свет: чем мы ближе друг к другу, тем больше света, удаляемся или отсекаемся друг от друга эгоизмом – нет высшего света, пропадает.

В нашем состоянии нам необходимо только начать объединяться, и сверху сразу появится высший свет. Начнем ощущать, откуда и куда идем, как растем, в чем проявляется жизнь и ее смысл, каково будущее человечества. Но для этого, говорим, надо объединяться. В ответ же получаем: «Нет!»

В людях сохраняются ностальгические воспоминания египетского состояния?

Египетское – это не ностальгия. Люди хотят вернуться к работе в своем эгоизме. «Мы не хотим идти путем объединения, для нас это слишком тяжело. Для нас это пустыня – безвкусная, тяжелая, трудная. Дайте нам работать с нашим эгоизмом. Мы хотим мяса. Мы хотим жить на том уровне, который производит эгоизм. Твои тридцать девять светов никому не нужны, это для нас слишком тяжело».

Моше кричит, какая боль в нем: «Для чего Ты мне дал это бремя? Этот народ?!». Просто плачет!

Это вообще-то и не Моше. Тут старик-предводитель, которому за 80 лет! Свои последние 40 лет он доживает в пустыне и ведет перед собой весь этот народ, так называемый.

Это наше самое старое, самое древнее свойство, которое сквозь эгоистическую пустыню ведет нас к объединению, к Земле Израиля. И тут ничего нельзя сделать иначе. Практически нет другого выхода. Или мы идем на уничтожение, на заклание. Или по законам, которые находятся внутри природы, движемся вперед, чтобы подняться на следующую ступень. Других вариантов нет.

Нам кажется, что мы сами выбираем свое будущее. Абсолютно нет. Никто не знает своего будущего. Кто может выбирать? Из чего? Это всё – детская игра. На самом деле давно все выбрано.

Цель известна. Разница в одном: достигнешь ты ее хорошим путем – коротким, безболезненным, или будешь упираться и тогда получать удары. Тебя будут бить, пока не поумнеешь и не пойдешь сам. Иначе сделаешь один шаг вперед и снова упрешься. И снова…

Так мы и продвигаемся, подобно ишаку – его бьют, а он стоит. Ишак, осёл – на иврите *хамор*, от слова *хомер* (материя): материал нашего мира – эгоизм.

МОШЕ ВСЁ ВАЛИТ НА ТВОРЦА

Говорит Моше:

/15/ И ЕСЛИ ТАК ТЫ ПОСТУПАЕШЬ СО МНОЙ, ТО ЛУЧШЕ УМЕРТВИ МЕНЯ, ЕСЛИ Я УДОСТОИЛСЯ МИЛОСТИ В ГЛАЗАХ ТВОИХ, ЧТОБЫ НЕ ВИДЕТЬ МНЕ БЕДСТВИЯ…

И Он умертвляет. Тут нет другого выхода. Или умертвить Моше – свойство, которое тянет нас вперед к цели творения, и народ идет за ним, или умертвить эгоизм – одно из двух.

Почему так больно Моше за свой народ?

Впереди Моше видит ожидаемое величие, совершенство, вечность, с одной стороны. И с другой – перед ним стоит бездумная толпа, которая совершенно не может понять, что для них уготовано, и сделать к этому хоть один шаг! Притом шаг, не очень болезненный. Когда начинают его делать вместе, когда все решаются на него, то боль мгновенно проходит. Это всего лишь психологическая проблема. Только лишь! Стоит начать объединяться, – и сразу же почувствуем, что это дает.

Но первый шаг, этот рывок вперед должен произойти через внутренний разрыв с эгоизмом. Оторваться от него добровольно я не в состоянии! И поэтому тут должны быть страдания. Мы находимся перед ними.

Казни, которые проходили в Египте, – это уже начало отрыва от эгоизма? Или только побег?

Египетские казни – это не отрыв. То, что происходит в Египте, необходимо, чтобы отчасти вырваться. Вырваться – это пройти Конечное (Красное) море.

Только потом уже в пустыне начинается работа с эгоизмом. Сейчас каждый должен двигаться, переставлять ноги. Каждый раз чуть дальше от эгоизма, поближе к другому, еще ближе и еще! Думать о других, ощущать их вместо себя, работать ради них! Это всё – постоянное внутреннее напряжение!

И это все происходит в пустыне. Пустыня – это трудность и невозможность? Это – пустота?

Да. Это и есть пустыня. Пустыня для эгоизма. Никакой подпитки не существует.

Творец отвечает очень жестко.

Что тут можно сделать?! Творец – это закон природы. Высший общий закон природы.

Моше кричит, обращается к Творцу. Но это «глас вопиющего в пустыне» в полном смысле слова. Так мы обычно переносим свои внутренние представления, впечатления, взаимоотношения. Допустим, сердимся на компьютер, на станок, который не хочет работать: «Зараза! Я его сейчас разобью!».

Вот и Моше – всё валит на Творца. Но на самом деле тут действует закон природы. Так и сказано: «Дал закон и не изменяет его». Творец – это вся природа. Поэтому обращаться не к кому, только к себе!

Есть программа, которая неизменна. Ты находишься внутри этой программы, внутри этой матрицы, – пожалуйста, работай в ней. Если нет, то будешь биться до тех пор, пока не придешь к осознанию, как идти дальше.

Народ в нас должен осознать, что в отношении меня ничего не изменяется?

Ничего не изменится к лучшему, если ты не изменишься сам, работая над собой, чтобы быть в доброй связи с другими. Причем со всеми! Не поможет тебе только связь в семье или связь со своим народом, или еще какое-то объединение. Тут эгоистические союзы не помогут.

Соединение должно быть альтруистическим абсолютно со всеми! Ты не можешь строить какие-то кланы, союзы. «Мы заботимся друг о друге. Вот, смотри, я кормлю тут людей», – и так далее. На самом деле, такие действия направлены на достижение эгоистических целей.

Связь с другими должна быть вне тебя! Вне твоих каких бы то ни было эгоистических задач или расчетов.

ВЫСШИЙ СВЕТ ИЛИ ДЕНЬГИ

В главе «Когда будешь зажигать», Моше взывает к Творцу: «Для чего Ты мне дал этот народ?! Нет уже сил с ним двигаться, нет у меня сил его упрашивать…». И вот ответ Творца:

/16/ И СКАЗАЛ БОГ, ОБРАЩАЯСЬ К МОШЕ: «СОБЕРИ МНЕ СЕМЬДЕСЯТ ЧЕЛОВЕК ИЗ СТАРЕЙШИН ИЗРАИЛЯ, О КОТОРЫХ ЗНАЕШЬ ТЫ, ЧТО ОНИ СТАРЕЙШИНЫ НАРОДА И НАДСМОТРЩИКИ ЕГО, И ПРИВЕДИ ИХ К ШАТРУ ОТКРОВЕНИЯ, И ПУСТЬ СТАНУТ ОНИ ТАМ С ТОБОЮ. /17/ А Я СОЙДУ, И БУДУ ГОВОРИТЬ ТАМ С ТОБОЮ, И ВОЗЬМУ ОТ ДУХА, КОТОРЫЙ НА ТЕБЕ, И ВОЗЛОЖУ НА НИХ, ДАБЫ НОСИЛИ ОНИ С ТОБОЮ БРЕМЯ НАРОДА ЭТОГО, И НЕ БУДЕШЬ ТЫ НОСИТЬ ОДИН.

Разбавим потихонечку ответственность, чтобы их гнев не был направлен на тебя одного. Старейшины будут всё «разруливать». Ты же, естественно, будешь их обучать.

Не иметь дело непосредственно с народом, а управлять твоими племенами, коленами через семьдесят мудрецов.

Значит, был услышан крик Моше, эта молитва, как мы говорим?

Всё наше изменение, исправление, совершенствование сводится к тому, чтобы наладить связь с Творцом. Когда эгоизм начинает подниматься, то требуется целая структура связи с Творцом.

Допустим, в семье есть один хозяин. В деревне – группа людей, которые отвечают за порядок. В большом высотном доме – домовой комитет. **В городе** работает уже целое управление, мэрия. А если государство? Тысячи и тысячи людей участвуют в управлении и организации жизни страны.

Но, в принципе, чем больше возвышается наш эгоизм, тем сильнее потребность в укреплении взаимосвязи между людьми с Высшей силой – с Творцом.

Люди выразили свой эгоизм, – они пришли к состоянию, в котором проявился еще больший эгоизм: «Не хотим вперед, только назад. Всё! Желаем оставаться на животном уровне, мы хотим быть с фараоном. Своего Творца забери, а фараона верни нам».

Человек на самом деле стоит перед выбором. Или бина, или малхут – высший свет или деньги. Одно из двух. Поэтому здесь начинает возникать потребность в координации. Должно быть соединение между Моше и народом. Объединение Моше с Творцом уже существует.

Есть соединение – Моше и Творец. А что такое семьдесят старейшин?

Это целая система взаимодействия с Моше и с народом.

Говорится, не просто: «Приведи мне семьдесят старейшин», – а «о которых знаешь ты, что они старейшины народа». Моше должен сказать, что они – старейшины? Да.

«Я возьму от духа, который на тебе, и возложу на них». Что это означает?

Они получат такое духовное возвышение, с помощью которого практически в полнейшем соединении между собой смогут взять высший свет и разложить его на семьдесят частей. На семь сфирот: хэсэд, гвура, тифэрэт, нэцах, ход, есод, малхут, каждая из которых состоит из десяти светов, итого – семьдесят светов.

Семьдесят мудрецов в состоянии провести это знание на народ и показать ему, что надо объединяться, надо быть всем вместе. И они представляют собой этот пример. Все разные, все противоположны друг другу, они олицетворяют собой семьдесят духовных корней. В итоге, эти семьдесят вбирают в себя, как в корни, весь народ, как расходящийся от них по цепной реакции идущий вниз.

То есть они впитывают всё от народа?

Да. Поэтому семьдесят мудрецов, или семьдесят духовных корней, могут показать пример и дать народу силу объединяться.

Страной управлял синедрион – семьдесят мудрецов, которые должны были прийти к одному мнению, то есть объединиться. Семьдесят старейшин – это и есть духовный корень синедриона?

Абсолютно! Они сидели в круге и объединялись, как и мы сегодня в десятке. Семьдесят для нас – это слишком много, мы не такие великие, как те люди. Но правила те же самые, оттуда мы их и взяли. Это первое.

Второе. Надо понимать, что все, о чем мы говорим в материальном, существует в духовных корнях. То есть и в нашей душе, и в нашей духовной жизни существует именно такая связь. Мы должны духовно объединиться между собой.

В каждом из нас – в каждом из нас! – существует понятие народ. Сначала – человечество, затем – народ Израиля, потом идет разделение на левитов и коэнов, на семьдесят мудрецов и Моше. Всё это существует в каждом из нас. И все вместе мы должны сопоставить. Собрать всё в себя, понимая, что эта схема уже существует в нас.

И СМЕРТЬ СТАНЕТ БЛАГОМ ДЛЯ ВАС!

Дальше Творец говорит так:

/18/ А НАРОДУ ЭТОМУ СКАЖИ: ГОТОВЬТЕСЬ К ЗАВТРАШНЕМУ ДНЮ И БУДЕТЕ ЕСТЬ МЯСО, ИБО ПЛАКАЛИ ВЫ, ОБРАЩАЯСЬ К БОГУ, ГОВОРЯ: КТО НАКОРМИТ НАС МЯСОМ? ВЕДЬ ЛУЧШЕ БЫЛО НАМ В ЕГИПТЕ! И ДАСТ ВАМ БОГ МЯСО, И БУДЕТЕ ЕСТЬ. /19/ НЕ ОДИН ДЕНЬ БУДЕТЕ ВЫ ЕСТЬ, И НЕ ДВА ДНЯ, И НЕ ПЯТЬ ДНЕЙ, И НЕ ДЕСЯТЬ ДНЕЙ, И НЕ ДВАДЦАТЬ ДНЕЙ, /20/ НО В ТЕЧЕНИЕ МЕСЯЦА, ПОКА ОНО НЕ ВЫЙДЕТ У ВАС ИЗ НОСА И НЕ СТАНЕТ ДЛЯ ВАС ОТВРАЩЕНИЕМ, ЗА ТО, ЧТО ГНУШАЛИСЬ ВЫ БОГОМ, КОТОРЫЙ СРЕДИ ВАС, И ПЛАКАЛИ ПРЕД НИМ, ГОВОРЯ: ЗАЧЕМ ЭТО МЫ ВЫШЛИ ИЗ ЕГИПТА?».

Я накормлю вас вашим же эгоизмом. Вы поймете, что он вам несет.

Поначалу покажется, что все хорошо. Но вы достигнете такого состояния, когда эгоизм будет выходить наружу из всех ваших дырок так, что вы больше не сможете с ним справляться. Будете искать и не сможете найти никакой управы на него. И он будет вами управлять.

Вы будете видеть вашу смерть и идти к ней поневоле, будете страдать и двигаться к болезни, на ваших глазах дети ваши будут себя калечить и умирать. И вы никуда не сможете от этого уйти! Увидите всё, что происходит с вашими родителями, детьми и внуками. Всё самое дорогое будет медленно, мучительно умирать на ваших глазах. Но умирать даже не в физическом смысле слова. Вы будете видеть, как они страдают и не могут умереть. Вот что будет делать ваш эгоизм.

Как сказано у пророков: «Женщины, плача, рыдая, будут всё равно варить и пожирать своих детей-малюток». Ты представляешь? И не смогут себя сдержать. Вот в чём заключается трагедия! Человек очень любит это маленькое существо! И он видит, как его внутренний эгоизм заставляет делать страшные вещи.

Я могу только сказать, что мы идем к этому. И на самом деле так может быть, если мы вовремя не свернем на правую линию, то есть в сторону объединения, чтобы на нас начал опускаться МАН.

Картина ужасная, конечно.

Так написано. В ужасных выражениях.

Если мы и дальше будем двигаться нашим эгоизмом, то к этому придем. Заметьте, не к смерти. Смерть – это освобождение! Сегодня многие люди с удовольствием бы пошли на смерть – забери жизнь и все страдания закончатся.

Действительно, фраза «лучше не родиться» сегодня звучит все более и более оптимистично.

Конечно! Здесь проблема в том, что не сможешь умереть. Тебя будут таскать по жизни так, что не сможешь ничего сделать. Будешь карабкаться, карабкаться, ногтями цепляться, – и ничего не сможешь с собой сделать. Где бы, кто бы меня убил? Никто. И нигде.

Человечество будет находиться на грани между жизнью и смертью, причем в душевных, во внутренних страданиях будет осознавать свою эгоистическую природу до тех пор, пока не решит полностью от нее избавиться. Но не просто избавиться в первый момент. Надо будет пройти до конца путем наказания, путем страдания.

Светом это состояние проходишь совершенно по-другому: перед тобой черная, всепоглощающая пропасть, но светит свет, и ты видишь его. Когда свет не светит – это огромная пустота, полная таких страданий, что каждую минуту возможность умереть воспринимается как огромный подарок.

Ответ Творца тут очень и очень жесткий: «Вы пойдете путем страданий». Он говорит: «Вы не день будете есть, не два, не десять, вы будете месяц есть, вы будете есть все время мясо. Пока оно не пойдет у вас через нос, вот тогда вы начнете задумываться».

Да. И смерть будет самым большим благом для вас.

Гнушались вы Богом.

Бог – это свойство отдачи и любви. Вы этим гнушаетесь? Попробуйте, что значит обратное состояние. Сейчас мы пока идем мягко. Но если выбираем одно из этих состояний: путь эгоизма или путь отдачи и любви – тогда уже – всё. На этой развилке мы сейчас и находимся. Никогда в истории человечество еще не стояло в этой точке.

Вы ощущаете, что сейчас мы действительно на развилке?

Да! Абсолютно точно. Смотри, о чем мы можем говорить сегодня! Раньше такого просто не могло быть. Раскрывается каббала! Раскрывается антисемитизм всего мира, причем внутренний, подневольный, природный, против которого ничего невозможно сделать.

Все народы мира инстинктивно будут ненавидеть тебя. Инстинктивно! Будут стоять, как волки, оскалившись. И это не их желание, – так проводят через них Высшее управление. На твой эгоизм они нацелены, ничего другого нет. Измени его! И увидишь перед собой только доброжелателей. Ты можешь это сделать!

Все это немножко запутывает. С одной стороны – эгоизм, с другой стороны, вдруг любят евреев, – идет постоянная игра.

Говорится дальше:

/21/ И СКАЗАЛ МОШЕ: «ШЕСТЬСОТ ТЫСЯЧ ПЕШИХ НАСЧИТЫВАЕТ НАРОД, СРЕДИ КОТОРОГО Я НАХОЖУСЬ, А ТЫ СКАЗАЛ: ДАМ ИМ МЯСА, И ОНИ ЕСТЬ БУДУТ МЕСЯЦ. /22/ ДАЖЕ ЕСЛИ МЕЛКИЙ И КРУПНЫЙ СКОТ ЗАРЕЗАН БУДЕТ ДЛЯ НИХ, ХВАТИТ ЛИ ЭТОГО ИМ? ДАЖЕ ЕСЛИ ВСЕ РЫБЫ МОРСКИЕ СОБРАНЫ БУДУТ ДЛЯ НИХ, ХВАТИТ ЛИ ЭТОГО ИМ?».

ГЛАВА «КОГДА БУДЕШЬ ЗАЖИГАТЬ»

/23/ И СКАЗАЛ БОГ, ОБРАЩАЯСЬ К МОШЕ: «РАЗВЕ РУКА БОГА КОРОТКА? ТЕПЕРЬ УВИДИШЬ, СБУДЕТСЯ ЛИ С ТОБОЮ СЛОВО МОЕ ИЛИ НЕТ».

Здесь возникает сомнение у Моше?

Потому что Моше не относится к свойству получения, только к свойству отдачи. Бина не может оценить свет хохма, который через нее проходит, потому что он ощущается только внизу, в малхут.

Моше просто не представляет себе, как можно наполнить бесконечность эгоизма, эту огромную прорву, жаждущую мяса. И Творец говорит ему: «Не беспокойся».

Естественно, что у Моше есть сомнения, ведь он не относится к свойству хохма.

А Творец – это именно свойство хохма?

Да.

«ВЫ ПРИНИЗИЛИ СЕБЯ; ПОСЕМУ Я ВОЗНЕСУ ВАС»

Дальше Творец как бы говорит с народом:

/24/ И ВЫШЕЛ МОШЕ, И ПЕРЕСКАЗАЛ НАРОДУ СЛОВА БОГА, И СОБРАЛ СЕМЬДЕСЯТ ЧЕЛОВЕК ИЗ СТАРЕЙШИН НАРОДА, И ПОСТАВИЛ ИХ ВОКРУГ ШАТРА. /25/ И СОШЕЛ БОГ В ОБЛАКЕ, И ГОВОРИЛ С НИМ, И ОТДЕЛИЛ ОТ ДУХА, КОТОРЫЙ НА НЕМ, И ВОЗЛОЖИЛ НА СЕМЬДЕСЯТ ЧЕЛОВЕК, СТАРЕЙШИН; И КОГДА ОВЛАДЕЛ ИМИ ДУХ, СТАЛИ ОНИ ПРОРОЧЕСТВОВАТЬ, НО НЕ НА ДОЛГО.

Да, это всё – свойства внутри человека. В каждом из нас они есть.

/26/ И ОСТАВАЛИСЬ ДВА ЧЕЛОВЕКА В СТАНЕ, ИМЯ ОДНОМУ ЭЛЬДАД, А ИМЯ ДРУГОМУ МЕЙДАД, И ОВЛАДЕЛ ИМИ ДУХ, ИБО ОНИ БЫЛИ ИЗ ЗАПИСАННЫХ, НО НЕ ВЫХОДИЛИ К ШАТРУ, А ПРОРОЧЕСТВОВАЛИ В СТАНЕ. /27/ И ПРИБЕЖАЛ ОТРОК, И СООБЩИЛ МОШЕ, И СКАЗАЛ: «ЭЛЬДАД И МЕЙДАД ПРОРОЧЕСТВУЮТ В СТАНЕ!». /28/ И ОТОЗВАЛСЯ ЙЕОШУА, СЫН НУНА, ПРИСЛУЖИВАВШИЙ МОШЕ, ИЗ ИЗБРАННЫХ ИМ, И СКАЗАЛ: «ГОСПОДИН МОЙ, МОШЕ, ЗАДЕРЖИ ИХ!». /29/ И СКАЗАЛ ЕМУ МОШЕ: «НЕ РЕВНУЕШЬ ЛИ ТЫ ЗА МЕНЯ? О, ЕСЛИ БЫ ВЕСЬ НАРОД БОГА БЫЛ ПРОРОКАМИ, ЛИШЬ БЫ БОГ ДАЛ ИМ ДУХ СВОЙ!».

Дальше я почитаю из «Большого комментария».
Из семидесяти двух мужей, которых выбрал Моше тянуть жребий, двое, необыкновенные праведники, не явились к Мишкану.
Мишкан – это святилище?

Да.

Они спрятались в стане, сказав: «Мы не достойны великой чести стать вождями народа».
И сказал *Творец*: «Вы принизили себя; посему Я вознесу вас над всеми старейшинами».
Идет пояснение очень мощное.
Когда старейшины стояли у святилища, на Эльдаде и Мейдаде почил дух *Творца*, и они стали пророчествовать. Эльдад предсказывал: «Моше оставит сей мир, и Иеошуа, его слуга, наследует ему. Иеошуа приведет евреев в Землю и завоюет ее».

ГЛАВА «КОГДА БУДЕШЬ ЗАЖИГАТЬ»

Так и произошло.

Мейдад пророчествовал: «В скором времени морской ветер принесет перепелов, они покроют весь стан, и будет сетью для сынов Израиля».

Оба они предрекали: «И вот, в конце дней, Гог и Магог будут сражаться с Иерусалимом и падут в руки Машиаха…».

В награду за скромность Эльдада и Мейдада их пророчества превзошли пророчества старейшин:

1. Дух святости, почивший на старейшинах, позволял им предвидеть только ближайшее будущее, а Эльдад и Мейдад предвидели далеко, вплоть до эпохи Гога и Магога.
2. Эльдад и Мейдад вошли в Землю, пережив даже Иеошуа.
3. Имена прочих старейшин не упоминаются в Торе, а их имена в ней записаны.
4. Они, в отличие от старейшин, оставались пророками до конца своих дней.
5. Они получили свое пророчество от Самого *Творца*, а не через посредничество Моше, как все остальные старейшины.

Два человека вдруг начинают пророчествовать. Трудно дать комментарий на уровне нашего мира.

Моше получает свое четкое свойство, свое предназначение, миссию: это – свойство бины. Над ним находятся хохма и кетэр – очень серьезные системы. Кроме того, свыше нисходит особый свет, который рождает два свойства – Эльдад и Мейдад.

На самом деле нисходит очень много систем управления. До этого мы говорили о системе: Творец, Моше, семьдесят и еще два (*аин бэт*) – семьдесят два праведника в пути. Потом в Санедрине будет семьдесят. Кнессет Агдола – сто двадцать. Всё это – система.

Миссия Моше – провести до уровня Эрец Исраэль все желания общей человеческой души. От фараона: Египет, выход из Египта, переход моря, гора, пустыня – до входа в Эрец Исраэль, в Землю Израиля. Это все функция Моше.

Об этом он пишет в Торе. Тора – это книга Моше. В ней описывается всё! Но только лишь о пути из Египта в Эрец Исраэль. Хотя отсюда всё остальное нам тоже ясно.

Тора берет начало от Адама – первого человека, постигшего замысел творения. Но есть и другие источники. В них тоже говорится как бы о людях, но имеется в виду управление, которое работает дальше, чем Моше. Допустим, Царь Давид, Машиах бен Давид. Машиах, последняя власть, будет как бы под дланью Давида.

Нет у нас большего пророка, чем Моше. А двое – Эльдад и Мейдад как бы в стороне немножко находятся и пророчествуют вперед – за Моше. Это цепи управления. Поэтому здесь не идет речь о том, кто больше – Моше или они, как, может быть, нам кажется. Это вообще не тот уровень, на котором разговаривает Тора. Здесь просто говорится, что существуют еще параллельные цепи управления: Моше, семьдесят мудрецов и эти двое. И действительно они пойдут дальше, в Землю Израиля, и будут еще долго вести народ, практически до построения Храма.

Эльдад и Мейдад находятся под непосредственным управлением Творца? Не касаясь Моше?

Да, они существуют как бы параллельно. Мы изучаем это в «Учении десяти сфирот»: есть отец, мать – высшие системы. Это не люди, понятно. Это свойства Творца, разделенные на отдачу и получение. И между ними есть разделение, которое проходит параллельно обычным линиям.

Надо понимать, что всё рассказывается даже не о человеке, а о связи между людьми. Вся Тора написана только для того, чтоб мы достигли этой связи. В ней мы раскроем всё, что написано, раскроем свой путь до конца нашего исправления и одновременно начнем постигать высшие ступени, то есть состояние вне времени, вне места.

Даже в «Большом комментарии» об этих двоих – Эльдаде и Мейдаде – говорится, что они как бы отменили себя, сказав: «Мы не пойдем с этими мудрецами, мы недостойны быть под Моше».
Это совсем другие свойства.

ТЫ ВРАЛ САМ СЕБЕ

В конце главы Баалотха («Когда будешь зажигать») говорится, что народ роптал, просился обратно в Египет, его не устраивало продвижение по пустыне.
Это хорошо. Именно таким образом оценивается настоящее относительно прошлого, и из двух состояний выбирается все-таки свобода воли.

Народ все время ропщет…
Это случается на каждом шагу, на каждой ступени. Всякий раз происходит подъем. Эгоистический подъем выявляет все больший эгоизм, над которым надо подняться. Так идет практически до тех пор, пока не войдем в Землю Израиля. За 40 лет путешествия в пустыне все поднимутся на гору Синай.

Раньше поднялся один Моше, а сейчас он тянет за собой всех остальных. Это значит – он проводит их по пустыне.

Это и является целью жизни человека – подняться на гору Синай?

Да. Подняться над взаимной ненавистью: *сина* – ненависть. Поднимаешься, – и открывается отдача, любовь, взаимная связь. В мере слияния всех в одно единое целое происходит раскрытие Творца.

Где находится Эрец Исраэль в системе подъема на гору Синай?

Эрец Исраэль – в конце, когда достигаешь любви. Весь подъем практически заключается в том, чтобы приподняться над эгоизмом. Это называется «овладение свойством хасадим».

Хэсэд – милосердие. Милосердие – сопереживание, ты переживаешь за другого точно так же, как он переживает за себя. Как бы сливаешься с ним.

При этом на каждом уровне, на котором находишься, происходит подавление своих потребностей за счет переоценки потребностей другого, как более ценных, более нужных. Как мать относится к своему младенцу: его потребности – самое главное для нее, так и мы относительно всех других.

Ты как бы впускаешь в себя другого? Освобождаешь ему место?

Да. Полностью. На этой ступени. Сделал это? И тут же забылось.

В тебе мгновенно начинает подниматься эгоизм следующей ступени. И ты не замечаешь другого, не видишь, не знаешь, не любишь, а если он попадается на глаза, то раздражает, отвратным кажется он тебе. И снова начинаешь над этим работать, пока другой не становится для тебя ближе, чем ты сам себе.

Это значит, что снова должен перейти на следующую ступень?

Это и значит переход на следующую ступень. Все окружающие становятся тебе более родными, чем ты сам себе.

И снова возникает полная забывчивость, приходит ненависть?

Сразу же поднимается новый эгоизм. Он отградуирован в нас по 125-ти ступеням, в соответствии с которыми так порция за порцией и проявляется.

А в этом мире я наслаждаюсь тем мгновением, когда все – мне братья и все любимы? Есть какая-то минута, час?

Нет. Ничего нет. Наоборот, наслаждение не от того, что ты достиг такого состояния, а от того, что ты устремляешься к нему. Это очень важно.

Бааль Сулам пишет, что если раньше казалось, что конечная цель важна сама по себе, то сейчас обнаруживаешь, что врал сам себе. И страдания, поиски, именно это устремление вперед являются самым большим наслаждением. Настолько большим, что, когда человек достигает конца, он просится в начало. Это вообще, конечно, невероятно! Но так и происходит.

Человек соединяет конец с началом. Он обнаруживает, что на самом деле его конечное состояние – бесконечное устремление к отдаче и любви. И это бесконечное устремление – само по себе не достигаемо. Но именно в этом оно и является для него совершенным. Это абсолютно противоположно нашей логике.

О многом можно тут говорить, но ясно одно – нашу идею компьютер точно не поймет. Здесь происходит перепрограммирование, сбой системы. В человеке постепенно изнутри созревает новая программа. Вдруг он начинает понимать, что то, к чему он стремится, достичь невозможно. И так каждый раз, на каждой ступени! Даже на уже продвинутых ступенях.

Человек начинает видеть, что самое главное – это устремление, а не достижение само по себе. Достигаешь – мертвый. Устремляешься – живой.

Как каббала придет к человечеству?

Придет ко всем. Человек этим и отличается от животного.

Сейчас смотришь на людей и видишь, что они не находятся на человеческом уровне, в них нет устремления вперед. В них эта точка еще спит, дремлет.

Она начнет просыпаться, и они будут взаимно связаны, будут друг друга будить. И тут ревность, зависть, другие эгоистические свойства сослужат хорошую службу. Человеку будет невтерпеж: «Как это?! Какие они! Те, кто занимаются! А я – животное, ничего не могу и не хочу…».

Кот не считает себя зависимым от человека, он не завидует нам, он ощущает себя хозяином в доме. А люди вдруг почувствуют свою уязвимость. Проснется это. И влияние окружения на человека будет огромным.

НАЕЛИСЬ МЯСА ДО ОТВАЛА

Люди очень ждали, что выпадет ман. И ман выпадает. Написано:

/30/ И УШЕЛ МОШЕ В СТАН, ОН И СТАРЕЙШИНЫ ИЗРАИЛЯ. /31/ А ВЕТЕР ПОДНЯЛСЯ ПО ВЕЛЕНИЮ БОГА, И ПРИНЕС ПЕРЕПЕЛОВ С МОРЯ,

Ветер – это *руах*. Руах – это движение. То есть человека окутало новое внутреннее движение.

Ведущий:

И ПРИНЕС ПЕРЕПЕЛОВ С МОРЯ, И ПОКРЫЛ ИМИ СТАН, НА ДЕНЬ ПУТИ ТУДА И НА ДЕНЬ ПУТИ СЮДА, ВОКРУГ СТАНА, И ОКОЛО ДВУХ ЛОКТЕЙ НАД ЗЕМЛЕЙ.

Локоть – приблизительно 60 сантиметров. Значит, два локтя – это метр двадцать. Перепела покрыли весь стан и еще на день ходьбы от стана во все стороны. Представляешь, тонны мяса?!

Да, народ требовал мяса, и оно выпало, на два локтя.

Естественно, что все говорится аллегорически, не имеются в виду перепела. Ты хочешь наполнения в свои эгоистические желания? Пожалуйста, получай!

И дальше:

/32/ И ВСТАЛ НАРОД, И ВЕСЬ ТОТ ДЕНЬ, И ВСЮ НОЧЬ, И ВЕСЬ СЛЕДУЮЩИЙ ДЕНЬ СОБИРАЛИ ПЕРЕПЕЛОВ, НАИМЕНЕЕ УСПЕВШИЙ СОБРАЛ ДЕСЯТЬ ХОМЕРОВ, И РАЗЛОЖИЛИ ИХ СЕБЕ ВОКРУГ СТАНА.

Выпало то, что они хотели.

Все практично, красиво, хорошо. Эгоистически получили, положили в банк.

Хочу зачитать то, что написано «Большом комментарии»:

На вкус эти птицы сочетали в себе и мясо и рыбу, которых так жаждали евреи. Более того, в них были все мыслимые вкусовые ощущения.

Творец выждал, пока все праведники вернулись в свои шатры, и перепела начали падать. Когда они дождем посыпались с неба, убито было больше людей, чем погибло потом при их поедании.

Евреи были воистину засыпаны перепелами. Они окружали стан со всех сторон и покрывали всю окрестность на длину дневного перехода. Груды птиц доходили человеку до уровня сердца, так что даже самый ленивый мог, не наклоняясь, собрать их столько, сколько пожелает. Праведники отказались даже притронуться к этому мясу. [Они знали, что Творец дал его в своем гневе и что оно принесет несчастье]. Грешники же собирали его с жадностью. За два дня каждый собрал десять куч перепелов, чтобы наесться ими до отвала.

Творец покарал каждого человека по его грехам…

И дальше пишется:

/33/ ЕЩЕ БЫЛО МЯСО В ЗУБАХ ИХ, ЕЩЕ НЕ ПЕРЕЖЕВАНО, КАК ГНЕВ БОГА ВОЗГОРЕЛСЯ НА НАРОД, И ПОРАЗИЛ БОГ НАРОД МОРОМ ВЕСЬМА СИЛЬНЫМ. /34/ И НАРЕКЛИ ТОМУ МЕСТУ ИМЯ КИВРОТ-а-ТААВА, ИБО ТАМ ПОХОРОНИЛИ ПРИХОТЛИВЫЙ НАРОД.

Да. Умерли все, кроме тех, кто не притронулся к пайку с неба.

Как это можно объяснить?

Имеется в виду не народ, естественно, а желания в каждом. Все эгоистические желания, которые охотливы до таких подарков, здесь, в пустыне, они сразу же получают наказание и умирают. В этом и заключается их исправление.

Но ведь это народ, который идет за Моше? Я понимаю, что все время речь идет о новой ступени?

Это не народ. Это один человек, который идет вперед. Лучше говорить так, чтобы не запутаться.

В своем духовном развитии человек идет вперед и видит, что все его просьбы могут удовлетвориться, но это будет только лишь для его духовной гибели. То, что тут и показано, очень четко и явно.

Почему это были перепела?

Если мы посмотрим в Большом комментарии, то увидим в соответствии с гематрией, что именно такой вид света, наполняющий их души, и умертвил их.

Что значит «перепела»? Все в нашем мире является следствием воздействия определенного света на желание. Свет сформировал желания, которые затем обнаружились как мертвые, – так это называется в нашем мире.

В принципе, идет отсечение всех желаний, которые мешают двигаться вперед?

На этой ступени – да. Но затем они поднимаются снова, и их исправляют. Ничто не остается в эгоистическом состоянии.

СЛАДКИЕ СТРАДАНИЯ ЛЮБВИ

Умирает – это значит «не годный сейчас к употреблению», не более того. В следующий момент, на следующем уровне все возрождается и исправляется. Так же как мы – умираем в нашем мире, в наших пониманиях, в видении того, что происходит, а затем возрождаемся. И снова умираем.

МАН – на самом деле это молитва, то, что мы изучаем в каббале. Это не манна небесная, которая падает сверху. Это то, что человек поднимает снизу и что наполняет его. То, о чем мы и говорили, – это устремление вперед. Не получение, а порыв, дерзание, – они тебя наполняют, ими ты и живешь. Это и есть МАН.

Ни в коем случае не получать, а лишь устремляться. Ты чувствуешь наслаждение при устремлении в любви. Это и называется «сладкие страдания любви». Без них любви нет.

Эти перепела и есть получение?

Да. МАН – он как бы путается в Торе. Кажется, что мы получаем какое-то белое вещество, рассыпанное по пустыне. На самом деле получаем то, что можем вознести свои желания, свои устремления к Творцу. Именно просьба ввысь, вверх и является наполнением.

Молитва на иврите называется *тфила*, от слова – *леитпалель*. Леитпалель – судить самого себя, разбираться в себе. Ты не просишь кого-то о чем-то, а сам разбираешься в себе. Это и есть молитва. Тебе надо не обращаться к кому-то, не искать саму цель, а просто дойти до устремления к цели. Это и есть МАН.

Этот момент самый важный. Надо, чтобы все поняли его.

Да. Понять – все не поймут, кроме тех, кто этим занимается, кто в этом находится, на себе это переживает.

И даже для них требуется время, чтобы устремление вперед не ради себя, не ради получения, а абсолютно беззаветное и безответное, стало их внутренней потребностью. Но это и есть настоящее устремление вперед, настоящее духовное состояние.

Поэтому именно пустыня, в которой ты питаешься маном, – самое благодатное состояние. Ничего у тебя нет, ты не знаешь абсолютно ничего: кто, что, как (гол, как сокол), – и устремляешься вперед к отдаче и любви.

Ты еще не можешь использовать своего фараона, который сидит в твоем заплечном мешке, но уже двигаешься вперед. Затем твои устремления вперед будут такими большими, что ты сам будешь потихоньку доставать фараона. Не ждать, пока он в тебе поднимется, – сам захочешь достать и переработать его на устремление вперед.

И тогда сможешь действовать, как Творец. С помощью фараона работать на отдачу. Именно его черная сила даст тебе возможность отдавать.

Значит, фараон мне понадобится?

Да. Ты как бы будешь резать его на куски – и отдавать, отдавать, отдавать. Использовать фараона на отдачу.

Я САМ! Я БОЛЬШОЙ!

Дальше начинается достаточно драматическая ситуация. Самые близкие к Моше – Мирьям и Аарон, сестра и брат, ближе которых нет, говорят против Моше.

/1/ И ГОВОРИЛИ МИРЬЯМ И ААРОН ПРОТИВ МОШЕ ПО ПОВОДУ КУШИТКИ, КОТОРУЮ ОН ВЗЯЛ, ИБО ЖЕНУ-КУШИТКУ ВЗЯЛ ОН СЕБЕ. /2/ И СКАЗАЛИ...

Речь идет о Ципоре. Она не еврейка. Дочь Итро, из страны Мидьян, – кушит, как бы темная.

Вдруг сейчас вспомнили об этом.

/2/ И СКАЗАЛИ: «РАЗВЕ ТОЛЬКО С МОШЕ ГОВОРИЛ БОГ? ВЕДЬ И С НАМИ ОН ТОЖЕ ГОВОРИЛ!». И УСЛЫШАЛ БОГ. /3/ А ЧЕЛОВЕК ЭТОТ, МОШЕ, БЫЛ СКРОМНЕЙШИМ ИЗ ВСЕХ ЛЮДЕЙ, ЧТО НА ЗЕМЛЕ. /4/ И СКАЗАЛ БОГ, ВНЕЗАПНО ОБРАТИВШИСЬ К МОШЕ, И К ААРОНУ, И К МИРЬЯМ: «ВЫЙДИТЕ ВЫ ТРОЕ К ШАТРУ ОТКРОВЕНИЯ!». И ВЫШЛИ ОНИ ТРОЕ. /5/ И СОШЕЛ БОГ В СТОЛПЕ ОБЛАЧНОМ, И СТАЛ У ВХОДА В ШАТЕР, И ПРИЗВАЛ ААРОНА И МИРЬЯМ, И ВЫШЛИ ОНИ ОБА. /6/ И СКАЗАЛ ОН: «СЛУШАЙТЕ СЛОВА МОИ: ЕСЛИ И ЕСТЬ МЕЖДУ ВАМИ ПРОРОК БОГА, ТО Я В ВИДЕНИИ ОТКРЫВАЮСЬ ЕМУ, ВО СНЕ ГОВОРЮ С НИМ. /7/ НЕ ТАК С РАБОМ МОИМ МОШЕ: ВО ВСЕМ ДОМЕ МОЕМ ДОВЕРЕННЫЙ ОН. /8/ ИЗ УСТ В УСТА ГОВОРЮ Я С НИМ, И ЯВНО, А НЕ ЗАГАДКАМИ, И ОБРАЗ БОГА ВИДИТ ОН. КАК ЖЕ НЕ БОИТЕСЬ ВЫ ГОВОРИТЬ ПРОТИВ РАБА МОЕГО, МОШЕ?».

Уровень Моше – в постижении Творца. А постижение Творца происходит в исправленном состоянии человека.

Моше на много уровней выше в своем исправлении, чем Аарон и Мирьям. Они ничего не могут возразить против него. Но они возражают, потому что ниже и не понимают его. Нижняя ступень никогда не понимает высшую.

Высшая ступень в духовном кажется низшим абсолютно нелогичной. В нашем мире – то же самое. Дети, допустим, также не хотят соглашаться с родителями.

В духовном состоянии высшая ступень кажется глупой, недалекой, нерасчетливой, нелогичной, в ней отсутствует сознательный научный подход. Каждый раз действуешь все большей верой выше знания. Поэтому высшая ступень представляется низшим примерно так: «Чего-то такое он говорит и делает непонятное, у меня это не так, и я сам чувствую всё…». В общем, нижняя ступень всегда считает, что она права. Это естественно. Так она чувствует себя.

В какой же момент это происходит? Ведь до сих пор у Аарона и Мирьям было стремление прилепиться к Моше?

Всё относительно. Все равно никогда не может низшая ступень понять высшую. Это может быть только, если они аннулируют себя относительно высшей. Закрывая глаза, идут за ней: поневоле или решают добровольно.

Решение, что именно так надо делать, дается очень трудно. С какой стати?! На основании чего? Мне надо просить у Творца, чтобы Он не показывал мне, что Он выше меня. Чтобы Творец сказал мне, что Моше выше меня, и я подчиняюсь ему, потому что он выбран Творцом.

Здесь очень интересный момент: вначале они вдруг как бы отменяют Моше, говорят: «А у него жена не из наших». Дальше идет разговор о другом – «ведь Бог говорил и с нами». То есть сначала они уменьшили его в своих глазах и потом уже пошли вперед.

Жена его – «темнокожая». Имеется в виду его малхут – она намного темнее, намного жестче, тяжелее, чем их желания. Но поэтому он и достигает более высокого уровня, работая с ней.

Так же и мы сейчас – мы должны присоединить к себе все человечество. Представляешь эту малхут, которая ждет присоединения?! Но зато какое возвышение при этом получат все.

Почему Бог говорит с Мирьям и с Аароном?

Они находятся на ступени пророчества. Пророк – это человек, с которым разговаривает Творец. Или даже тот, кто видит Творца. Видит с обратной стороны, то есть видит какие-то проявления в *ор хозэр*. Но в основном постижение идет через свойство бины, поэтому и говорится «слышу».

Что значат слова Творца: «Я с Моше говорю уста в уста»?

Пэ эль пэ – из уст в уста, ничего не скрывая, не проводя через какие-то трансформации и ослабления, – что есть во мне, то он и получает. Это высшая ступень слияния души с Творцом.

Творец говорит: «...*во всем доме Моем доверенный он*». Что это значит?

Моше полностью освоил свойство бины. Полностью! **Когда малхут поднимается в бину, это является домом Творца, потому что Творец – это Элоким. Так сказано.**

ГЛАВА «КОГДА БУДЕШЬ ЗАЖИГАТЬ»

БОЛЬНЫХ НЕ БРОСАЮТ В ПУСТЫНЕ

/9/ И ВОЗГОРЕЛСЯ ГНЕВ БОГА НА НИХ, И ОТОШЕЛ ОН. /10/ И ОБЛАКО ОТОШЛО ОТ ШАТРА, И ВОТ – МИРЬЯМ ПОКРЫТА ПРОКАЗОЮ, КАК СНЕГОМ. И ВЗГЛЯНУЛ ААРОН НА МИРЬЯМ, И ВОТ – ПРОКАЖЕНА ОНА. /11/ И СКАЗАЛ ААРОН МОШЕ: «ПРОШУ, ГОСПОДИН МОЙ, НЕ СОЧТИ НАМ ЗА ГРЕХ, ЧТО МЫ ГЛУПО ПОСТУПИЛИ И СОГРЕШИЛИ! /12/ ДА НЕ БУДЕТ ОНА, КАК МЕРТВЕЦ, КОТОРЫЙ ВЫХОДИТ ИЗ ЧРЕВА МАТЕРИ СВОЕЙ ПОЛУИСТЛЕВШИМ!». /13/ И ВОЗОПИЛ МОШЕ К БОГУ, ГОВОРЯ: «О, ВСЕСИЛЬНЫЙ, УМОЛЯЮ, ИСЦЕЛИ ЕЕ!».

/14/ И СКАЗАЛ БОГ, ОБРАЩАЯСЬ К МОШЕ: «ЕСЛИ БЫ ОТЕЦ ЕЕ ПЛЮНУЛ ЕЙ В ЛИЦО, РАЗВЕ НЕ СКРЫВАЛАСЬ БЫ ОНА В СТЫДЕ СЕМЬ ДНЕЙ? ПУСТЬ БУДЕТ ОНА ЗАКЛЮЧЕНА СЕМЬ ДНЕЙ ВНЕ СТАНА, А ПОТОМ ПРИДЕТ». /15/ И БЫЛА ЗАКЛЮЧЕНА МИРЬЯМ ВНЕ СТАНА СЕМЬ ДНЕЙ; НАРОД ЖЕ НЕ ОТПРАВЛЯЛСЯ В ПУТЬ, ПОКА НЕ ВЕРНУЛАСЬ МИРЬЯМ. /16/ А ЗАТЕМ ДВИНУЛСЯ НАРОД ИЗ ХАЦЕРОТА И ОСТАНОВИЛСЯ В ПУСТЫНЕ ПАРАН.

Произошло серьезное исправление.

Все время это случается! Все время! Словно говорят: «Ой, нам скучно».

Без этого невозможно. Необходимо раскрытие эгоизма. Затем идет его исправление – это и есть период страданий. И только потом можно двигаться вперед.

Это наказание является очень страшным…

Не наказание. Наказание в Торе – это исправление.

Это исправление является очень страшным. Проказа, которая выступает на теле.

Выступает на коже человека, потому что кожа – это самая внешняя эгоистическая ступень. Она поражается больше всего.

Кожа является самым большим органом нашего тела. Это такой же орган, как печень, почки и так далее. Она дышит, работает, перерабатывает: через нее происходит газовый обмен с атмосферой, теплообмен – все обменные процессы. Кожа чувствует все. Мы даже не задумываемся, что это такое.

Сегодня делают всякие наколки. Это вообще ужасно – нарушается вся работа организма. В соответствии с тем, что написано в Торе, разрешено только одно – носить кольца, кольца в ушах и кольца в носу. И больше ничего.

Скажите еще раз: что означает проказа на коже, практически, неизлечимая болезнь?

Это – выход самой последней стадии эгоизма. В общем, это очищение, потому что все было внутри и сейчас проявляется снаружи.

Выходит вся грязь и выступает на коже?

Да. И лечение тут может быть только одно – светом Творца.

Мирьям возвращается, и они начинают двигаться. Мы с Вами редко говорим о женщинах. Мирьям – образ очень сильный. Есть песня Мирьям после перехода Ям Суф (Конечного моря).

Сечас Мирьям выступает против Моше. Если можно, несколько слов о ней. Что такое в нас Мирьям?

Моше и Аарон – это две стороны движения к Творцу. Мирьям является низшей частью – малхут. И она связывает обоих: Моше и Аарона.

Есть Сара, Ривка, Лея, Рахель – четыре пророчицы после выхода из Вавилона, и сейчас появляется Мирьям. Это собирательный образ всех предыдущих, она сопровождает стан, то есть все движение человека к Творцу в этом периоде.

Она как бы собрала их всех в себя и идет к Эрец Исраэль?

Да. Затем Мирьям умирает, когда уже нет необходимости в этом свойстве.

Они ждут, пока она вернется. Стан не двигается без Мирьям.

Когда в стане есть больной человек, то есть в нем происходит какое-то исправление, то надо ждать. Без этого ты не можешь двигаться. Движение – когда ты идешь вперед. Имеется в виду духовное движение. Ты не можешь идти вперед, если у тебя больные свойства.

Мирьям олицетворяет собой их общее свойство, желание. Так что, естественно, ее надо исправить. Только после этого можно двигаться. Никогда такого не было, чтобы больных бросали в пустыне. Ты этого не видишь нигде. Надо исправлять, и потом только идти дальше.

Движение вперед основано на том, что все время ты раскрываешь эгоистические свойства, исправляешь их и тем самым продвигаешься.

Почему Моше все время заступается, молится за народ, за Мирьям? Почему Творец так решил?

Моше делает то, что угодно Творцу. Моше – это высшая точка в душе, которая тянет человека к полному исправлению, то есть к слиянию с Творцом. В этом свойстве Моше постоянно реализует внутренние желания Творца. Видишь, как они играют?! Моше и Творец?!

Творец, якобы, угрожает: «Я его сейчас! Я ее сейчас!» Моше просит: «Нет-нет, не надо». И все время так. Потому что Моше и Творец – это как бы одно целое, а все остальные – это свойства, которые надо исправлять.

Глава
«И ПОСЛАЛ»

ПОШЛИ ЛАЗУТЧИКОВ ВПЕРЕД

Начинаем главу «Шлах» («И послал»). Интересно, что в главе «Лех леха» («Иди себе») Творец сказал Аврааму: «Иди из дома твоего, от семьи твоей…».

Тогда Он указывал, что все должны идти. А сейчас Он велит Моше: «Отправь», то есть отошли от себя часть. Не идти всем вместе, а послать несколько человек вперед, на разведку.

В главе «И послал» говорится о лазутчиках, которых Моше действительно послал в Эрец Кнаан (будущий Эрец Исраэль), и о том, что с ними произошло, что они увидели и почувствовали и что им предстоит делать дальше.

Здесь есть интересная особенность. Все время Творец подстраивает нам противоречивые ситуации. С одной стороны, Он говорит: «Посылай разведчиков». Но, с другой, – зачем мне посылать их, если я готов идти за Тобой с закрытыми глазами?!

Вопреки своей внутренней установке, что хочу идти за Творцом с закрытыми глазами, я должен возбудить в себе эгоистические желания и послать разведчиков. Я не могу проверить иначе. Послать самых сильных, самых обученных, лучших представителей из двенадцати колен, чтобы они посмотрели, что Творец готовит нам в Земле Израиля.

Мы шли всю дорогу – от Адама через Бавель (Вавилон), через Мицраим (Египет), через пустыню – и подошли почти к границе с вожделенной страной, Землей Обетованной. И тут вдруг указание: иди и заранее проверяй, что там приготовлено.

ГЛАВА «И ПОСЛАЛ»

В пустыню не боюсь идти. К горе Синай – не боюсь. Красное море расступилось – прошел. А здесь приказ – «заранее проверь». Разве это происходит не вопреки всему предыдущему устремлению, отношению к движению?

Есть противоречие, кстати, между устной и письменной Торой.

В устной Торе начинается так:

/1/ И ГОВОРИЛ БОГ, ОБРАЩАЯСЬ К МОШЕ, ТАК: /2/ «ПОШЛИ ОТ СЕБЯ ЛЮДЕЙ, ЧТОБЫ ВЫСМОТРЕЛИ ОНИ СТРАНУ КНААН, КОТОРУЮ Я ДАЮ СЫНАМ ИЗРАИЛЯ, ПО ОДНОМУ ЧЕЛОВЕКУ ОТ ОТЧЕГО КОЛЕНА ПОШЛИТЕ, КАЖДЫЙ ИЗ НИХ *должен быть* ВОЖДЕМ».

Пошли вождей! Самых сильных, проверенных, самых лучших.

Что пишет «Большой комментарий»:

Сыны Израиля стояли теперь в Кадеш Барнеа, к юго-востоку от Эрец Исраэль. Они знали, что взойдут на гору на границе с Эрец Исраэль.

От волнения расталкивая друг друга, они бросились к Моше с просьбой. Лишь одного колена не было среди этой толпы — колена Леви.

«Давай, вышлем вперед лазутчиков, — обратился народ к Моше, — чтобы они осмотрели Землю. Они посоветуют, каким путем лучше идти. И скажут нам, какие города можно будет взять с легкостью, дабы знали мы, на кого нам нападать раньше».

Для того, чтобы разведать землю, им, конечно же, не надо было никаких лазутчиков. Впереди народа двигалось Облако Славы... Они готовили для них путь и направляли их.

Поэтому… пришлось изыскивать всякие доводы, чтобы убедить Моше послать лазутчиков.
Что это такое? Народ требует послать лазутчиков?

Народ был на уровне, когда не доверял Облаку Славы, которое их направляло, за которым они шли все время.

В пустыне шли. А сейчас в Земле Израиля пришло время сопротивляться, воевать с сильнейшими эгоистическими желаниями. Если ты сможешь их победить, тогда овладеешь духовным уровнем, который называется Земля Израиля.

Пустыня – это состояние, в котором мы согласны на доброе отношение со всеми, ровное, спокойное, находимся как бы в пассивной отдаче. Тут нет активной работы со своим эгоизмом, мы его не возбуждаем, не вытаскиваем наружу.

Земля Израиля (земля – *эрец, рацон*) – это желание Израиля, направленное к Творцу.

Вначале речь идет не о Земле Израиля. Говорится о Земле Кнаан, которая направлена не к Творцу, а в противоположную сторону. В ней находится семь народов, семь сил – по количеству сфирот. Эти семь сил оттаскивают в противоположную сторону тех, кто находится в желаниях к Творцу.

Снова тот же Египет, только в еще более серьезном виде. Прошли Красное море, гору Синай, пустыню и вошли в состояние Эрец Кнаан.

Земля Кнаан перед завоеванием ее народом Израиля – страшное дело! Очень сильные эгоистические желания, которые серьезно стоят на страже своего существования.

Для эгоизма на уровне фараон – это намного выше, чем Египет. Для фараона по его эгоистическому состоянию народ Израиля – это намерение действовать на отдачу с получением ради себя. Я даю тебе и ему, и ей, и им, а в итоге – получаю от вас.

Хороший хозяин предприятия заботится о своих работниках: дает отпуск, открывает детский сад, многое делает для них. Почему? Чтобы потом получить высокую прибыль и во много раз окупить все затраты.

Это – фараон. Нормальный здравомыслящий капиталист говорит: «Идите, работайте! Вы всё получаете! Мясо, рыба, овощи… Живите, где хотите. Наполняйте свои духовные запросы – ничего вам не запрещаю. Но хорошо работайте! Хотите между собой по-другому организоваться? Пожалуйста! Но с условием, что у меня, под моим руководством!»

Тут, в общем, очень правильные отношения к людям. Добрый, заботливый владелец не угнетает своих работников. Он начинает враждебно проявлять себя только тогда, когда они не хотят видеть его своим хозяином. А до тех пор готов предоставить самые лучшие условия!

Единственное, о чем он предупреждает: «Вы работаете на меня, вы преданы мне – и вам хорошо». Это отдача ради получения. Если ты с этим не согласен, тогда у тебя проблема! Это то, что было в Египте: проблемы с фараоном, которые надо преодолеть, чтобы идти вперед.

Сейчас мы подходим к следующему уровню: тут уже не Египет, а будущая Земля Израиля. Сейчас она называется Эрец Кнаан. По эгоистическому уровню Кнаан намного выше, чем Египет, особенно, когда туда входит народ Израиля.

В эгоистическом уровне Эрец Кнаан есть семь подуровней, которые называются семь народов, семь эгоистических желаний. Они абсолютно противоположны свойству отдачи, сближения, взаимной поддержки, поручительства. Возникают огромные препятствия, готовые разорвать изнутри любого человека, который начинает думать в сторону отдачи и любви.

Поэтому, когда подходят близко к такому состоянию, то есть к границам Земли Кнаан, то начинают чувствовать, как оттуда несет холодом смерти. Ты хочешь объединяться, любить ближнего, хочешь связаться с ним красиво, отдавать друг другу…

То есть жить против всех установленных там законов?

Да. И ты чувствуешь, что на тебя смотрят как на чужого, тебя ненавидят, отторгают. Это состояние намного хуже, чем было с Авраамом, когда он спасал Лота в Сдоме.

В Сдоме было только так: «Не делай другому ничего хорошего. Живи для себя». Так, как мы живем сегодня. У всех свое, личное: «Мой дом, машина, всё – моё. В машине я один, дома я один. Никого мне не надо. Если мне кто-то нужен – я приглашу и отошлю».

Это – Сдом: никому не помогаем, никакой взаимности ни в чем, каждый сам по себе. Отгорожены забором друг от друга. У каждого – свое. Эрец Кнаан намного хуже, чем Сдом.

По законам Сдома, ты не трогаешь другого, пусть он делает, что хочет. Но если пришельцам негде переночевать, а ты пустил их в свой дом, значит, ты – враг. Ты нарушил условия, уговор. Наше сдомское общество построено на том, что никто не имеет отношения ни к кому. Умирает человек от голода, значит, так и должно быть. Ты не имеешь права помочь. Творец поможет. А ты не лезь, не твое дело, – всем управляет Творец.

Что ты на это скажешь? Отсюда идут внутренние, глубокие древние философии. Сейчас мы не будем их обсуждать, но надо понимать, что все они базируются на серьезной основе.

КАРАБКАЙСЯ НА ЧЕТВЕРЕНЬКАХ

Люди начинают ощущать холод за границей состояния, которое сейчас называется Земля Кнаан, потом это будет Земля Израиля. Возникает вопрос: «Что надо нам преодолеть, как завоевать Землю Кнаан, чтобы она стала Землей Израиля?»

В Эрец Кнаан они обнаруживают такие препятствия, такую ступень, на которую просто не в состоянии подняться – китайская стена в тысячекратном увеличении. Оставшийся, маленький эгоизм вдруг взлетает, и надо перестроить его настолько, чтобы раскрылась перед тобой следующая ступень. Ты же сейчас относительно нее – совсем маленький.

Часто древние храмовые сооружения имели высокие храмовые ступени. Например, древнегреческий храм Парфенон построен на трех ступенях, высотой около полутора метров. Специально вырублены такие ступени, чтобы показать человеку, насколько он маленький, насколько Бог выше него! Ступень настолько высокая, что человек должен залезать на нее, как маленький ребенок, на четвереньках.

Так и здесь. Подошли к границе Земли Кнаан и обнаружили препятствие, которое кажется непреодолимым. Идеологически разумно, это препятствие давит, убеждает, доказывает, что сейчас ты совершаешь абсолютно неправильный поступок. Идешь против Творца!

А кто тебя послал на это? Он Сам? Как это может быть? Это же вопреки всему! Даже сам посыл, слово *шлах* – отправь, пошли туда соглядатаев, разведчиков – направлено против Его условия идти верой выше знания, идти в отдачу, не обращая внимания ни на что. Ты должен идти и ни о чем не думать! Тогда спрашивается, как и для чего можно посылать вперед разведчиков?

Сама эта ступень дается как непреодолимая для нашего разума, для наших чувств. Всегда так в духовном. Стоишь перед состоянием, которое ты – ни в коем случае! – не можешь объять своим разумом и оправдать.

Все время идешь за Облаком, стоишь с Облаком, движешься вместе с Ним. И вдруг вместо того, чтобы продолжать идти, ты останавливаешься и шлешь разведчиков. Как это складывается в понимании Моше?

Какой народ стоит тут? Народ, который согласен идти с закрытыми глазами. Покажи ему какую-нибудь фигурку, и он замкнется на нее, будет идти за ней. Слепые новорожденные котята ползут за тем, что движется, – для них это мать. На самом деле это может быть всего лишь картонная коробка, которую тащит за собой ребенок. То же самое и здесь.

Ты должен включить разум. Ты должен подняться на следующую ступень. Верой выше разума в свойстве отдачи можешь идти, когда поднял разум на более высокую ступень, и тогда верой идешь выше этой ступени.

Этот момент очень плохой вроде бы! Тебе дают включить мозги, и ты начинаешь чувствовать, насколько всё находится в разуме, в осознании, в ощущениях, и сейчас ты должен идти выше этого понимания. В том и заключается их грехопадение, прегрешение: с одной стороны, они подняли себя на уровень нового здравого смысла, а, с другой, – не смогли подняться над ним.

Вы говорите, что перед каждой духовной ступенью включается разум? И только после этого ты идешь верой выше разума? Вопреки ему?

Ну, конечно. Иначе, над чем будешь возвышаться?

Очень интересные сравнения Сдома, Египта и Эрец Кнаан. Авраам хочет защитить праведников Сдома, входит туда, видит, что творится. И Сдом переворачивается. В Египет людей гонит голод. В Кнаан они идут за Облаком, управляемые Моше. Здесь уже появилась точка в сердце.

В Египет их гонит голод. В Египте они получают дополнительные эгоистические желания. И потом обязаны над ними возвыситься. Но это возвышение идет не завоеванием Египта, а тем, что они убегают от него. То есть они не могут подняться над Египтом. Им для этого необходима Тора – правильная методика.

Только в Земле Израиля, даже еще раньше, в Земле Кнаан, они начинают подниматься над Египтом. Они вызывают все огромные желания, увеличенные путешествием по пустыне. Именно сейчас это проявляется перед ними.

ЧТО ДЕЛАТЬ? МЫ НЕ ЗНАЕМ

И написано:

/3/ И ПОСЛАЛ ИХ МОШЕ ИЗ ПУСТЫНИ ПАРАН ПО СЛОВУ БОГА; ВСЕ ЛЮДИ ЭТИ – ГЛАВЫ СЫНОВ ИЗРАИЛЯ ОНИ. /4/ И ВОТ ИМЕНА ИХ: ОТ КОЛЕНА

РЕУВЕНА – ШАМУА, СЫН ЗАКУРА. /5/ ОТ КОЛЕНА ШИМОНА – ШАФАТ, СЫН ХОРИ.

И далее перечисляются имена глав колен Израиля.

Все имена имеют внутреннее значение. Их гематрии, то есть числовые значения, обозначают свойства, с помощью которых можно проверить твою будущую Землю Израиля. Ты должен подготовить себя к этим свойствам, выявить их в себе. Ты должен собрать из них команду.

Это группа, внутри которой существует четкое объединение. С помощью силы объединения главы колен идут на постепенное сравнение своих свойств со свойствами, которые существуют в Земле Израиля, и видят, насколько они не в состоянии воевать с ними.

Силы сближения между собой, связи, единение, которых они достигают, недостаточно, чтобы побороть те эгоистические силы, которые сейчас могут овладеть ими и разорвать их. И тут они начинают бояться.

Они просто не понимают, каким образом смогут совладать с этим. Но само их состояние – абсолютно верное.

В «Большом комментарии» написано, что в каждом имени уже было заложено маленькое падение. Например:

От колена Шимона — Шафат бен Хори. Он не превозмог (*шафат*) злое побуждение возвести *жалобу* на Землю и потому не вошел в нее. (Имя «Хори» связано со словом *хорин*; был «освобожден» от вхождения в Землю.) От колена Иеуды — Калев бен Йефуне. В его имени скрыта похвала: «Калев» означает, что он поведал народу то, что было у него на сердце… а именно: вознес хвалу Эрец Исраэль.

Калев («лев» на иврите – сердце). Из всех разведчиков Калев был самый мудрый, так говорится в «Большом комментарии».

Все их свойства, с помощью которых они шли в Землю Кнаан, были недостаточны для того, чтобы ее завоевать.

Написано:

/16/ ЭТО ИМЕНА ЛЮДЕЙ, КОТОРЫХ ПОСЛАЛ МОШЕ ВЫСМОТРЕТЬ СТРАНУ. И НАЗВАЛ МОШЕ ОШЕА, СЫНА НУНА, – ЙЕОШУА. /17/ И ПОСЛАЛ ИХ МОШЕ ВЫСМОТРЕТЬ СТРАНУ КНААН, И СКАЗАЛ ИМ: «ВОТ, ИДИТЕ НА ЮГ страны, И ВЗОЙДИТЕ НА ГОРЫ, /18/ И ОСМОТРИТЕ СТРАНУ, КАКОВА ОНА, И НАРОД, ЖИВУЩИЙ В НЕЙ, СИЛЕН ОН ИЛИ СЛАБ, МАЛОЧИСЛЕН ОН ИЛИ МНОГОЧИСЛЕН; /19/ И КАКОВА СТРАНА, В КОТОРОЙ ОН ЖИВЕТ, ХОРОША ОНА ИЛИ ПЛОХА, И КАКОВЫ ГОРОДА, В КОТОРЫХ ОН ЖИВЕТ, ОТКРЫТЫЕ ОНИ ИЛИ УКРЕПЛЕННЫЕ; /20/ И КАКОВА ЗЕМЛЯ ЭТА, ТУЧНА ОНА ИЛИ ТОЩА, ЕСТЬ ЛИ НА НЕЙ ДЕРЕВЬЯ ИЛИ НЕТ. ПОСТАРАЙТЕСЬ ЖЕ И ВОЗЬМИТЕ ОТ ПЛОДОВ СТРАНЫ». ВРЕМЯ ЖЕ ТО БЫЛО ВРЕМЕНЕМ СОЗРЕВАНИЯ ВИНОГРАДА. /21/ И ПОДНЯЛИСЬ ОНИ, И ВЫСМОТРЕЛИ СТРАНУ ОТ ПУСТЫНИ ЦИН ДО РЕХОВА, ЧТО ПО ДОРОГЕ В ХАМАТ. /22/ И ПОШЛИ НА ЮГ страны, И ДОШЛИ ДО ХЕВРОНА, А ТАМ АХИМАН, ШЕШАЙ И ТАЛЬМАЙ, ДЕТИ АНАКА;

Очень сильные противодействующие им силы: и место – Хеврон; и время – созревание винограда (это плоды мудрости); и Анак со своими тремя сыновьями – великанами.

В общем, всё работает против возможности человека преодолеть эти препятствия. Не обнаруживает он в себе никаких сил.

Здесь требуется новая сила свойства отдачи, которую не удалось достичь в пустыне. Смогут ли они ее получить сейчас на границе? Непонятно.

Лазутчики абсолютно правы, что возвращаются и рассказывают обо всём, что есть в той земле. С их стороны здесь нет никаких прегрешений. Единственное, что они говорят: «С тем, что у нас есть, мы не сможем овладеть эгоизмом, который стоит перед нами. Что делать? Мы не знаем». Ответа нет.

Свою миссию они исполнили абсолютно правильно, верно описали всё, что есть. А далее – это уже не их дело. Проблема только в одном: они сказали, что нельзя идти вперед. То есть сделали неверные выводы! Сами по себе, де-факто, сведения – правильные. Следствия, что делать дальше, выведены неверно.

Мы не можем останавливаться. Мы должны искать другой путь, силу веры выше знания, что-то делать, но не отказываться и не уходить.

То есть продолжать эту ступень не по разуму?

Да. Мы должны настоять. Здесь надо искать следующее возвышение.

Что значит – подняться на гору и посмотреть на страну сверху? Так сказал им Моше.

Это значит, вызвать высший свет – *итарута дэ лейла*, который поднимет тебя временно только потому, что ты просишь. Не действовать, потому что ты не в состоянии, а только посмотреть. Это видение может и опустить, и поднять тебя. Оно необходимо, чтобы ты понимал, с чем должен работать.

Нужно очень большое знание, чтобы идти верой выше знания. Это не просто идти с закрытыми глазами, тут надо четко понимать все установки, всю схему и работать с высшим светом.

Только сейчас я понял, что значит, когда перед следующей ступенью включается высокий разум. Это он и есть?

Да, конечно. Кто больше товарища, у того и эгоизм больше, – тут разум и проявляется.

НА ГРАНИЦЕ ЖДУТ НАС ВЕЛИКАНЫ

Глава «И послал» – очень серьезная, наполненная массой внутренних тем, частностей и мелочей, которые вдруг превращаются в глубокие вещи.

Например, в устной Торе сказано:
/21/ И ПОДНЯЛИСЬ ОНИ, И ВЫСМОТРЕЛИ СТРАНУ ОТ ПУСТЫНИ ЦИН ДО РЕХОВА, ЧТО ПО ДОРОГЕ В ХАМАТ. /22/ И ПОШЛИ НА ЮГ страны, И ДОШЛИ ДО ХЕВРОНА, А ТАМ АХИМАН, ШЕШАЙ И ТАЛЬМАЙ, ДЕТИ АНАКА;

Пишет об этом «Большой комментарий»:
Когда лазутчики собирали плоды в Нахаль Эшколь, их заметили трое великанов, обитавших в окрестностях Хеврона.
То были Ахиман, Шешай и Талмай — три сына *Анака*, **самого высокого из всех великанов. Они являли собой**

все, что осталось от древних великанов, родившихся после Поколения Потопа.

…Эти трое приближались к лазутчикам гигантскими шагами, издавая оглушительные крики. … Когда великаны подошли совсем близко, все лазутчики лишились чувств, кроме Иеошуа и Калева, … Увидев, что лазутчики лежат на земле без чувств, хананеи оживили их.

«Мы видим, что вы явились сюда рубить деревья, которым мы поклоняемся, и разбивать наши изваяния!» – прорычали великаны.

«Нет, – еле слышно ответили лазутчики – мы просто собрали немного плодов».

«Убирайтесь отсюда! – грозно приказали великаны. – Ваш Бог скоро приведет вас в эту землю, и тогда у вас будет сколько угодно времени, чтобы рубить наши деревья».

В награду за то, что великаны отпустили еврейских лазутчиков, не причинив им никакого вреда, *Творец* позволил некоторым хананеям жить в Земле Израиля до разрушения Второго Храма.

Все добавления «Большого комментария» очень красочные.

Да. Описания потрясающие! Нигде нет такого каббалистического слога. Может быть, иногда прорывается, но очень фрагментарно, в хасидских притчах.

Тут доведено до формы рассказа. Берется строчка из письменной Торы, и дальше следует ощущение рассказчика, который передает то, что происходило.

Все описывается во внутренних свойствах человека. Он должен подняться из малхут в бину, то есть из свойства получения в свойство отдачи, и тут встречает сопротивление.

Что значит – «эти великаны»? Мои собственные огромные желания, которые необходимо исправить, чтобы подняться на уровень бины (свойства отдачи). Эти свойства созданы именно такими, и, только преодолев их, я обнаружу свойство бины. Мне необходим большой эгоизм, огромные желания.

В переводе с иврита *анак* означает большой, огромный. Дети Анака кажутся великанами.

Свойство бины – это свойство полной отдачи, свойство воды: оживляет, растекается, убаюкивает, ублажает – всё очень легкое, мягкое. И вдруг для того, чтобы достичь этого свойства, мне надо преодолеть великанов.

Но великаны – это не грубые свойства, способные убить. Они – свойства бины. Если ты правильно поступаешь, правильно принимаешь их в себя, то они не мешают тебе. Но как только станешь возражать, то есть не будешь исправлен до их уровня в свойстве бины, сразу же они восстанут против тебя.

Великаны говорят разведчикам: «Вы еще придете сюда, в эту землю». Великаны – это не люди, а свойства в нас, и они знают наперед, потому что призваны охранять и допускать сюда только тех, которые прошли нужный уровень, достойны свойства бины.

Предстоит преодолевать еще большие эгоистические желания, чтобы войти на уровень Земли Израиля и тем более в такие состояния, как Хеврон или Шхем.

Эгоистические желания знают, что будут исправлены?

Конечно! Так и в нашем мире. Смотришь на человека и видишь, какую роль он играет. И он не может иначе, потому что выполняет свое предназначение, и в соответствии с этим ты должен ему поддакивать, помогать, использовать, направлять в нужную тебе сторону.

ОНИ БУДУТ ВОЕВАТЬ И ПОБЕДЯТ

В «Большом комментарии» постоянно присутствует некоторое осуждение всех лазутчиков, кроме Калева (лев – сердце). Есть в них нечто, что уже заходит от нехороших желаний?

Нет, дело в том, что существует изначальная слабость относительно всего, что тебе надо сделать, чтобы войти в Землю Израиля.

В чем заключается разница между пустыней и Землей Израиля? В пустыне ты можешь быть только на уровне бины. Когда входишь в Землю Израиля, то поднимаешься на уровень света хохма, ведь ты должен работать с эгоистическими желаниями.

На границе перед тобой предстают эгоистические желания. И ты понимаешь, что это совершенно другая парадигма, другое отношение к эгоизму. Сейчас ты должен начать заново извлекать его.

Ты был под властью эгоизма, который приобрел в Египте. Стал еще более эгоистичным, чем сами египтяне, впитал в себя их эгоизм. И, кроме того, взял с собой все их «инструменты».

Вышел из Египта и в течение 40 лет в пустыне отрекался от этого эгоистического желания, учился, как приподняться над ним. Полностью приподнялся над ним. По гематрии, 40 лет в пустыне – это те же 400 в Египте.

Теперь предстоит вход в Землю Израиля, и снова ты поднимаешь Египет. Был перерыв, когда ты не использовал это желание. Но теперь вновь потихонечку его реанимируешь, начинаешь использовать. И превращаешь уже в Землю Израиля.

То же самое египетское желание, направленное на свойство отдачи и любви, превращается в желание к Творцу. Вся работа идет над тем же самым желанием. Ничего другого не создано. Поэтому каждый день человек должен представлять себе, будто только сегодня он вышел из Египта.

С помощью Египта мы строим Эрец Исраэль, как бы наизнанку выворачивая его материал.

Насколько по-другому всё воспринимается! Как Вы говорите: «Гора Синай превращается в гору, на которой строится Храм».

Да. Поэтому все великаны, все препятствия кажутся лазутчикам очень большими.

После пустыни, когда привыкаешь питаться МАНом – связью с Творцом, когда всё время устремляешься к Его уровню отдачи, вновь из себя ты начинаешь работать с фараоном. Снова возбуждаешь, выпускаешь «злого пса» – эти жуткие эгоистические желания теперь надо учиться серьезно преодолевать. Сказано, что в Земле Израиля их ждут семь воинственных народов, с которыми они будут воевать и победят их.

В «Большом комментарии» говорится, что некоторых из этих народов оставили в Эрец Исраэль до разрушения Второго Храма.

Да. Они и приводят к разрушению Первого и Второго Храма. Эрев рав – те, которых они, не желая того, но всё-таки тащили за собой из Египта. И кроме них, те народы, которые еще раньше жили в Земле Кнаан. Тут они соединились, и началось разрушение.

ПОДОЗРИТЕЛЬНОЕ МЕСТО

В письменной Торе говорится:
ХЕВРОН БЫЛ ПОСТРОЕН НА СЕМЬ ЛЕТ РАНЬШЕ ЦОАНА ЕГИПЕТСКОГО. /23/ И ДОШЛИ ОНИ ДО ДОЛИНЫ ЭШКОЛЬ, И СРЕЗАЛИ ТАМ ВЕТВЬ С ОДНОЙ ГРОЗДЬЮ ВИНОГРАДА, И ПОНЕСЛИ ЕЕ НА ШЕСТЕ ВДВОЕМ, И взяли также ИЗ плодов ГРАНАТОВ И СМОКОВНИЦ. /24/ МЕСТО ТО СТАЛО НАЗЫВАТЬСЯ ДОЛИНА ЭШКОЛЬ, ИЗ-ЗА ГРОЗДИ, КОТОРУЮ СРЕЗАЛИ ТАМ СЫНЫ ИЗРАИЛЯ.

«Большой комментарий» возражает:
Затем лазутчики направились к Нахаль Эшколь. Тора называет эту долину Нахаль Эшколь (Виноградный ручей), ибо в тех краях сок ручьями струился по лозе вниз. Когда они пришли туда, Калев напомнил им о наставлении Моше: принести сочные и сладкие плоды Эрец Исраэль. Лазутчики пренебрегли его словами, ибо показывать плодовитость Земли было им не на руку. Тогда Калев пригрозил: «Если вы не возьмете никаких плодов, то я обнажу меч, и мы посмотрим, кто из нас останется жив!»
Зная храбрость Калева и его огромную силу, лазутчики подчинились.

Однако они выбрали чудовищные по своей величине плоды, чтобы сказать впоследствии народу, что страна, в которой родятся столь диковинные плоды, весьма подозрительна и необычна и обыкновенные люди в ней не выживут.

Лазутчики взяли виноградную ветку, на которой висела гроздь необычайного веса — 960 *сеа*. Нести ее можно было только восьмерым. Девятый лазутчик нес фиги, а десятый – плод граната.

…Чтобы спасти лазутчиков от смерти, Творец совершил еще одно чудо: если кто-нибудь собирался объявить: «Эти люди – еврейские лазутчики», – из его уст не выходило ни слова: он делался нем, как камень.

Он добавляет все больше и больше! Гроздь винограда – это лоза и еще большая лоза.

Лучше всего не показывать, что тут есть плоды. Но если уж брать, то такие большие, на которые народ не захочет позариться! Плоды, которые получаешь, когда начинаешь работать с эгоизмом на отдачу, - это свет хохма. Это не только свет хасадим (то есть нэфеш, руах) – не ман, которым народ питался в пустыне. Здесь добавляются нешама, хая, йехида – огромные света в познании тайн творения, всего мира от начала и до конца, постижение Творца как Высшей силы, всех Его свойств, слияние с Ним. Это выше уровня жизни и смерти, во всех мирах это подъем к уровню «голова мира Ацилут»!

ЧЕЛОВЕК НЕ ХОЧЕТ ПЕРЕМЕН

Как удержаться перед наслаждениями?

Дело не в том, чтобы просто удержаться. Получается, что даже поколению пустыни не понятно, для чего нужны перемены. Но Творец указывает! Иначе они остались бы в пустыне.

Свойство бины настолько умиротворяющее, «по воде скользящее», что не хочется ничего другого. Ты удовлетворен тем, что есть. Тебе, чтобы продержаться, нужен только МАН. Совсем не обязательно вытаскивать из него какие-то свойства или вкусы. Ты удовлетворяешься немногим, не углубляясь ни во что, потому что есть маленькая связь с Творцом, свечение Его. Это состояние захватывает и не отпускает тебя.

Очень трудно преодолеть его и снова начать работать с эгоизмом, с фараоном, с проблемами. Переделывать эгоизм в противоположное ему свойство и тем самым достигать уровня Земли Израиля – это кажется им ужасным!

Рассказ про лазутчиков очень драматический, как и вся глава «И послал». Представь, человеку 20-30 лет, у него есть семья, дети, он устроен, доволен, живет в спокойном мире, в хорошем месте. У него всё прекрасно и нет никаких дополнительных потребностей!

Свет, который сейчас его наполняет, – свет бины дает ему абсолютно полное удовлетворение. Подняться над ним – это значит, приложить невероятнейшие усилия!

Человек не хочет никаких перемен. Но Творцу нужны перемены, Он на это указывает, причем вопреки желанию человека, вопреки его пониманию. Поэтому сейчас надо каким-то образом поднять величие Творца в своих глазах.

Глава «И ПОСЛАЛ»

Человек снова идет на возбуждение эгоизма, который противоречит Ему же – Творцу. Он входит в такое непонятное внутреннее противоречие, которое невозможно вынести. Тут остается только один выход – идти с закрытыми глазами.

Потребность войти в Землю Израиля из пустыни – это вера выше знания, то есть необходимость продолжать путь вопреки своему состоянию! Их послали! Они не хотят! Им это не надо!

Только Калев возбуждает их все время, потому что у него есть большая связь с Творцом. Он понимает, что тут – задание Творца. Но против этого восстает абсолютно всё их естество!

Чем плохо им в пустыне?! МАН получают, все нормально, спокойно, хорошо!

Сейчас из пустыни они входят в землю, где непрерывно должны воевать. Первое, что их ждет, это огромный период завоевания земли, то есть войны. Внутренние войны между собой, каждого с самим собой. Внутренние неприятия восстают против их объединения, чтобы начать получать свет хохма, который светит в Эрец Исраэль. Если не можешь получить его, то на тебя он воздействует отрицательно, то есть вызывает всевозможные проблемы.

Проблемы такие, что начинаешь всех ненавидеть вокруг себя! Своих же товарищей – братьев, с которыми вчера было так хорошо! Ты прошел с ними пустыню, вы были, как одно целое! Вы были на уровне бины! И вдруг начинаете падать в черную бесконечную дыру.

«И это называется Земля Израиля?! Куда ты нас привел?! Мы вчера обнимались друг с другом, сидели у костра, пели песни, все было хорошо, красиво, спокойно. А сегодня?! Женщины ругаются между собой, настраивают мужчин друг против друга! Дети неспокойны. И вдобавок, что происходит вокруг: один народ приближается, хочет нас убить, второй народ, с другой стороны, тоже хочет нас уничтожить!». Возникают серьезные внутренние проблемы!

В пустыне ты был в спокойном, удовлетворенном состоянии, находился в слиянии с Творцом, в маленьком слиянии. А подойдя к границе с Землей Израиля, должен, не зная ради чего, преодолевать сопротивления, потому что таково веление Творца.

К тому же указание – «пошли лазутчиков»! Мог бы обойтись без них: зашел и уже ничего не сделаешь. Заранее отягчают вход в будущее состояние! То есть: приготовься, тебя будут резать изнутри. Сейчас вы начнете между собой так ругаться, что жизнь не мила будет! Женщины, дети, ты, – и все вместе! Вы не сможете соединиться! Без объединения потеряете связь с Творцом! Практически вы идете в пасть тому же змею, от которого бежали из Египта.

Думаю, мы в Израиле тоже почувствуем, где на самом деле находится Земля Израиля и семь злых народов, которые в ней существуют. Нас будут, конечно, еще бить и гонять, – в общем, будут проблемы.

Это только начало. Будут большие помехи. Систематически, спокойно надо разгребать их, ни в коем случае не оставляя главной цели – завоевание страны. Эти помехи не должны меня остановить, когда я вхожу в Землю Израиля.

Я должен двигаться вперед! Я должен постоянно воевать с ними, зная, что обратного пути нет. Я должен распространить это учение, захватить эту землю.

Земля Израиля будет моей! Это должно быть четко осознано, принято в группе. И тогда можно, действительно, преуспеть и привести народ к выполнению его миссии.

ТАМ ХОРОШО, НО МНЕ ТУДА НЕ НАДО

Посланы лазутчики в Землю Кнаан – будущую Землю Израиля. И то, что они увидели там, было страшно. Написано в «Большом комментарии»:

Лазутчики пришли в окрестности Хеврона, где находится Пещера Махпела, но они побоялись отправиться туда для молитвы. Известно было, что в том месте обитают великаны.

Один лишь Калев пренебрег опасностью, он решил посетить святое место, где погребены наши праотцы, ибо рассудил так: «Как я могу избегнуть того, чтобы быть втянутым в заговор лазутчиков? Иеошуа защищен молитвой Моше, я же должен просить *Творца* **о помощи». Поэтому он вошел в Пещеру, чтоб помолиться. Вместе с ним вошла и** *Шехина***,** – *то есть святое присутствие,* – **чтобы сообщить праотцам о том, что пришло время их потомкам завоевать Землю. Калев пал наземь у могил праотцев и взмолился: «Отцы мира сего! Молю явить милость ко мне, дабы я был спасен от заговора лазутчиков!»**

Это – пожелание силы. Силы противостоять мыслям о слабости человека перед эгоизмом, который им овладеет. Естественно, что есть в человеке ощущение эгоистического страха перед входом в Землю Израиля.

Фараон начинает снова проявляться снизу в новой силе. Поэтому правы разведчики, которые боятся и говорят: «У нас у самих сил нет». Они говорят верно.

Единственное их прегрешение, что они не понимают или не ощущают, или не верят, что могут получить силу свыше и противостоять своим внутренним помехам.

Какая сила есть в пещере Махпела, что стоит туда только войти и пожелать…

Махпела, от слова *кафуль* (двойная) – соединение малхут и бины. Поэтому там похоронены все праотцы – все те, кто обладали полным исправлением души. Те, кто смогли подняться, похоронили себя в эгоистическом виде, поднявшись до альтруистического уровня.

Пещерой называется особое замкнутое место внутри земли. Земля – это *эрец, рацон* (желание). Все желания человека находятся в таком состоянии, когда желание получать и желание отдавать полностью дополняют друг друга.

Похороненные там праотцы – души, достигшие полного исправления. И поэтому Калев может молиться в пещере Махпела.

Вот что происходит через сорок дней:

/25/ И ВОЗВРАТИЛИСЬ ОНИ С ОСМОТРА СТРАНЫ ЧЕРЕЗ СОРОК ДНЕЙ.

/26/ И ПОШЛИ, И ПРИШЛИ К МОШЕ, И К ААРОНУ, И КО ВСЕМУ ОБЩЕСТВУ СЫНОВ ИЗРАИЛЯ В ПУСТЫНЮ ПАРАН, В КАДЕШ, И ПРИНЕСЛИ ОТВЕТ ИМ И ВСЕМУ ОБЩЕСТВУ, И ПОКАЗАЛИ ИМ ПЛОДЫ СТРАНЫ. /27/ И РАССКАЗАЛИ ЕМУ, И СКАЗАЛИ: «ПРИШЛИ МЫ В СТРАНУ, В КОТОРУЮ ТЫ ПОСЛАЛ НАС, И ВОТ – ТЕЧЕТ ОНА МОЛОКОМ И МЕДОМ, И ВОТ ПЛОДЫ ЕЕ!

ГЛАВА «И ПОСЛАЛ»

/28/ НО СИЛЕН НАРОД, ЖИВУЩИЙ В ЭТОЙ СТРАНЕ, И ГОРОДА УКРЕПЛЕННЫЕ, ОЧЕНЬ БОЛЬШИЕ; И ТАКЖЕ ДЕТЕЙ АНАКА ВИДЕЛИ МЫ ТАМ. /29/ АМАЛЕК ЖИВЕТ НА ЮГЕ СТРАНЫ, А ХЕТТЫ, И ЙЕВУСЕИ, И ЭМОРЕИ ЖИВУТ В ГОРАХ, А КНААНЕИ ЖИВУТ У МОРЯ И У ИОРДАНА».

Смотрите, как хорошо там, на самом деле, – так начали лазутчики.

Там хорошо, но это – не наше. Высший мир, конечно, очень привлекателен. Заметьте, это не эгоистический коммунизм, о котором нам рассказывали европейские идеалисты или утописты средневековья.

Высший мир – это состояние, когда человек полностью понимает все мироздание, свою роль в нем. Он находится в постижении высшей силы, ощущении себя в свойстве отдачи. Нет никаких границ, нет ограничений на свое существование ради других! Он постигает все состояния всех миров, а не только нашего мира. Во все времена и во всех уровнях. Он как бы включает в себя всю природу – и нашего мира, и Высшего.

Конечно, это состояние кажется непостижимым, оно находится выше нашей вселенной, в миллиарды раз больше ее.

Но это привлекает.

Да, привлекает. Мы настроены на такое состояние. Но когда видишь, что необходимо сделать для достижения Высшего мира, то понимаешь, что это совершенно не по твоим силам. Ты – маленькая мышка в огромном мире. Что ты можешь?

Разведчики были правы. Из Земли Израиля они вынесли два четких определения. Плоды, то есть постижения, возможны любые. В этой стране есть всё и в миллиарды раз больше; всё, что мы даже не в состоянии представить себе. Так, например, поколение средневековья не могло вообразить, какова будет жизнь в наше время. То есть постижение Земли Израиля – за пределами всего! Это, с одной стороны.

Но с другой стороны, они утверждают, что для этого постижения у нас нет никаких сил, предпосылок, пониманий: ни нравственных, ни умственных! Мы не можем войти в такие состояния, потому что абсолютно не готовы к ним!

Действительно так! Разведчики абсолютно правы. Они из поколения пустыни (Синая), где ничего нет. Чтобы двигаться вперед, все время надо пытаться стать более взаимосвязанными, и таким образом проходить все состояния. Когда они приходят к Земле Израиля, перед ними встает внутренний эгоизм и начинает их третировать, как фараон. Он снова возникает изнутри и вынуждает их покорять его, потому что Земля Израиля основана на покорении фараона.

Выход из Египта – человек просто удирает от фараона. В течение сорока лет путешествия по пустыне он нейтрализует его. Накануне входа в Землю Израиля надо извлечь, вытащить этого зверя из его логова и начать работать над ним, то есть покорять, укрощать, чтобы он выполнял твои указания. Осуществление этого кажется просто невероятным!

Лазутчики смотрят на ужас, который их ожидает, и забывают о том, что существует Высшая сила, она все планирует, осуществляет и представляет перед ними. Они должны двигаться вперед в этой Высшей силе и в соответствии с нею. Они должны быть, как маленькие дети, которые держатся за руку старшего и ничего не боятся. Еще лучше для них – сидеть на его руках. Тогда они точно ничего не боятся! А функция взрослого – только указывать, что делать.

Разведчики не могут принять во внимание Высшую силу, потому что перепуганы величием, которое должны постичь, бесконечностью, неизвестностью – ничем не ограниченным пространством, которое им раскрывается. Человек теряется, когда чувствует неограниченность, ему проще действовать в определенных рамках. Если он выходит за известные ему границы, то теряет возможность взвешивать, ориентироваться. Это очень пугает людей.

Подобные ощущения испытывает тот, кто приходит к такому высокому состоянию, как освоение эгоизма на отдачу и любовь, ориентация на Творца – *яшар Эль, исра Эль* (прямо к Творцу). Это называется входом в Землю Израиля. Речь идет не о событиях, произошедших три тысячи лет назад. Эти состояния проходит каждый из нас.

ЛУЧШЕ ВЕРНУТЬСЯ В ПУСТЫНЮ

Дальше говорится о Калеве:

/30/ НО УСПОКОИЛ КАЛЕВ НАРОД ПЕРЕД МОШЕ И СКАЗАЛ: «НЕПРЕМЕННО ВЗОЙДЕМ И ОВЛАДЕЕМ ЕЮ, ИБО В НАШИХ СИЛАХ ЭТО!». /31/ ЛЮДИ ЖЕ, КОТОРЫЕ ХОДИЛИ С НИМ, СКАЗАЛИ: «НЕ МОЖЕМ МЫ ИДТИ НА НАРОД ТОТ, ИБО ОН СИЛЬНЕЕ НАС».

В человеке существует сила «Калев»?

Всегда остается точка в сердце. В каждом состоянии она называется по-разному, но всегда присутствует.

Поэтому человек движется вперед. Если бы абсолютно все соглядатаи сказали: «Нет, это не для нас. Мы не можем, мы должны уходить!»? И все бы ушли? Тогда свыше произошел бы страшный расчет Творца с народом!

Но этого не случилось, потому что среди лазутчиков был Калев. Он и есть Моше, точка в сердце.

/32/ И РАСПУСКАЛИ ОНИ ЗЛУЮ МОЛВУ О СТРАНЕ, КОТОРУЮ ВЫ СМОТРЕЛИ, МЕЖДУ СЫНАМИ ИЗРАИЛЯ, ГОВОРЯ: «СТРАНА, КОТОРУЮ ПРОШЛИ МЫ, ЧТОБЫ ВЫСМОТРЕТЬ ЕЕ, ЭТО СТРАНА, ГУБЯЩАЯ СВОИХ ЖИТЕЛЕЙ, И ВЕСЬ НАРОД, КОТОРЫЙ МЫ ВИДЕЛИ В НЕЙ, – ЛЮДИ-ВЕЛИКАНЫ.

Разведчики погрязают в эгоизме, не могут подняться над ним. Те люди, великаны, овладели эгоизмом, поэтому могут существовать в нем и над ним!

/33/ ТАМ ВИДЕЛИ МЫ ИСПОЛИНОВ, СЫНОВ АНАКА, ПОТОМКОВ ИСПОЛИНОВ, И БЫЛИ МЫ В ГЛАЗАХ СВОИХ, КАК САРАНЧА, И ТАКИМИ ЖЕ БЫЛИ МЫ В ИХ ГЛАЗАХ».

Они видели самих себя, находящихся в Гальгальта Эйнаим. И одновременно – себя в своем маленьком духовном постижении, только приподнимаясь над эгоизмом. Конечно, по своим духовным силам, способностям, возможностям они были ничто по сравнению с великанами.

В отличие от театрального представления, во время которого одни люди наблюдают за другими, здесь ты как бы смотришь на свои будущие состояния.

Есть человек, который сейчас находится в маленьком, мизерном состоянии, речь идет о поколении пустыни перед входом в Землю Израиля. И тот же человек видит себя гигантом, великаном.

Человек хочет быть большим, но не желает прилагать усилия. Допустим, скажи кому-то:

– Чтобы добиться большого успеха в жизни, надо закончить пару институтов, тяжело работать по 20 часов в день.

Тут же возникнут причитания:

– А где же тут я?! Где моя жизнь?! Я не могу! Тут надо все время давить на себя. Нет! Не хочу!

– Но это же ты в будущем! Идешь или нет?

– Лучше вернусь в свою пустыню.

Так и разведчики. Они вошли в свое будущее и поняли, что им его не надо. То есть хорошо бы, но не такими сложными антиэгоистическими действиями.

ЗЛАЯ МОЛВА О СТРАНЕ

Разведчики смотрели на свое будущее состояние издали, поэтому им казалось невозможным достичь его. Своими глазами из пустыни они не видели той составляющей, которую дает Творец. Не принимали во внимание силы, которые Он посылает, чтобы они стали большими.

Ощущение помощи Творца забирается, чтобы человек понял, что обязан это сделать, и что без Него не может ничего. И тогда накапливается потенциал: ты не хочешь, убегаешь, но следует удар, и идешь на завоевание. Как завоевать? Неважно: я закрываю глаза. Меня не интересует, как, просто я должен положить себя на это.

Когда происходит точка переворота? Этот удар?

Это переход через реку Иордан, очень серьезное, более осознанное состояние, которое абсолютно отличается от перехода через Красное море. Там был просто побег – и море расступилось.

Здесь переход сознательный, осознанный, то есть намного сложнее. Там подгоняли страхом: фараон сзади. Здесь – ты должен возбудить в себе необходимость этого движения.

Там бежишь от страха, а здесь входишь в новое состояние по своей воле?

Да. На самом деле так и должно быть, ведь речь идет о духовном росте.

РАБАШ говорит, что человек, который стоит перед выбором, думает: «Ну, это всё для самых умных, для особых людей. И вообще каббала – не для меня. Как я могу?». То есть видит себя в будущем, обязан туда прийти, но пока тормозит, накручивает кругообороты.

В «Большом комментарии» написано:

Стремясь не дать народу дослушать Калева, лазутчики стали возводить хулу на Землю. Это Земля, которая пожирает своих жителей, — заявили они. — В ней полным-полно заразы. Где бы мы ни проходили, повсюду мы видели умирающих людей.

Всё время они добавляют страху. Что означает – люди, которые умирают на этой земле?

Согласно плану, тот, кто не в состоянии справиться с духовным ростом, умирает. Лазутчики воспринимают всё глазами страха, они видят, что умирает не эгоизм, а человек. И поэтому все их разговоры приводят к наказанию.

ГЛАВА «И ПОСЛАЛ»

Посмотрите, как интересно дальше:

…повсюду мы видели умирающих людей. Так как жители ее необычайно крепки, они умирали не от телесной немощи. Нет, это вредоносный климат Земли губит всякого, кто обитает на ней.

Что такое – «вредоносный климат»?

Земля – это *рацон*, желание, эгоистическое желание. Если ты согласен с эгоистическим желанием, сразу же попадаешь под его влияние, и оно тебя умертвляет. Умираешь – то есть из тебя исходит свет.

Здесь есть противоречие. Как могли попасть в эту землю умирающие? Они же не соответствуют ей?

Нет, умирающие там живут! Это всё кажется разведчикам. Вопрос в другом – как разведчики могли попасть в эту землю?

Разведчики были особыми людьми из всего пустынного народа! Они – самые великие свойства человека. Тут они начинают ощущать, что находится на следующей ступени. Они – самые большие, самые лучшие, но все говорят обратное!

До этого момента они вели народ…

А сейчас говорят: «Ну-ка, быстро назад!»

Перевертыш!

Происходит двойное испытание, двойная нагрузка на человека. С одной стороны, он понимает, насколько крепкую связь с Творцом необходимо обрести, чтобы идти вперед.

С другой – самые великие, самые лучшие его свойства сейчас говорят наоборот: ни в коем случае не надо идти туда. Это земля, проклятая Творцом! Над человеком властвуют такие желания, настроения, ощущения, что находиться здесь нельзя, надо убегать!

Ничего загадать нельзя: самый сильный человек переворачивается и становится самым слабым. Так и в жизни? Ни в чем нельзя быть уверенным?

Уверенным? Наоборот, не дай Бог, быть уверенным. Тогда ты не будешь нуждаться в помощи Высшей силы, чтобы она тебя вела.

КУЗНЕЧИКИ, ПОХОЖИЕ НА ЛЮДЕЙ

В «Большом комментарии» написано:
А знаете ли вы, что за великанов мы повстречали? Это остатки Поколения Эноша, и они так велики ростом, что кажется, будто головами достают до солнца. Всякого, кто их видит, охватывает такой ужас, что он от страха падает на землю!
Послушайте только, что случилось однажды, когда мы искали тенистое место, чтобы отдохнуть.

Ищут тень – не хотят солнца, не хотят яркого, прямого света. Не выносят его. Они могут существовать только тогда, когда все закрывается от их эгоизма и нет большого противоречия между эгоизмом и светом.

Великаны, которые головой достают до солнца, находятся на уровне зэир анпин и далее выше, до уровня арих анпин мира Ацилут. Это души, которые себя исправили.

Хотели отдохнуть в тени, говорится:

ГЛАВА «И ПОСЛАЛ»

Мы вошли, как нам показалось, в пещеру, но на самом деле это была шкурка гигантского граната.

Там мы немного отдохнули. Потом проходившая мимо дочь великана подобрала эту шкурку вместе со всеми нами, двенадцатью мужчинами, сидящими внутри нее.

Да, интересно! Шкурка граната. Гранат на иврите называется *римон*. *Римон* происходит от слова *ромемут* – подъем духа. Подъем Высшей силы. Именно женская часть – малхут – поднимает их наверх в «ромемут» к Творцу!

И дальше пишется:

Она даже не поняла, что мы были там!

В ее подъеме, в ее ощущении это не является нагрузкой. Они не могут задать ей никакого МАНа, никакого желания. Они не заставляют ее это сделать, не могут. Нет в них молитвы. Просто пассивное состояние.

В своем саду она просто отбросила эту шкурку прочь. Мы ничтожные муравьи по сравнению с этими великанами. В самом деле, однажды мы услышали, как один великан говорил о нас другому: «Там, в винограднике, есть такие твари, крошечные, как кузнечики, которые похожи на людей».

Какая литература!

Это было написано задолго до книги Свифта «Приключения Гулливера». Три тысячи лет назад!

Дальше в главе «И послал» рассказывается, что происходит с народом:

/1/ И ЗАРЫДАЛО ВСЕ ОБЩЕСТВО, И ПЛАКАЛ НАРОД В ТУ НОЧЬ. /2/ И РОПТАЛИ НА МОШЕ И ААРОНА ВСЕ СЫНЫ ИЗРАИЛЯ, И СКАЗАЛО ИМ ВСЕ ОБЩЕСТВО: «ЛУЧШЕ УМЕРЛИ БЫ МЫ В СТРАНЕ ЕГИПЕТСКОЙ, ИЛИ В ПУСТЫНЕ ЭТОЙ УМЕРЛИ БЫ... /3/ ЗАЧЕМ БОГ ВЕДЕТ НАС В СТРАНУ ЭТУ, ЧТОБЫ ПАЛИ МЫ ОТ МЕЧА? ЧТОБЫ ЖЕНЫ НАШИ И МАЛЫЕ ДЕТИ НАШИ СТАЛИ ДОБЫЧЕЙ? НЕ ЛУЧШЕ ЛИ НАМ ВОЗВРАТИТЬСЯ В ЕГИПЕТ?». /4/ И СКАЗАЛИ ОНИ ДРУГ ДРУГУ: «НАЗНАЧИМ НАЧАЛЬНИКА И ВОЗВРАТИМСЯ В ЕГИПЕТ!».

Это самая хорошая позиция: снова падают до низшей точки и теперь с нее могут начинать подниматься. До тех пор, пока человек не упадет до этой точки, нового подъема быть не может. И они упали. Молодцы! Они сопротивлялись, хотели избежать падения, пошли разведать.

И тут раскрыли в себе такой эгоизм, который говорит: «Только фараон! Мы не можем ничего сделать против него». Снова упали в первичное состояние. Они убегали из Египта в Синай. Сейчас в конце Синая они ощущают себя как в Египте. Но добровольно! И из него будут проходить в Землю Израиля.

Они бунтуют: мы не хотим Моше. Он неправильно ведет нас. Он ведет к Земле Израиля. Мы не хотим ее!

Как это перекликается с сегодняшним состоянием! Мы не сможем подниматься, пока не достигнем такого уровня эгоизма, чтобы захотеть быть под властью фараона. Но достичь этого ощущения надо не физически, а сознательно понимая, кто мы такие. И только после того, как это сделаем, сможем двигаться вперед.

Как бы Вы себя ощущали, если б Ваши ученики сказали: «Он завел нас в тупик, и мы должны выбрать другого

начальника»? Почему я задал этот вопрос? Вы вдруг сказали: «Это важная точка!»

Я бы принял это совершенно нормально, спокойно. Тут ничего не сделаешь. Оставил бы все, как есть, и спокойно удалился на покой. То есть предоставил бы все Творцу. Если это всеобщее мнение, и оно единогласно, то мне ничего другого не остается делать.

В ваших глазах я пережил бы его спокойно, хотя внутренне меня бы это очень радовало, потому что без точек перелома невозможно двигаться вперед.

Думаю, что нам далеко до этой точки. Тут мне еще долго надо работать. Но проявись она, я был бы счастлив, на самом деле. Потому что необходимо такое состояние – осознание зла своей природы, слабости, бессилия, абсолютного неверия, полного отсутствия связи с человеком, который вел тебя вперед. У меня было так с РАБАШем. Эти состояния необходимы.

При этом люди не разбегаются, они говорят: «Мы вернемся в Египет. Мы будем в нем существовать. Мы снова соединимся с нашим фараоном. Все наработки в течение сорока лет пустыни мы обратим на пользу фараону». То есть они приходят к состоянию отдачи ради наполнения.

Но все-таки они входят в Эрец Кнаан, потом – в Эрец Исраэль?

Да, пройдя эту точку, они входят. Те, кто вышли из Египта, уже умерли. Сейчас народ говорит: «Мы хотим фараона». Не того, которого знали прежние поколения, люди понимают, что раскрывается новый фараон, не египетский. Эгоизм раскрывается в них на совершенно новом уровне. Очень хорошее состояние.

Сколько страха и боли здесь!

Такое состояние естественно для человека, который его проходит. Это – жизнь. Всеми своими силами он устремляется вперед, многократно его отбрасывают назад и многократно он возвращается. И только после того, как его выбрасывают окончательно, он преклоняется перед своим эгоизмом вопреки себе и говорит: «Не могу, я бессилен».

Точка бессилия необходима, чтобы понять, что ты должен быть привязан к Творцу полностью, в еще большей степени, чем до этого. Иначе у тебя не возникнет необходимости, потребности в этом.

Состояние «только с Фараоном я могу ужиться» говорит об отсутствии связи с Творцом. Хотел быть с Творцом, но это невозможно, поэтому предпочитаю фараона. Плоды той земли разведчики принесли с собой и одновременно хотят остаться в пустыне, не переходить границу.

КОПАЛИ МОГИЛЫ И ЛОЖИЛИСЬ В НИХ

В главе «И послал» говорится, что послал Моше разведчиков в страну, текущую молоком и медом. И вдруг, кроме молока, меда и плодов огромнейших, они увидели великанов. Потому войти туда нельзя.

Надо преодолеть очень большие эгоистические желания, чтобы завоевать эту страну, то есть раскрыть именно такое величие духовного мира. Не под силу человеку воевать с этими великанами. Никакое даже самое маленькое эгоистическое желание он не способен сам завоевать, преодолеть его. Для этого необходима высшая помощь.

Глава «И ПОСЛАЛ»

Вопрос в том, как просить о помощи. Если есть уверенность, что высшая сила поможет, это – одно. Или другое – приходят люди и говорят: «Да куда нам тянуться? Оставь, это невозможно!»

Конечно, никто из разведчиков не врет. Есть плоды – прекрасные, земля – сплошной рай! Но нас не предупредили, что стоят великаны на каждом шагу, а мы муравьишки для них, притопчут и даже не обратят внимания.

Дочка великана подобрала корку граната, не заметив, что 12 человек были у нее в руке. И одну виноградину человек с трудом несет на своих плечах. То, что разведчики тут видят, на самом деле подтверждает, что «у страха глаза велики».

Человек, реально взвешивая свои возможности, не в состоянии преодолеть эти препятствия! Ему, действительно, нужна помощь свыше.

После подъема они дошли до ступени, когда начал роптать народ. И говорить Моше: «Куда ты нас завел?! Мы умрем в этой пустыне». «Зачем Бог ввел нас в эту страну?». И даже бунт тут назревает: «Назначим начальника и возвратимся в Египет».

Сколько они прошли, сколько всего постигли, дошли до границы Эрец Исраэль. Уже убедились, что имеют дело с высшей силой, она их ведет по жизни, и никуда от нее не денешься, цель намечена, всё расписано. Будешь упираться, – все умрут в этой пустыне! Так и произошло.

Почему они погибли в пустыне? Не было у них силы, достаточной для движения вперед. И поэтому вынесен приговор. Каждый год перед Девятым Ава копали себе могилы и ложились в них. Одни умирали, другие, кто оставался жив, вставали из могилы, продолжали путь. Так сказано в Торе.

Сейчас подходит новый этап. Дошли до границ Земли Обетованной – раз. Второе – выросло новое поколение, которое ничего не боялось, не удирало от фараона – свободные дети пустыни. И что они? То же самое – ничего не помогает. Опять назревает недовольство.

И за ним следует наказание, как всегда. Что значит – наказание?

В Торе или в каббале наказания, как такового, нет. Речь не идет о человеке: кому-то, якобы, мы надоедаем, он гневается и карает нас.

Мы имеем дело с системой управления. Если не выполняем какую-то задачу, то в отношении нас система идет по альтернативному пути.

Скажем, еду я в машине на четвертой скорости коробки передач. Вдруг что-то сломалось на четвертой ступени, – я перехожу на третью. Мотор, конечно, работает тяжелее, двигаюсь медленнее и чувствую себя менее комфортно, но еду. Потом что-то еще отваливается, я перехожу на другой режим.

Все зависит от нашего участия. Чем больше наше участие, тем быстрее, комфортней, выше времени мы движемся, преодолевая трудности собственными маленькими усилиями. Идем путем добра, а не страданий и зла.

Нет речи о наказаниях. В нашем мире тоже. Поступил правильно – идешь дальше по этой дороге. Не правильно – тебя корректируют. Эту коррекцию мы и называем наказанием. Но это не наказание, это – исправление.

ПОМИНОВЕНИЕ

Эта система корректировки – бесчувственная?

Абсолютно! Человеческих чувств в ней нет. Просто мы говорим о ней человеческим языком.

Я так же «говорю» с фортепьяно, когда играю на нем. Отношусь к инструменту с чувствами, как к своему напарнику. Человек, что бы ни делал, всегда переносит свое внутреннее ощущение на другой предмет – на компьютер, допустим. Что в нем есть? Железяка. А я общаюсь с ним, иногда злюсь так, что готов разбить!

Так мы относимся и к Творцу, доброму и творящему добро! Хотя нет тут никаких чувств, это система: «Дал закон, который не переступает – *Хок натан вэ ло яавор*». Творец – это закон природы! И поэтому: не выполнили добровольно то, что надо, – всё равно сделаете под воздействием силы!

Кто это – Он? Что ты хочешь от Него? Он – не человек. Ты хочешь Ему сказать: «Ну, будь человеком»!?

Помню, на встрече в Америке, Вы сказали: «От кого все исходит? Даже самые большие страдания, катастрофы – от кого? Ведь все от одной силы исходит». Там был раввин. Его, человека религиозного, который все время говорит: «Нет никого, кроме Него», вдруг… это поразило!

Первый раз осознал то, что он сам говорит постоянно.

Итак, что произошло дальше: «НАЗНАЧИМ СЕБЕ нового ГЛАВУ И ВОЗВРАТИМСЯ В ЕГИПЕТ!».

/5/ И ПАЛИ МОШЕ И ААРОН НИЦ ПЕРЕД ВСЕМ СОБРАНИЕМ ОБЩЕСТВА СЫНОВ ИЗРАИЛЯ.

/6/ А ЙЕОШУА, СЫН НУНА, И КАЛЕВ, СЫН ЙЕФУНЭ, ИЗ ТЕХ, КТО ВЫСМАТРИВАЛ СТРАНУ, РАЗОРВАЛИ ОДЕЖДЫ СВОИ. /7/ И СКАЗАЛИ ОНИ ВСЕМУ ОБЩЕСТВУ СЫНОВ ИЗРАИЛЯ ТАК: «СТРАНА, КОТОРУЮ ПРОШЛИ МЫ, ЧТОБЫ ВЫСМОТРЕТЬ ЕЕ, СТРАНА ЭТА ОЧЕНЬ И ОЧЕНЬ ХОРОША!

Лазутчики прошли Эрец Исраэль вдоль и поперек. На самом деле! Они говорят: Мы исследовали всю страну. На всех уровнях, пять ступеней НАРАНХАЙ и все келим – всё исследовали, везде были. И что обнаружили?

«Она хороша», – они говорят.

/8/ ЕСЛИ БЛАГОВОЛИТ К НАМ БОГ, ТО ПРИВЕДЕТ ОН НАС В ЭТУ СТРАНУ И ДАСТ ЕЕ НАМ, СТРАНУ, КОТОРАЯ ТЕЧЕТ МОЛОКОМ И МЕДОМ. /9/ НЕ ВОССТАВАЙТЕ ЖЕ ПРОТИВ БОГА И НЕ БОЙТЕСЬ НАРОДА ТОЙ СТРАНЫ, ВЕДЬ ОНИ – ПИЩА ДЛЯ НАС, УШЛО БЛАГОСЛОВЕНИЕ ИХ, И С НАМИ БОГ! НЕ БОЙТЕСЬ ИХ!».

Народы, которые там существуют, – это наши огромные эгоистические желания.

Когда человек не в состоянии преодолеть свои порывы, тогда видит в себе своего эгоистического противника. В этом случае он или просто сдается, – и пускай эго делает со мной, что хочет, или все-таки пытается сопротивляться. Справиться с ним он не может. Но если подключается к группе, к правильному окружению, то получает от окружения силы и тогда в состоянии преодолеть это препятствие. Как, допустим, 20 маленьких человечков могут совладать с одним великаном.

Йехошуа и Калев говорят, что время народа, живущего в той стране, закончилось, теперь мы должны его покорить. Мы должны взять их и подмять под себя. Всё, что там живет, – это и есть наши эгоистические желания, которые таким образом мы видим перед собой.

Мы сможем подчинить эгоизм, если идем с Творцом, с Его силой. И тогда все препятствия – исполины – будут работать в правильном направлении.

Разорвали одежды свои и закричали они: «Страна эта настоящая, и для нас она. Если идем с Творцом, то всех победим». Что это – разорвали одежды?

Все внешние прошлые экраны, все одеяния, которые у них были, не годятся для новой ступени. Они должны облачиться в совершенно другой обратный свет – *ор хозер*, это называется «сменить одеяния».

Есть у евреев традиция: на кладбище родственники умершего разрывают на себе одежды. Это значит, что стоят перед новой ступенью. Скончался человек, то есть твой эгоизм ушел, ты хоронишь его. И поэтому еще семь дней траура сидишь, расстаешься с ним, постепенно выходишь из него. После этого – меняй одежду и начинай новую жизнь.

Что такое 30 дней, год со дня смерти?

Это – поминовение. Есть кругооборот, когда возвращаются те же решимот, и ты поднимаешь их, – так идет до полного исправления. Или хотя бы три ступени: родители, дети, внуки.

Еще раз убеждаюсь, что всё исходит отсюда!

В ответ на призыв праведников, что страна хороша, и мы победим народ ее, вдруг резко меняется настроение:

/10/ И СОБРАЛОСЬ ВСЕ ОБЩЕСТВО сынов Израиля **ЗАБРОСАТЬ ИХ КАМНЯМИ, НО СЛАВА БОГА ЯВИЛАСЬ В ШАТРЕ ОТКРОВЕНИЯ ВСЕМ СЫНАМ ИЗРАИЛЯ.**

Да, общество восстает против двух праведников – Калева и Йошуа, которые говорят: «Мы можем победить, пойдем дальше».

И тут уже вмешался Творец. Начинается переход на следующую ступень. Они были в пустыне и работали в бине – отдача ради отдачи. Теперь входят в **Землю** Израиля и все время вспоминают фараона, потому что начинают работать с эгоизмом ради отдачи.

Получение ради отдачи – это совсем другая ступень. Великаны кажутся огромными, потому что таково эгоистическое желание, с которым надо работать на отдачу. И практически не понятно, как это делать. Происходит очень серьезная внутренняя трансформация.

Выходя из Египта, человек возвышался над эгоизмом, отрывался от него. Все путешествие по пустыне – это еще больший уход из Египта. А здесь начинается вход в новую страну, поэтому работа абсолютно другая. Египет – это одно состояние, пустыня – другое, Земля Израиля – третье.

Пустыня – это состояние, в котором всё время они приподнимаются над эгоизмом. Сейчас, закончив период пустыни, возвысившись над эгоизмом, они начинают копать его и поднимать к себе, то есть с помощью эгоизма пытаются связываться между собой.

Раньше я приподнимался над своим эгоизмом и отдавал тебе, что мог, помогал во всем. Сейчас начинаю поднимать свой и твой эгоизм и связываться с тобой внутри нашего совместного эгоизма. Здесь происходит работа с противоположными свойствами, которых раньше не было.

ВЕЧЕР ГОРЕСТНЫХ ЖАЛОБ ДЕВЯТОГО АВА

Эта работа с эгоизмом рождает великанов?

Она рождает великанов. В процессе прохождения пустыни, работая над своим эгоизмом, мы постигаем только света нэфеш и руах. Сейчас приближаемся к свету мудрости, потому что работаем с эгоизмом. В нем происходят раскрытия свойств самого Творца.

В пустыне нет постижения Творца. Оно начинается только в Земле Израиля, потому она так и называется Эрец Исраэль – *яшар ле Эль*. Новая, очень сложная, кажущаяся невозможной работа требует нового подхода.

Моше, как предводитель из наших внутренних свойств, вел нас через всю пустыню. Но дальше Моше не может идти. Он должен смениться кем-то другим. Другими словами, меняется парадигма, отношение к исправлению и к продвижению.

Что означает проявление Шхины в тот момент, когда хотели забросать камнями праведников?

Шхина проявляется, потому что ничего другого сделать нельзя. Всего несколько человек из народа, из всего этого стада бывших рабов, понимают, что находятся впереди, и как надо преодолеть трудности. Остальные не понимают.

Обрати внимание, где тут Моше и Аарон. Они же должны быть впереди. Моше не пошел высматривать страну, так как он не относится к этому уровню, поэтому умирает. Как в ракете, ступенька отработала и отбрасывается в сторону. Начинается следующий этап. Народ не трогает Моше и Аарона, а забрасывает камнями тех, кто вернулся и сказал: «Давайте зайдем туда».

Написано в «Большом комментарии».
Этот вечер горестных жалоб пришелся на Девятое Ава. И изрек... Творец: «Вы плакали беспричинно; посему Я дам вам причину для ваших стенаний. Девятое Ава станет днем всенародной скорби. Именно в этот день разрушены будут и Первый, и Второй Храмы».

Да, по сей день так оно и есть. Если пройдемся по всей истории, то увидим, что всегда Девятого Ава происходили самые жесткие события: изгоняли евреев из стран, где они жили. Из Испании, например. Гитлеровцы, которые знали про Девятое Ава, заранее планировали к этому дню акции уничтожения.

Девятое Ава – день катастрофы на протяжении всех веков. И этот духовный корень останется до полного окончательного исправления. Тогда он превратится в самый великий день. Именно раскрытие огромнейшего эгоизма, которое происходит в этот день, даст нам самый великий всплеск – раскрытие мира Бесконечности в нашем мире.

Это сумасшедшее падение переворачивается в высокий подъем?

Два мира – высший и низший – соединяются между собой.

В духовном всё обращается в обратное! В материальном мире 9 Ава отпечатался как день скорби со всеми его горестями. Нельзя заниматься серьезными делами, заключать договора...

ГЛАВА «И ПОСЛАЛ»

Ну, конечно, потому что всем духовным корням существует аналог, ветвь в нашем мире. В день скорби – Девятого Ава даже Тору не изучают, потому что невозможно притянуть на себя высший свет.

Дальше говорится:
/11/ И СКАЗАЛ БОГ, ОБРАЩАЯСЬ К МОШЕ: «ДО КАКИХ ПОР БУДЕТ ГНЕВИТЬ МЕНЯ ЭТОТ НАРОД И ДО КАКИХ ПОР НЕ ПОВЕРЯТ ОНИ В МЕНЯ – ПРИ ВСЕХ ЗНАМЕНИЯХ, КОТОРЫЕ Я СОВЕРШИЛ СРЕДИ НЕГО? /12/ ПОРАЖУ ЕГО МОРОМ, И УНИЧТОЖУ ЕГО, И ПРОИЗВЕДУ ОТ ТЕБЯ НАРОД ДОСТОЙНЕЕ И МНОГОЧИСЛЕННЕЕ ЕГО!».

Уже в который раз Он говорит: «До каких пор…».

Как будто Творец не знает! Тора говорит таким языком, что полностью выбивает тебя из нормальной духовной направленности. Настраиваешься на духовные желания, а Творец вдруг говорит: «До каких пор они будут гневить Меня?» Как будто не Он руководит их действиями. Такая идет игра.

«При всех знамениях, которые Я совершил…», написано. В чем тут проблема?

Человек доходит до состояния, в котором готов войти в свою духовную Землю Израиля, подняться на эту ступень. При этом он преодолевает огромное количество всевозможных препятствий, соединяется с группой, использует взаимное поручительство.

Человек уже знает, как притянуть высший свет, как начинать с ним работать. Он прошел 40 лет пустыни. Имеется в виду не количество времени, 40 лет – это ступени, отделяющие эгоизм от входа в альтруизм.

Каждая следующая ступень больше не только предыдущей, а всех пройденных ступеней. Поэтому, что бы ты ни делал, каким бы праведником ни был, ты начинаешь новую ступень с состояния абсолютного грешника – абсолютного безверия, абсолютного отключения от Творца. Тут не поможет ничего. Как сказано, что «не помогут праведнику все его благородные, богоугодные деяния в день, когда он становится грешником».

ПОДЛОСТЬ, ПРЕДАТЕЛЬСТВО, МЕРЗОСТЬ

Как праведник превращается в грешника? Ничего хорошего не помнится?

В его памяти не остается ничего хорошего из того, что прошел. Это необходимо, чтобы сейчас он оказался грешником.

Всё суммируется, и его хорошая праведническая жизнь сейчас переворачивается: «Как это так? Этого я любил, тому давал, третьему помогал, с четвертым объединялся, – я делал только хорошее… Годами!». Вдруг оказывается все наоборот: этого ты убил, того побил, на одного наговорил, а другого запрятал в тюрьму и так далее.

Все мои хорошие дела переворачиваются и становятся самыми плохими?

Конечно. Абсолютно всё переворачивается!

Это мое ощущение перед новой ступенью?

Да, с него ты начинаешь и даже более того. Смотри, что ты есть на самом деле: оказывается, всё сделано ради себя, а не ради другого, что все это – проявление моего эгоизма. Всё выглядит ужасно, буквально воняет враньем, подлостью, предательством, мерзостью, ухищрениями – относительно детей, близких и далеких людей, относительно всех и всего. К тем, кто был расположен ко мне всей душой и любил меня, я никогда не относился иначе, как по принципу: использовать и выбросить.

Такое состояние проявляется в человеке перед подъемом на следующую ступень. Как подняться на нее?! Что я могу? Как к ней подойти? Это и есть великаны, которые стоят на моем пути.

У меня ощущение, что только одну эту главу можно изучать все время. В принципе, это тупик?

Да. Прежние достижения обращаются в прегрешения, и человек начинает видеть, насколько он низок и не достоин. Но в этой мере в нем сохраняется связь с Творцом, из которой он может себя собрать и взмолиться, упросить.

Помощь приходит свыше. Человек видит, что именно с помощью Творца он может исправить новое прегрешение, которое является во много раз больше всей суммы прошлых. Предыдущие ступени помогли ему еще больше увидеть свой эгоизм, который он исправляет сейчас.

Эта горькая память остается в человеке? Запись остается?

Всегда до полного исправления эта запись преследует нас. Она необходима нам, чтобы потерять веру в Творца, в доброе начало. Вновь и вновь мы оказываемся в состоянии, когда обвиняем себя, не понимая, что это – действия Его.

Творец подставляет нам все состояния, Он создает в нас плохие свойства, заставляет совершать плохие поступки. И поскольку в нас нет связи с Ним, мы не понимаем, что все исходит от Него, и привязываем это к себе. Поэтому во всем обвиняем себя.

В момент, когда у меня есть ощущение, что я делаю доброе дело, присутствует ложка дегтя, что в будущем все перевернется?

Не имеет значения, перевернется или нет. Человек живет только тем, что в данный момент работает в его желаниях, в его келим. Все время он оказывается перед тупиком, который каждый раз воспринимается как новый.

Причем не просто новый, а такой, какого раньше никогда не было! Просто трясешься весь. И раньше ты возмущался от того же самого: что я наделал, как все произошло, как я к людям относился?! И потом снова все повторяется, но в еще большей степени.

Мой Учитель говорил, что в духовной работе нужны крепкие нервы! Но, с другой стороны, все дает Творец. От этого не бывает проблем – ни сердечных приступов, ни самоубийств, ни головной боли – ничего! Как приходит, так и уходит.

Так входит и выходит из нас свет. Как поршень работает в цилиндре, так и свет все время должен работать в нас.

ЗАБИРАЙ ТАКОЕ СЧАСТЬЕ ОБРАТНО!

Мы продолжаем великую главу «Шлах» – «И послал». В ней говорится о том, что происходит с человеком перед переходом границы – подъемом в Эрец Исраэль.

В главе объясняется, как надо идти дальше. В каббале это называется «верой выше знания». Речь идет о том, как происходит подъем на следующую духовную ступень. Разведчики увидели в Земле Израиля потрясающий мир, текущий молоком и медом. Но войти туда нельзя.

Так советские люди мечтали о коммунизме: «Вот разживемся! Я смогу удовлетворить все свои запросы, все потребности. Там я дам волю своим сегодняшним надеждам, мечтам, желаниям!» Но в ответ ты должен быть равным со всеми, заботиться сначала о других, работать на них – и при этом чувствовать себя счастливым. В этом заключается коммунистическое счастье? Забирай обратно!

Когда говорится: земля, текущая молоком и медом, то надо понимать, что это не сегодняшнее молоко и мед. Это совсем другие ценности, к которым сейчас человек должен выработать в себе желания, устремления. Именно они должны стать для него самыми важными. И тогда действительно он входит в такое состояние, и оно наполняет его как молоко и мед.

Сегодня эти ценности будут казаться совершенно ужасными. Работать на других, заботиться о них, думать, переживать за всех? Этим наполнять свою жизнь? Сегодня для человека это выглядит адом! Ему необходимо себя перевоспитать, изменить внутренне так, чтобы это казалось раем, и тогда, действительно, Земля Обетованная будет обетованной.

Чем плохо жить для других? Объясните, пожалуйста. Не будет черных дыр, не надо себе все время думать о себе, беспокоиться. Чем плохо быть вместе, думать о других, любить, наполнять их?

Ты тоже эгоистически рассуждаешь об этом.

Ничего плохого тут нет. Это, в общем-то, прекрасная теория, приятное состояние. Но когда оно входит в практику, как это случилось при советской власти, и в кибуцах, и в других подобных общинах – ничего не сбывается.

Наш эгоизм восстает, он не может думать в направлении того, чтобы я работал на других. Внутри меня существует определенная, абсолютно четкая концепция – наполнить себя. И если я думаю о других, то только так, чтобы через них наполнить себя.

Романтическая стадия заканчивается очень быстро, как только начинаешь практические действия. «Революция пожирает своих детей».

/13/ И СКАЗАЛ МОШЕ БОГУ: «НО УСЛЫШАТ ЕГИПТЯНЕ, ИЗ СРЕДЫ КОТОРЫХ ВЫВЕЛ ТЫ МОЩЬЮ СВОЕЙ НАРОД ЭТОТ. /14/ И СКАЖУТ ЖИТЕЛЯМ ТОЙ СТРАНЫ, КОТОРЫЕ СЛЫШАЛИ, ЧТО ТЫ, БОГ, В СРЕДЕ НАРОДА ЭТОГО, ЧТО ЛИЦОМ К ЛИЦУ ЯВЛЯЛСЯ ТЫ, БОГ, И ОБЛАКО ТВОЕ СТОИТ НАД НИМИ, И В СТОЛПЕ ОБЛАЧНОМ ИДЕШЬ ТЫ ПЕРЕД НИМИ ДНЕМ И В СТОЛПЕ ОГНЕННОМ НОЧЬЮ…

И дальше следует очень интересный переворот.
/15/ ЧТО УМЕРТВИЛ ТЫ НАРОД ЭТОТ, КАК ОДНОГО ЧЕЛОВЕКА. И СКАЖУТ НАРОДЫ, КОТОРЫЕ СЛЫШАЛИ О СЛАВЕ ТВОЕЙ, ТАК: /16/ ИЗ-ЗА ТОГО, ЧТО НЕТ У БОГА СИЛ ПРИВЕСТИ НАРОД ЭТОТ В СТРАНУ, КОТОРУЮ ОН ОБЕЩАЛ ИМ, ПОГУБИЛ ОН ИХ В ПУСТЫНЕ.

Моше вопрошает Творца: «Что же Ты за воспитатель? Ведь если правильно воспитываешь, то не методом наказания, может быть, а наоборот, через поощрение, мягко? Тут же выходит, что даже не поощрением и не наказанием, а просто Ты убил всех».

Моше – это точка в сердце каждого, самая внутренняя, это контакт с Творцом. Во время подъема на следующую ступень, со ступени бины на ступень кетэр, или с бины на хохма, допустим, в человеке происходит внутренний анализ, переворот.

Моше обязан так сказать! Это не Моше говорит: «Как Он такое посмел?» Сама наша природа, созданная Творцом, восстает в нас против Него для того, чтобы мы правильно и явно осознали истинность своего состояния, противоположного Творцу. В религиях человек боится таких мыслей: «Как это я так думаю о Творце? Не дай Бог! Что мне будет за это?!». А здесь – наоборот.

Человек поднимается и становится ближе к Творцу, он возражает Ему и в глубине души даже чувствует, что проклинает Его, но не боится. Он радуется таким состояниям, потому что именно они свидетельствуют о его настоящем, истинном, высоком уровне.

Сейчас выступление Моше говорит о том, что он заканчивает свою ступень, по которой сорок лет вел народ, то есть преображал свойство получения в свойство отдачи. И теперь он уже достигает своего последнего исправления над эгоизмом, над «народом», что называется. Эта ступень, как в ракете, отходит и сгорает в атмосфере.

Моше сказал Творцу: «Как можешь Ты? Что скажут о Тебе, если Ты сейчас их поразишь, накажешь?» То есть Моше беспокоится за Творца?

Нет. Здесь не говорится об этом. Возражение возникает из состояния конечного исправления: он сделал всё на своей ступени. Следующий этап идет совершенно в другом ключе: там уже следует получение ради отдачи.

Перед человеком, восходящим к Тебе, прошедшим сорокалетнюю пустыню – отдача ради отдачи – ставится неразрешимая задача, потому что он) – бывший. Следующая за пустыней ступень – получение ради отдачи. Тут совсем другие свойства и чувства.

Когда перестраивается в человеке следующий этап – переход границы Земли Израиля, когда движение идет извне внутрь, тогда в нем возникают совершенно новые инструменты, новая методика работы с собой. Проявляется не только мироощущение, но и понимание, как надо исправлять мир.

Раньше ты только готовился ко входу в Землю Израиля. Сейчас освоение Земли Израиля заключается в том, чтобы победить все народы – великанов, которые там живут. Виноград там такой, что одну виноградину несешь на плече с трудом. Сейчас надо достичь такого уровня, когда плоды эти становятся тебе по силам, потому что у тебя появляется возможность получать ради отдачи.

Возражения Моше правильные. Человеку, чтобы войти и завоевывать эту землю, необходимо получить от Творца новые силы, новое знание, новый подход, новое исправление, воспитание.

Здесь должен быть кардинальный переворот внутри самого человека, он должен стать другим.

Моше может требовать от Творца?

Да. Если Моше так не скажет, значит, он не готов к тому, чтобы сделать переход.

Разговор Моше с Творцом – осознание необходимости переворот. «И Ты обязан мне это сделать, если передо мной действительно стоит такая задача». Значит, человек понял, осознал все, что сейчас должно произойти с ним. Если он этого требовать не будет, значит, еще не готов к переходу.

Все разговоры, в которых нам кажется, что Моше резко выступает против Творца, наоборот, желательны в глазах Творца. Человек осознал, какую внутреннюю революцию он должен пройти, чтобы начать работать с эгоизмом на отдачу. Это то, чего никто не может себе представить.

Методика, совершенно обратная тому, чтобы «не произносить имя Творца всуе», «не гневаться на Него»?

Все наоборот. Ничего не бойся. Что тебе этот Творец? Творец – свойство абсолютного добра, неживое, безжизненное. Ты оживляешь Его своими чувствами. Ты не можешь гневаться на вулкан за то, что он разрушил что-то, или бояться Солнца, Луны, землетрясений и так далее. Ты приклеиваешь свои чувства к совершенно не человеческим объектам. Так и Творец – чувство абсолютного добра и любви. Ты не можешь подействовать на Него ни в какую сторону. Единственное, что ты можешь, это – измениться самому.

МОЛИТВА – ЭТО САМОСУД

Ты перевернул себя – и изменил свое собственное, личное получение и поэтому Творец представляется тебе другим.

Вся Тора построена на молитве. Молиться – леитпалель, то есть судить самого себя. Молитвой называется самосуд: что изменить в себе, чтобы раскрыть Творца как абсолютное добро. Поэтому естественно, что здесь Моше заканчивает свою миссию.

Творец это слышит, и вот что происходит:

/17/ ПУСТЬ ЖЕ ТЕПЕРЬ ВОЗВЕЛИЧИТСЯ МОЩЬ ГОСПОДА, КАК ТЫ ГОВОРИЛ, СКАЗАВ: /18/ БОГ ДОЛГОТЕРПЕЛИВ И БЕЗМЕРНА ЛЮБОВЬ ЕГО, ПРОЩАЕТ ОН ГРЕХ И НЕПОКОРНОСТЬ, 18/ …ОЧИЩАЕТ раскаявшегося, но НЕ ОЧИЩАЕТ нераскаявшегося, ПРИПОМИНАЕТ ВИНУ ОТЦОВ ИХ ДЕТЯМ, ТРЕТЬЕМУ И ЧЕТВЕРТОМУ ПОКОЛЕНИЮ.

Три поколения – то, что мы изучаем в любом духовном состоянии: от кетэра до малхут. Хохма, бина, зэир анпин – три поколения. И на четвертом – малхут – образуется подобие Творцу.

Человек должен дойти до четвертого поколения. Третье поколение – это зэир анпин, малое состояние. Там тоже идет стирание эгоизма, но на самом деле только на четвертом поколении он полностью исправляется. Другими словами – должно пройти столько времени. Время – имеется в виду состояние.

Кетэр, малхут и между ними три состояния – хохма, бина, зэир анпин. Это три поколения. И только на четвертом – полное исправление.

Дальше Моше просит:

/19/ ПРОСТИ ЖЕ ВИНУ НАРОДА ЭТОГО ПО ВЕЛИКОЙ МИЛОСТИ ТВОЕЙ, И КАК ПРОЩАЛ ТЫ НАРОД ЭТОТ ОТ ЕГИПТА И ДОНЫНЕ!».

/20/ И СКАЗАЛ БОГ: «ПРОСТИЛ Я, ПО СЛОВУ ТВОЕМУ. /21/ ОДНАКО, КАК ЖИВ Я И СЛАВА БОГА НАПОЛНЯЕТ ВСЮ ЗЕМЛЮ, /22/ ТАК ВСЕ ЭТИ ЛЮДИ, ВИДЕВШИЕ СЛАВУ МОЮ И ЗНАМЕНИЯ МОИ, КОТОРЫЕ Я СОВЕРШАЛ В ЕГИПТЕ И В ПУСТЫНЕ, НО ИСПЫТЫВАЛИ МЕНЯ УЖЕ ДЕСЯТЬ РАЗ И НЕ СЛУШАЛИСЬ ГОЛОСА МОЕГО, /23/ НЕ УВИДЯТ ОНИ СТРАНЫ, КОТОРУЮ Я

ОБЕЩАЛ ОТЦАМ ИХ, И ВСЕ, КТО ГНЕВИЛ МЕНЯ, НЕ УВИДЯТ ЕЕ!

Это естественно, ничего страшного тут нет. Наоборот! Здесь говорится о величайшем милосердии Творца, который убьет всех, то есть умертвит все эгоистические желания. И только альтруистические желания, встав на место эгоистических, смогут ощутить состояние, которое называется Земля Израиля.

Весь этот гнев существует *только* для того, чтобы исправить эгоизм на альтруизм. Это значит – умертвить его. Не может эгоист – ни один! – войти в свойство отдачи и любви, которое называется Землей Израиля. Он должен умереть, переродиться, и только, как говорится, в третьем и в четвертом поколении они смогут туда войти. В малом состоянии – третье поколение, в большом – четвертое.

Наказание, истребление, смерть – всё говорится относительно эгоизма, который действительно необходимо убить. И только новые свойства отдачи и любви, появившиеся вместо него, будут ощущать в себе состояние, которое называется Земля Израиля.

НА ГРАНИЦЕ МОШЕ УМИРАЕТ

Дальше Он говорит, кто пройдет:

/24/ РАБА ЖЕ МОЕГО КАЛЕВА, ЗА ТО, ЧТО В НЕМ БЫЛ ДУХ ИНОЙ И БЫЛ ОН ПРЕДАН МНЕ, ПРИВЕДУ Я В СТРАНУ, В КОТОРУЮ ОН ХОДИЛ, И ПОТОМСТВО ЕГО БУДЕТ ВЛАДЕТЬ ЕЮ. /25/ НО АМАЛЕКИТЯНЕ И КНААНЕИ ЖИВУТ В ДОЛИНЕ; ЗАВТРА ОБРАТИТЕСЬ И ИДИТЕ СЕБЕ В ПУСТЫНЮ, ПО ДОРОГЕ К МОРЮ СУФ».

Все-таки Он выделяет Калева: «кмо лев» – «как сердце». Он говорит: «Он войдет, и будет править этой страной». А Моше останется по эту сторону?

Нет у нас большего пророка, чем Моше. Это свойство бины, без которого малхут не сможет ничего сделать, ни на йоту не сдвинется в направлении Творца.

Есть много таких свойств, которые начинают работать после Моше. Ведь свойство бины ограничено. Всё, что может потребовать малхут, оно дает для того, чтобы освятить свойство получения, то есть исправить его на отдачу. Но сама бина к свойству получения – к свойству малхут отношения не имеет.

Соединение бины с малхут вызывает в малхут новые свойства, более сильные, чем сама бина, потому что малхут может уже получать ради отдачи. Эти свойства намного сильнее, чем Моше. Они одновременно и ближе к Творцу, и дальше от Творца.

Ближе, потому что могут получать от Него раскрытие. Творец не раскрывается Моше. Наоборот, Моше все время защищается от раскрытия. А все завоеватели Земли Израиля, Йехошуа Бен Нун и другие, которые существовали в Земле Израиля и строили Храм, – они постигают Творца в своих бывших эгоистических желаниях. Они исправили их свойством Моше – свойством бины, и поэтому поднимаются дальше к Творцу.

Но есть разница в том, как работать с эгоизмом на отдачу. Вроде бы, ты подобен в этом Творцу, отдаешь как Он, реально, в действии. И есть свойство бины, которое подобно Творцу в самом свойстве. Не в действии, а в свойстве.

Бина ничего не делает. Она просто имеет то же свойство, что и Творец. Поэтому, с одной стороны,

Моше – вроде бы, покорный, не сильный, защищающий себя от раскрытия Творца. Он прикрывает себя, и Творец отворачивается, проходит за ним. Но, с другой стороны, это свойство – самое сильное, которое может быть раскрыто в творении, явное свойство Творца.

Моше в малхут вызывает свойство «кмо лев – Калев» в эгоизме?

Да. Свойство Моше в малхут создает такие частные образы. Его задача – вытащить тех, кто может продолжать движение. Поэтому во всех нас – от первого и до последнего постигающего Творца – живет свойство, называемое Моше.

Мы не можем иначе исправлять себя и вообще работать с малхут. Ведь малхут – это фараон.

Моше – свойство отдачи, он создан из малхут, из фараона, Дочь фараона, Батья, вытащила его из реки.

На коленях у фараона он играл с его короной.

Да. И именно таким образом он вырос как свойство отдачи. Ни один человек, ни все вместе мы не сможем достичь никакого исправления, если не будем использовать свойство Моше, которое существует именно против фараона. Калев и все остальные – это производные от Моше в малхут.

На границе Моше умирает. Что значит – умирает? Он существует во всех, кто вошел в Землю Израиля, потому что вложил себя в них. И уже проявляется в свойстве получения ради отдачи, а не в чистом виде, как это было в течение сорока лет пустыни. «Моше умирает», то есть это свойство исчезает в своем чистом виде.

Всё, что затем происходит, стало возможным только благодаря тому, что человек (или эгоизм) впитывает от Моше. Это свойство полностью растворяется и начинает работать. Мы берем свойство Моше и перерабатываем его в себе, в своем эгоизме. В своем исправленном виде наши эгоистические свойства строят малхут мира Бесконечности, или общий сосуд раскрытия Творца, то есть всё наше совершенное состояние.

Преобразуясь в нас, Моше выводит новые имена?

Да, да. Новые имена образуются на симбиозе, на связи между малхут и биной. Бина – это свойство Моше. Эрец Исраэль – это малхут, которая от Моше получила исправление на своем самом минимальном уровне, то есть неживом. Затем идут растительный, животный и человеческий уровень. Всё это входит в четыре ступени исправления желания.

Что бы Вы сказали о Моше, как лидере?

В первую очередь Моше – это свойство любви. Единственное и самое главное, что можно сказать о нем. После него – всё остальное. Впереди любовь: любовь к людям и любовь к Творцу.

Ты сделаешь всё для того, чтобы обеспечить им самое идеальное состояние, – это и есть лидер. Другими словами, не существует такого понятия – лидер сам по себе.

НИКТО НЕ МЕЧТАЕТ О ЦАРСКОЙ ДОЧЕРИ

Разведчики прошли в Эрец Исраэль и увидели, с одной стороны, землю, текущую молоком и медом, а с другой – решили, что войти туда невозможно. Это очень драма-

тическое противоречие. Они вернулись и сказали это народу. И народ начал роптать.

Когда я начинаю роптать? Мне говорят: «Ты обязан это сделать». Действительно, я к этому шел и обязан подняться на эту гору, на эту ступень, я не могу удрать от нее. Все обстоятельства подталкивают меня к этому. Но одновременно я чувствую, что во мне уже нет сил. Это противоречие: я обязан сделать, а сил у меня нет, – и вызывает ропот.

Пусть там всё течет молоком и медом. Но мне туда не попасть, я могу только облизнуться издали. И успокаиваюсь. Как сказано, «Никто не мечтает о царской дочери». Просто так мечтать о ней – это значит переживать. Я знаю, что не достигну, и поэтому автоматически исключаю ее из моих возможностей и живу дальше спокойно, не переживаю. Наслаждаюсь тем, что в пределах досягаемости моих сил.

Но здесь меня обязывают идти и завоевывать царскую дочь: «Ты обязан!». Я не вижу в себе совершенно никаких возможностей, а меня заставляют: «Ничего, ты выдержишь, ты обязан, ты взойдешь на эту гору и все сделаешь». Сражаться с огромными великанами?! Прыгать через реки и взбираться на горы?! Я не в состоянии! Вот отсюда и ропот.

Ропот возникает из того, что я понимаю ограниченность моих возможностей в преодолении препятствий, которые передо мной стоят. Прошли мы сорок лет в пустыне. Надо еще сорок лет?! Несмотря на то, что потом я получу вознаграждение – реки, текущие молоком и медом, – сегодня мне это не важно, это не для меня, я хочу спокойно существовать. Так устроен человек.

Проблема в том, что тут я произвожу расчет, исходя из своих сегодняшних свойств и возможностей! А что говорит Творец? «Я поставлю тебя в такие обстоятельства, что захочешь, будешь обязан, у тебя нет другого выхода. И тогда ты обратишься ко Мне и Я тебе помогу, Я тебя подсажу, и ты поднимешься на новую ступень».

Пока же они говорят: «Мы изберем других руководителей, которые отведут нас обратно в Египет».

Невозможно оставаться в пустыне, надо двигаться или вперед, или назад. Пойдем назад – разве плохо нам было там, в конце концов?! Бывает, что сначала нам кажется: «Нет, я ненавижу это, я ухожу». Потом постепенно видишь впереди намного более трудные состояния и потихоньку начинаешь ценить положительное в том, от чего ушел, и снова поворачиваешь назад.

Это все естественно в человеке, кроме одного сверхъестественного: если ты просишь, требуешь силы, чтобы освоить следующую ступень, то получаешь их. Но всегда ты находишься в состоянии, в котором забываешь, что с помощью требования можешь получить недостающие силы.

КАЖДЫЙ РАЗ ЧЕЛОВЕК – НОВЫЙ

Колоссальная забывчивость. Все время они шли и ощущали Творца. И вдруг – падение. Возвращается ощущение – и снова падение. Творец уходит настолько, что стирается из памяти, из мыслей человека?

И постоянный ропот на каждой ступеньке: смотри, сколько прошли уже! Причина в том, что каждый раз человек – новый. В нем нет этой памяти: никогда ничего подобного он не переживал, не было аналогичных обстоятельств и выхода из них, – все исчезает. То, что было на прошлой ступеньке, отработалось и отвалилось, как в ракете.

Абсолютно ничего не остается! На новой ступени – новые десять сфирот. И новые ошибки. И гораздо более крутые ступени. Все время ты поднимаешься над эгоизмом, который растет. Так что, конечно, здесь существует проблема.

/26/ И ГОВОРИЛ БОГ, ОБРАЩАЯСЬ К МОШЕ И ААРОНУ, ТАК: /27/ «ДО КАКИХ ПОР... ЭТО ЗЛОЕ ОБЩЕСТВО... будет РОПТАТЬ НА МЕНЯ? РОПОТ СЫНОВ ИЗРАИЛЯ, КОТОРЫХ ОНО ПОДСТРЕКАЕТ роптать НА МЕНЯ, УСЛЫШАЛ Я. /28/ СКАЖИ ИМ: КАК ЖИВ Я, ГОВОРИТ БОГ, КАК ГОВОРИЛИ ВЫ МНЕ, ТАК И ПОСТУПЛЮ Я С ВАМИ. /29/ В ПУСТЫНЕ ЭТОЙ ПАДУТ ТРУПЫ ВАШИ, И ВСЕ ИСЧИСЛЕННЫЕ ИЗ ОБЩЕГО ЧИСЛА ВАШЕГО, ОТ ДВАДЦАТИ ЛЕТ И СТАРШЕ, ЗА ТО, ЧТО РОПТАЛИ ВЫ НА МЕНЯ. /30/ НЕ ВОЙДЕТЕ ВЫ В СТРАНУ, В КОТОРОЙ Я ПОКЛЯЛСЯ ПОСЕЛИТЬ ВАС, КРОМЕ КАЛЕВА, СЫНА ЙЕФУНЭ, И ЙЕОШУА, СЫНА НУНА. /31/ МАЛЫЕ ЖЕ ДЕТИ ВАШИ, О КОТОРЫХ ВЫ ГОВОРИЛИ: ДОБЫЧЕЙ СТАНУТ ОНИ, ИХ ВВЕДУ Я, И ОНИ УЗНАЮТ СТРАНУ, КОТОРОЙ ВЫ ПРЕНЕБРЕГЛИ.

/32/ ВАШИ ЖЕ ТРУПЫ ПАДУТ В ПУСТЫНЕ ЭТОЙ. /33/ А СЫНЫ ВАШИ СТРАНСТВОВАТЬ БУДУТ В ПУСТЫНЕ СОРОК ЛЕТ, И ПОНЕСУТ наказание за РАСПУТСТВО ВАШЕ, ПОКА НЕ ИСТЛЕЮТ ТРУПЫ ВАШИ В ПУСТЫНЕ. /34/ ПО ЧИСЛУ ДНЕЙ, В ТЕЧЕНИЕ КОТОРЫХ ВЫСМАТРИВАЛИ ВЫ СТРАНУ, СОРОК ДНЕЙ, ПО ГОДУ ЗА

КАЖДЫЙ ДЕНЬ, ПОНЕСЕТЕ ВЫ НАКАЗАНИЕ ЗА ВИНУ ВАШУ, СОРОК ЛЕТ, ЧТОБЫ... познали вы упрек Мой. /35/ Я, БОГ, СКАЗАЛ: ВОТ ТАК СДЕЛАЮ Я СО ВСЕМ ЭТИМ ЗЛЫМ ОБЩЕСТВОМ, СГОВОРИВШИМСЯ ПРОТИВ МЕНЯ, – В ПУСТЫНЕ ЭТОЙ ЗАКОНЧАТ ОНИ СВОЮ ЖИЗНЬ И ТАМ УМРУТ».

Нам надо понять, что всё находится внутри человека! Человек не понимает, не осознает помощь Творца, Высшей силы. Всё делает свет, а не я, – вот о чем мы забываем всё время. Если бы не забывали, то, конечно, проскочили бы всё мгновенно. Но не забыть невозможно!

Тора рассказывает нам о реальных ступенях. Мы не можем не ошибаться. Будем пытаться идти назад, делать разные глупости в пути, – без этого невозможно! Мы обязаны познать наш эгоизм полностью и увидеть, насколько он велик, но велик – с отрицательным знаком. И только таким образом – из тьмы – мы его познаем.

В течение сорока лет блуждания в пустыне на каждой ступеньке, на каждом шагу мы будем воспитывать себя так, чтобы иметь полную уверенность в нашем абсолютном бессилии, когда снова окажемся перед входом в Землю Израиля.

Мы сами не в состоянии ничего сделать, и тут ни наши мозги, ни наши сердца не могут помочь. Перед нами стоят огромные циклопы, сильная армия, они ненавидят нас и готовы сделать всё, чтобы мы не сунулись в их границы.

Это осознание становится еще более понятным, еще более развернутым в нас. Но вместе с этим постепенно в течение сорока лет мы воспитываем в себе свойство отдачи и любви между нами. Из него начинаем выявлять Творца как источник этого свойства. И получается, что мы можем войти в Землю Израиля верой выше знания, то есть со свойствами отдачи, аннулировав себя.

В чём заключалась проблема? Мы должны были ошибиться, объяснить себе и народу, что происходит в Земле Израиля, какие там огромные силы и почему мы не в состоянии туда войти. Нам надо было выявить, почему мы так удалены друг от друга и от Творца.

Прегрешение разведчиков – это необходимые условия, чтобы понять, насколько неправильно наше состояние.

Существует сорокалетняя подготовка к входу в Землю Израиля. Без нее мы не можем. Человек не в состоянии перескочить через эту ступень. Все проблемы, которые разведчики выясняют, и реакция народа на них, – это всё естественно, иначе быть не может.

Это не ошибка! В духовном пути нет ошибок. Происходит реальный расчет, каков твой экран против твоего эгоизма, покрывает одно другое или нет. Тут расчет очень простой.

Почему разведчики посылаются в Эрец Исраэль только один раз? Уже есть полное ощущение, что там страшно?

Уже произошла запись. Информация вошла, теперь с ней надо работать. Выявляется основа, которой раньше не было, для чего блуждать! С какой стати блуждать? Если Он хочет просто запутать, умертвить прошлое поколение, так за один раз может это сделать. Но речь идет не о том, чтобы умертвить прошлую ступень, дело в том, что мы умертвляем ее сами.

Что значит – умирает прошлое поколение? Умирает в нас прошлый взгляд на мир, на себя, на решения, которые мы должны принимать, на понимание Земли Израиля.

Мы постепенно вымываем из себя старую парадигму и включаемся в новую. Только так!

ЗАКРОЕШЬ ГЛАЗА – И НЕТ ПРЕГРАД

Интересно проследить эти ступени: раньше роптали, что нет воды, нет еды, а сейчас нарастает недовольство, что мы не можем войти туда, куда идем. Это уже совсем другой уровень!

Раньше роптание существовало на животном уровне, а сейчас на уровне сомнения в помощи Творца. Ты должен аннулировать себя относительно следующей ступени и тогда поднимешься на нее. Если ты закрываешь глаза и идешь за Творцом, то нет преград. Но для этого надо подавить весь свой эгоизм и идти над ним верой выше знания.

Никаким другим образом это поколение не могло войти в Эрец Исраэль. Все, как пишется в Торе, должно случиться. Заранее расписано! Никаких ошибок тут нет!

У Вас бывают переживания, что, может быть, Вы сделали что-то не так?

С каждым это случается. Вдруг в страшном поту просыпаешься и переживаешь, почему так получилось, зачем я это сделал? Начинаешь видеть все свои прегрешения, неудачи. Обвиняешь только себя – почему так произошло?

Надо тут же осознать: это все подстроено свыше, сейчас тебе показывают, что в глубине себя, в этих состояниях, ты не исправлен, еще не отдаешься программе творения. Ты должен пройти исправление, а все неудачи относятся к Творцу, не к тебе.

Все твои прегрешения – это не прегрешения, а лишь раскрытие эгоизма в тебе.

Какой период должен пройти между воспоминаниями и мыслью, что всё это – система творения?

Для полного исправления – сорок лет. Что значит – сорок лет? Все прегрешения ты полностью отдаешь в свойство бины – в свойство полной отдачи. Ты полностью понимаешь, что все это – не ты и не от тебя. В этом и заключается исправление.

Это должно происходить мгновенно?

Нет! Эти воспоминания будут тебя преследовать сотни раз! Различные, в различных комбинациях. Так происходит согласно системе управления. Ты обязан все время поднимать их в себе. Даже не ты обязан, а тебя обязывают! Ты обязан прочувствовать, как в тебе поднимается неприятное воспоминание за прожитое, за неправильно и глупо сделанное, за причиненный вред, нехорошие взгляды на других и так далее. Все-все проходит перед тобой.

Я уже пришел к мысли, что это – система творения, я уже осознал. Почему снова все повторяется, и снова?

Это значит, что все это еще не искоренилось полностью. Должно истлеть.

Ничего не сделаешь: сорок лет – подъем до бины. Только когда человеком овладевает полное свойство отдачи и любви, то есть связь с Творцом, тогда он включается в источник всего происходящего и уже не приписывает это себе. Он начинает понимать, что таким образом Творец его обучает.

Здесь нет людей, которым я сделал плохо или плохо относился, – это все одна система, и она находится во мне. Поэтому пропадает ощущение «я», «они», «Творец», «он» и так далее. Когда все соединяется вместе в свойстве бины, это значит, что ты исправлен, и никак не раньше.

Все время будешь наступать на одни и те же грабли. И каждый раз испытывать серьезную встряску. Это и есть наша работа. Специально я говорю об этом на уроках, чтобы люди понимали, что все происходящее – естественные этапы развития.

В последнее время Вы часто говорите – «не двигаемся, не дотягиваем, недорабатываем». В вашем ощущении есть такая скорость, которой не соответствуют ваши ученики?

Конечно, я бы хотел, чтобы мои ученики занялись большей самореализацией. Есть среди них, даже, может быть, больше половины людей, которые позволяют себе расслабляться, не дотягивать, недоделывать до конца. Здесь может помочь только взаимная помощь между ними. Я вижу, что тут есть еще нереализованные возможности, отсутствие самореализации.

Что такое самореализация?

Самореализация – это когда ты работаешь на группу так, что даешь ей силы. Ничего другого быть не может.

Конечно, моя задача – довести наше каббалистическое сообщество до состояния, когда абсолютно четко и точно люди будут понимать, в чем их проблемы, каковы их задачи и как они реализуют себя.

В них должно раскрыться, каким образом максимально эффективно использовать те данные, которые мы получаем. То есть стать мастерами еще до выхода в Высший мир, стать мастерами хотя бы тех ступеней, на которых мы сегодня находимся. Быть самостоятельными.

Двинемся дальше:

/36/ А ТЕ ЛЮДИ, КОТОРЫХ ПОСЛАЛ МОШЕ ВЫСМАТРИВАТЬ СТРАНУ И КОТОРЫЕ, ВОЗВРАТИВШИСЬ, ВОЗМУЩАЛИ ПРОТИВ НЕГО ВСЕ ОБЩЕСТВО, РАСПУСКАЯ КЛЕВЕТУ НА ЭТУ СТРАНУ, /37/ ЭТИ ЛЮДИ, РАСПУСКАВШИЕ КЛЕВЕТУ НА СТРАНУ, УМЕРЛИ ОТ МОРА ПРЕД БОГОМ. /38/ Лишь ЙЕОШУА, СЫН НУНА, И КАЛЕВ, СЫН ЙЕФУНЭ, ОСТАЛИСЬ ЖИВЫ ИЗ ТЕХ ЛЮДЕЙ, КОТОРЫЕ ХОДИЛИ ВЫСМАТРИВАТЬ СТРАНУ.

Это те желания в нас, которые еще могут подняться, как Вы сказали, выше разума?

Йехошуа и Калев нужны для связи с той страной. Сейчас они раскрыли в себе свойство малхут, как дрожащую, как неспособную. Им необходимо преодолеть сорок ступеней – сорок лет, чтобы подняться с этой малхут и достичь свойства бины. Без овладения этим свойством, они не могут перейти границу Земли Израиля.

Йехошуа и Калев – два *цадика* (праведника) необходимы, чтобы как запись оставаться в поколении. Все отомрут, кроме этих двоих.

ТЫ НЕ СПОСОБЕН СОГРЕШИТЬ

/39/ И ПЕРЕСКАЗАЛ МОШЕ ЭТИ СЛОВА ВСЕМ СЫНАМ ИЗРАИЛЯ, И ОЧЕНЬ ОПЕЧАЛИЛСЯ НАРОД. /40/ И ВСТАЛИ ОНИ РАНО УТРОМ, И ПОШЛИ К ВЕРШИНЕ

ГОРЫ, ГОВОРЯ: «МЫ ГОТОВЫ ВЗОЙТИ НА МЕСТО, О КОТОРОМ СКАЗАЛ БОГ, ИБО МЫ СОГРЕШИЛИ».

/41/ И СКАЗАЛ МОШЕ: «ЗАЧЕМ ВЫ НАРУШАЕТЕ ВЕЛЕНИЕ БОГА? ВЕДЬ НЕ УДАСТСЯ ВАМ ЭТО. /42/ НЕ ВОСХОДИТЕ, ИБО БОГА НЕТ СРЕДИ ВАС, ЧТОБЫ НЕ ПОРАЗИЛИ ВАС ВРАГИ ВАШИ. /43/ ВЕДЬ АМАЛЕКИТЯНЕ И КНААНЕИ ТАМ ПЕРЕД ВАМИ, И ВЫ ПАДЕТЕ ОТ МЕЧА, ИБО ВЫ НА САМОМ ДЕЛЕ ОТВРАТИЛИСЬ ОТ БОГА, И БОГ НЕ БУДЕТ С ВАМИ». /44/ НО ОНИ ДЕРЗНУЛИ ВЗОЙТИ НА ВЕРШИНУ ГОРЫ; А КОВЧЕГ СОЮЗА БОГА И МОШЕ НЕ ТРОНУЛИСЬ ИЗ СРЕДЫ СТАНА. /45/ И СОШЛИ АМАЛЕКИТЯНЕ И КНААНЕИ, ЖИВШИЕ НА ТОЙ ГОРЕ, И РАЗБИЛИ ИХ, И ГРОМИЛИ ИХ ДО ХОРМЫ.

Мне не очень понятно. Почему их наказали, ведь они сказали: «Да, согрешили мы, готовы взойти на место»?

Это и есть грех. Почему ты решил, что согрешил?! Ты не согрешил! Всё тебе подставляет Творец!

Где здесь слияние с Творцом? Где полная отдача? Здесь этого совсем нет! Наоборот, если я говорю, что согрешил, значит, беру на себя ответственность за то, что делаю. То есть это – мои свойства, мои действия, это всё – я? Где же я нахожусь в слиянии с Творцом?! Этого тут совершенно нет!

Выходит, я продолжаю прегрешение этих самых разведчиков. Они не воззвали к высшей силе. Да, мы принесли такие плоды, но, продолжают они, войти туда не в наших силах, это не для нас.

Разведчики не потребовали от Творца, а обратились к своему стану. Что хотели этим сказать? Смотрите, что с нами делает Творец, куда Он нас посылает?! На верную погибель. Там есть хорошие вещи, чтобы нас завлечь, и там же огромная сила, которая нас убьет.

Это предводители народа, которые пошли в Землю Израиля и вернулись оттуда с плодами. Что они говорят? Смотрите, какие плоды там есть, с одной стороны. И какие войска стоят на рубежах – с другой. Все разведчики сейчас оказываются стоящими по другую сторону от единой силы, доброй, творящей добро, желающей привести в ту страну. А ведь их выбрали специально, они были самыми вперед смотрящими. Но они не смогли подойти к следующей ступени.

И не были готовы на самом деле! Это заранее понятно, потому что за один раз ты не можешь перескочить с уровня малхут на уровень бина. Не можешь! Между малхут и бина лежит разница в сорок ступеней.

Естественно, что, когда с малхут смотришь на бина, кажется невероятным преодолеть это расстояние. Но с другой стороны, кто тебя привел в эту землю? Творец. Кто тебе сказал послать туда разведчиков? Творец. Так почему они не обратились к Нему снова? Почему начали на Него клеветать: «Смотрите, куда Он нас послал! Смотрите, что Он делает! А теперь, когда мы увидели и знаем заранее, что там происходит, Он заставляет нас, толкает вперед?!»

Теоретически, если бы они воззвали к Творцу, – на крыльях Он бы поднял их на уровень бины. Но это невозможно, потому что человек должен всё пережить, пережевать, переработать в себе.

Далее происходит продолжение, но уже со стороны народа.

Но они же говорят:

/40/ ...«МЫ ГОТОВЫ ВЗОЙТИ НА МЕСТО, О КОТОРОМ СКАЗАЛ БОГ, ИБО МЫ СОГРЕШИЛИ».

Где здесь грех?

«Мы согрешили» – это и есть грех! Кто ты такой, чтобы согрешить? Ты – никто и ничто! Всё время ты должен лишь идти с закрытыми глазами за силой отдачи и любви, чтоб она в тебя постепенно вселялась. Сейчас ты только набираешь ступеньки подъема к свойству бины.

Свойство бины – это свойство полной отдачи. В идеале они должны сказать: «Да, мы согласны на всё, что в этот момент нам указывает Творец». Но они не могут ответить по-другому. Мы же понимаем.

Моше говорит:

/41/ ...ВЕДЬ НЕ УДАСТСЯ ВАМ ЭТО. /42/ НЕ ВОСХОДИТЕ, ИБО БОГА НЕТ СРЕДИ ВАС, ЧТОБЫ НЕ ПОРАЗИЛИ ВАС ВРАГИ ВАШИ.

Конечно. Нет соединения с Творцом! Если бы было соединение, они бы и не пошли, и так бы не говорили. Та же проблема. На всех уровнях.

Как всё сложно.

Не сложно. Это благо – мы раскрываем левую и правую линии и именно в таких событиях идем вперед. Это наша история. История – не прошедшая и будущая. Это всё – перед нами!

Кстати, о левой линии. Есть ощущение, что на уроках Вы основательно пробуждаете левую линию.

Мы должны раскрыть ненависть между нами. Я не говорю: ищите взаимную ненависть. Я говорю: любите друг друга, пока не начнете ненавидеть. Это, в принципе, правильное движение. Любить, любить, до тех пор любить, пока не проявится ненависть.

Вы говорите: С чем сейчас вы приступаете к чтению, допустим, Книги Зоар? Вы дошли до состояния ненависти или нет? Есть у вас что-то просить или нет?

Конечно. Иначе, зачем тебе Книга Зоар? Зачем его раскрыл?

Ты раскрыл Зоар для того, чтобы найти правду. Правда раскрывается, только если ты возбуждаешь правую линию, любовь. Возбуждая любовь, ты должен осознать, почувствовать, что на самом деле никакой любви нет, есть одна ненависть. Причем такая, что ты не в состоянии сидеть с ними рядом.

Вы же остаетесь индифферентными друг другу: что есть, то и есть. Вы не можете сдвинуться с места. Почему? Почему не требуете, чтобы Творец всё раскрыл вам? И любовь, и ненависть, и взаимодействие, и столкновение – раскрыл всё. Вам не хватает требования!

Творец – это сила, условие, система, которая требует постоянного обращения к себе. Этого нет! Так что придется еще много трудиться. Ничего не сделаешь, не перескочишь эти ступени.

Сейчас вы понимаете, что мы должны это почувствовать. Почему не чувствуем? То есть этот этап уже проявляется активно.

Есть стремление к любви, то есть желание прийти к Эрец Исраэль? Но люди останавливаются и ропщут. Потом все-таки поднимаются в гору, хотят ее взять.

Проблема разведчиков и тех, кто потом идет на гору, в том, что они считают, что у них есть собственные силы.

Только собственными силами они хотят подняться и на эту гору, и в Землю Израиля. Они не понимают, что всё можно взять только свойствами бины.

Свойство бины приходит к нам лишь свечением свыше – это свет, который возвращает к источнику, то есть сила Творца, свойство отдачи.

Они хотят обойтись своими эгоистическими силами: «Мы это освоим, мы поднимемся на гору». Кто ты такой? Гора – это свойство отдачи. Как ты можешь на нее подняться? И, конечно, те народы, то есть твои свойства, которые там существуют, идут против правой линии. Они очень эгоистические. Они просто закопают тебя под своими свойствами.

Это и есть те народы, которые пришли и победили их, когда они поднялись по своему разуму?

Да.

КАК ОЩУТИТЬ, ЧТО ЭТО – ОШИБКА?

/22/ А ЕСЛИ ПО ОШИБКЕ НЕ ИСПОЛНИТЕ КАКИХ-ЛИБО ЗАПОВЕДЕЙ ИЗ ТЕХ, О КОТОРЫХ БОГ ГОВОРИЛ МОШЕ, ... /24/ ЕСЛИ ПО НЕДОСМОТРУ ОБЩЕСТВА СОВЕРШИЛОСЬ ЭТО ПО ОШИБКЕ, ТО ПРИНЕСЕТ ВСЕ ОБЩЕСТВО ОДНОГО МОЛОДОГО БЫКА...

/25/ И ИСКУПИТ КОЕН ВСЕ ОБЩЕСТВО СЫНОВ ИЗРАИЛЯ, И БУДЕТ ПРОЩЕНО ИМ, ПОТОМУ ЧТО ЭТО ОШИБКА.

Что такое – ошибка?

Глава «И ПОСЛАЛ»

Есть преступления, которые совершаются по незнанию, потому что, может быть, выпали из ощущения: человек не ощущал, что делает что-то плохое, или не понимает, или не понимает и не ощущает одновременно.

Он оказался участником или даже причиной неисправного, испорченного состояния, но по недоумению, по неразумению. И все равно смягчающие обстоятельства не меняют того, что получилось, обратного движения нет.

Кроме того, есть поступки, которые называются преступлением, – человек знает, что преступает какую-то заповедь, запрещение. И хотя он наносит осознанный вред обществу, всей системе управления, все равно это его не останавливает.

Есть ошибки по незнанию, а есть осознанные – знал, что нельзя, и все равно делал?

Причем, здесь есть тоже всевозможные уровни прегрешения. Кстати, в нашем мире в правовых кодексах тоже прописано очень много дополнительных пунктов, учитывающих разные обстоятельства. И, кроме того, существует еще мнение судей, которые рассматривают этот поступок и решают, к чему точно его можно отнести.

Вещи, связанные с внутренним миром, настолько тонкие, что здесь необходимо вмешательство других людей. Невозможно просто механически решить, виноват он или нет, и если – да, то насколько. Здесь нужно человеческое соучастие.

«И искупит коэн человека, совершившего ошибку, так как согрешил он по ошибке перед Богом». Пишется, что решает всё коэн?

Да. Коэном называется самая верхняя ступень человеческого развития. Выше него нет. Есть коэн гадоль, но это уже отдельная ступень, наивысшая. В каждом существует свойство коэна. Человек, находящийся на уровне коэна, то есть тот, кто достигает этого свойства, может судить, выносить решение и выполнять наказание.

В каждом из нас есть народы мира, народ Израиля, левиты и коэны. Если внутренне мы можем проградуировать себя таким образом и правильно расположить в себе эгоистические и исправленные подуровни, тогда понимаем, каким образом надо собой управлять, чтобы искупать свою вину.

Что значит – вину? В прошлом состоянии он не мог оценить этого правильно, а сейчас – может. Чтобы искупить вину, надо подняться до уровня коэна, – и ошибка будет исправлена.

Каббала не говорит о нашем мире, потому что тут ничего невозможно исправить. Исправления могут быть только внутренние, в людях. Мы должны достигать такого уровня, с которого возможно исправлять все низшие уровни.

Тора говорит о человеке в одном лице. С нашим миром никаких сравнений делать невозможно! Мы можем строить наш мир по образу и подобию, но все равно, в первую очередь, Тора взывает нас к тому, чтобы **мы** исправились. И исправление наше – не внешнее, в нашем мире, а внутреннее. Оно возможно только при условии, что каждый из нас будет подниматься на максимальную ступень.

С уровня развития, который называется коэн (это связь с Творцом), можно уже исправлять свои прошлые ошибки.

ГЛАВА «И ПОСЛАЛ»

/29/ ДЛЯ ЖИТЕЛЯ СТРАНЫ ИЗ СЫНОВ ИЗРАИЛЯ И ДЛЯ ПРИШЕЛЬЦА, ЖИВУЩЕГО СРЕДИ НИХ, УЧЕНИЕ ОДНО БУДЕТ У ВАС ДЛЯ ПОСТУПИВШЕГО ПО ОШИБКЕ.

Почему для пришельца то же самое учение?

Есть очень много свойств и желаний, которые мы набираем снаружи от всего мира. Эти свойства, мысли, чувства, даже привычки называются пришельцами. Мы должны их исправлять и относиться к ним как к пришельцам.

Закон один. Ты не можешь сказать: «Я пришел издалека, и поэтому не могу по-другому, меня воспитали не так», – это не имеет значения. Если хочешь достичь связи с Творцом, ты обязан исправить себя так же, как и все остальные.

Нет никаких поблажек никому! Может быть, для тебя потребуется больший свет исправления, путь твой будет иным, длиннее, или ты нуждаешься в большей поддержке. Но достичь исправления ты должен наравне со всеми и закончить его на том же уровне, как и все остальные.

Говорится: если ты пришел в духовный Эрец Исраэль, ты подчиняешься исключительно его закону. И всё, что вносится туда, так или иначе перерабатывается законом Эрец Исраэль. Как, например, рабби Акива, который не был евреем, но пришел в Эрец Исраэль и стал учителем целых поколений.

Какая разница? Рабби Акива пришел на тысячу лет позже, чем те, кто вышел с Авраамом. Что значит Авраам? Называется «Авраам а-иври». Потому что он – первый еврей, то есть первый перешедший махсом. Лаавор, эвер – *перейти*.

Перешедший махсом – перешедший границу между нашим миром и духовным. Никто из нас не родился в духовном мире. Все мы относимся или к народам мира, или к тем, кто переходит ступень, – к евреям.

Никого не должно удивлять, что, допустим, пришелец, который никогда не был евреем, может стать отцом поколений, учителем самым великим?

Конечно. И было много таких. Никто не родится в духовном.

Кстати говоря, в древние времена, в ту тысячу лет, когда народ Израиля жил в Земле Израиля по духовным законам, очень многие пришельцы из других народов приходили, учились тут, оставались и вливались в народ. Среди них – большие ученые, которые записаны в Талмуде. Неевреи становились евреями. Не об этом тут говорится.

Евреи – это не народ, это искусственное создание вокруг идеи. Общность. Что я хочу этим сказать? В то время было очень много пришедших и оставшихся. И наоборот, приходили, учились, а потом уходили, как древние греки, например. Поэтому вся философия, всё, что пошло от них, – это то немногое, что они смогли взять из каббалы. Так и описано в их книгах. Это не я выдумал. Можно зайти через интернет в наш архив и посмотреть их книги, высказывания. Пико делла Мирандоло, Иоганн Рейхлин, например. Все великие философы древних времен.

Они не поняли, что каббала – это основа, чистая, высшая, но не относящаяся к нашему миру.

ИСТРЕБИТЬ ДУШУ НЕВОЗМОЖНО

/30/ НО ЧЕЛОВЕК, КОТОРЫЙ СДЕЛАЕТ ЧТО-ЛИБО ДЕРЗКО, ИЗ ЖИТЕЛЕЙ СТРАНЫ ЛИ ОН ИЛИ ИЗ ПРИШЕЛЬЦЕВ, БОГА ОН ХУЛИТ, БУДЕТ ОТТОРГНУТА ДУША ЭТА ОТ НАРОДА ЕЕ. /31/ ИБО СЛОВО БОГА ПРЕЗРЕЛ ОН И ЗАПОВЕДЬ ЕГО НАРУШИЛ, ИСТРЕБЛЕНА БУДЕТ ДУША ЭТА, ВИНА ЕЕ НА НЕЙ».

Что значит – истребление души?

На самом деле истребить душу невозможно.

Душа – это проявление свойства отдачи, любви, проявление света в человеке. Если мы строим свое эгоистическое желание подобным свету – высшей силе, то свойство отдачи и любви начинает воспринимать высший свет, наполняться им. Это и называется душой. Мы связываем себя с Творцом, со светом в мере подобия Ему.

Самая главная задача – наши разрозненные внутренние желания, намерения, мысли, чувства собрать вместе под единым целым намерением отдачи и любви вне себя.

В мере того, как они скомпонуются в нас в каждый момент времени, мы будем создавать внутри себя как бы объект, свойства, называемые Творцом, и ощущать Его в себе.

Творец – это свойство отдачи и любви, которое человек может сгенерировать внутри себя.

Что такое – «человек, который сделает что-либо дерзко»?

Если он будет действовать против намерения отдачи и любви, то получит обратное. Иначе что же может являться прегрешением?

Прегрешение – это состояние, когда человек был на духовной высоте или имел возможность стать на нее, но сделал обратное. Прошлая душа как бы истребляется. И надо заново ее возрождать, но уже на другом, более высоком, уровне. Падение необходимо.

На каждой ступени ты должен упасть с предыдущей и подняться на более высокую.

Мы читаем Тору и видим, что каждый раз народ ошибается! Почему они не могут научиться?! Это раздражает и отталкивает, если не понимаешь. Но они обязаны согрешить, вновь и вновь раскрыть в себе все более отвратительные миазмы своего эгоизма, чтобы затем их исправлять и подниматься еще выше.

И при этом радоваться! Радоваться своим падениям! Сказано: Тысячу раз упадет праведник и встанет.

МОЖНО ЛИ СОБИРАТЬ ХВОРОСТ В СУББОТУ?

/32/ И БЫЛИ СЫНЫ ИЗРАИЛЯ В ПУСТЫНЕ, И НАШЛИ ОНИ РАЗ ЧЕЛОВЕКА, СОБИРАВШЕГО ХВОРОСТ В ДЕНЬ СУББОТНИЙ. /33/ И ПРИВЕЛИ ЕГО ТЕ, КТО НАШЛИ ЕГО СОБИРАЮЩИМ ХВОРОСТ, К МОШЕ, И К ААРОНУ, И КО ВСЕМУ ОБЩЕСТВУ. /34/ И ОСТАВИЛИ ЕГО ПОД СТРАЖЕЙ, ПОТОМУ ЧТО НЕ БЫЛО ЕЩЕ ОПРЕДЕЛЕНО, КАК СЛЕДУЕТ ПОСТУПИТЬ С НИМ.

/35/ И СКАЗАЛ БОГ, ОБРАЩАЯСЬ К МОШЕ: «СМЕРТИ ДОЛЖЕН БЫТЬ ПРЕДАН ЧЕЛОВЕК ЭТОТ, ЗАБРОСАТЬ ЕГО КАМНЯМИ ДОЛЖНО ВСЕ ОБЩЕСТВО ВНЕ СТАНА». /36/ И ВЫВЕЛО ЕГО ВСЕ ОБЩЕСТВО ЗА СТАН,

И ЗАБРОСАЛО ЕГО КАМНЯМИ, И УМЕР ОН, КАК БОГ ПОВЕЛЕЛ МОШЕ.

Кто такой человек, который собирал хворост в день субботний?

Что значит – день субботний? Человек, который поднялся на уровень, где для него существует день субботний, – это не простой человек.

И он собирал хворост. То есть он выискивал в себе такие свойства, которые могут служить горючим. Это сознательное прегрешение против самого высокого уровня единения – субботы.

И естественно, что его исправление заключается в том, чтобы умертвить его животное состояние на уровне неживом – забросать камнями. Это тот же *лев а-эвен* – каменное сердце, которое в нем. Оно и должно его умертвить.

Именно камнем он должен быть убит, потому что сердце его каменное (*лев а-эвен*). Но зато в следующем своем кругообороте он преодолевает это состояние и исправляет его.

Таким образом, Тора говорит, что на самом деле он сам себя должен умертвить своим же каменным сердцем.

Камень – эвен на иврите, то есть авана – понимание.

Да, осознание обязательно присутствует. Без него человек к исправлению не приступит. Все большее и большее осознание – это и есть забрасывание камнями.

Собирал хворост в субботний день – это значит: он желал найти горючее, чтобы иметь тепло и свет, – это правая и левая линии. То есть желал подняться на субботний уровень с помощью запрещённых действий. А если бы захотел, то мог подняться на этот уровень так, как положено в субботу. Отменяя себя. Поэтому заслужил смерть.

Как положено подниматься в субботу?

Заранее в течение недели человек заготавливает горючее, хворост, масло для светильников и затем использует это в субботу. Если он начинает зажигать сам, то есть создавать что-то в субботу, то этим отрывается от Творца, который в субботу работает на него.

Суббота – это последний день недели, в котором участвует малхут. Хэсэд, гвура, тифэрэт, нэцах, ход, есод – это шесть сфирот, в них ты работаешь шесть дней. Последняя сфира – малхут. Она сама ничего не делает, она только заводит шесть предварительных сфирот, которые работают с ее помощью. В субботу малхут получает от того, что в них проявляется.

Человек ограничивает свое восхождение, если желает работать и в субботу, как в предыдущие дни. Тем самым он не может получить от шести сфирот и перейти на следующую ступень, на следующую неделю. Поэтому, естественно, прошлая неделя для него смерти подобна.

Что означают шесть дней недели в духовной работе человека?

Шесть дней недели – это шесть состояний, в которых человек исправляет свои свойства. Исправляет свою малхут в подобие шести более высоким свойствам – хэсэд, гвура, тифэрэт, нэцах, ход, есод.

И наступает седьмой день – суббота, когда все они соединяются вместе и облагораживают, исправляют малхут. В этом человек уже не участвует, он не может исправлять малхут. Он может работать только выше малхут в шести высших сфирот.

«Тот, кто работал до субботы, он пожинает это всё в субботу». Поэтому запрещена работа. Шесть первых сфирот соединяются вместе и светят собой в малхут, и этим человек возвышается. Тогда и ощущает прилив Творца, раскрытие Творца.

Если этого не делается, то для него вся неделя ничего не значит. Он убил свою душу, то есть свою возможность слияния с Творцом в субботу, и поэтому подлежит убиению. Он сам поразил себя каменным сердцем.

Его исправление заключается в том, чтобы умертвить, побить камнем (своим каменным сердцем) ступень, на которую он не может взойти. И затем начинать снова и снова. Ничего страшного в этом нет, это одно из обычных преступлений, которые мы совершаем в духовном пути.

КИСТИ НА КРАЯХ ОДЕЖДЫ

Последняя, заканчивающая главу цитата:

/37/ И СКАЗАЛ БОГ, ОБРАЩАЯСЬ К МОШЕ, ТАК: /38/ «ГОВОРИ СЫНАМ ИЗРАИЛЯ И СКАЖИ ИМ, ЧТОБЫ ДЕЛАЛИ ОНИ СЕБЕ КИСТИ НА КРАЯХ ОДЕЖДЫ СВОЕЙ ВО ВСЕХ ПОКОЛЕНИЯХ ИХ И ВПЛЕТАЛИ В каждую КИСТЬ КРАЯ НИТЬ ИЗ ГОЛУБОЙ ШЕРСТИ. /39/ И БУДУТ У ВАС КИСТИ, И, СМОТРЯ НА НИХ, БУДЕТЕ ВЫ ВСПОМИНАТЬ ВСЕ ЗАПОВЕДИ БОГА И ИСПОЛНЯТЬ ИХ, И НЕ БУДЕТЕ БЛУЖДАТЬ, ВЛЕКОМЫЕ СЕРДЦЕМ ВАШИМ И ГЛАЗАМИ ВАШИМИ, КАК БЛУЖДАЕТЕ ВЫ ныне, ВЛЕКОМЫЕ ИМИ, – /40/ ЧТОБЫ ПОМНИЛИ ВЫ И ИСПОЛНЯЛИ ВСЕ ЗАПОВЕДИ МОИ, И БЫЛИ СВЯТЫ ВСЕСИЛЬНОМУ ВАШЕМУ. /41/ Я – БОГ, ВСЕСИЛЬНЫЙ ВАШ, КОТОРЫЙ ВЫВЕЛ ВАС ИЗ СТРАНЫ

ЕГИПЕТСКОЙ, ЧТОБЫ БЫТЬ ВАМ ВСЕСИЛЬНЫМ. Я – БОГ, ВСЕСИЛЬНЫЙ ВАШ».

Четыре кисточки, на которые вы будете смотреть и «вспоминать все заповеди Бога». А самое важное – «и не будете блуждать, влекомые сердцем вашим и глазами вашими, как блуждаете вы ныне, влекомые ими».

Облагораживаетесь, глядя на них – это цицит.

Любая одежда, любое покрытие должно иметь в своих углах такие кисточки. Они делаются из специального материала и завязываются определенным образом.

Это символизирует четыре части духовного сосуда: хохма, бина, зэир анпин, малхут. Все они должны быть исправлены и прикреплены, другими словами – освоены с помощью 613 заповедей, то есть желаний. Все время человек должен находиться в исправлении 613 желаний.

Человек покрывает себя покрывалом только днем. Ночью это не имеет значения, а днем обязательно. Когда светит свет Творца, тогда следует постоянно помнить, что надо соответствовать свету, устремляться к нему и быть подобным ему.

Если накрываешься одеялом, то обязан сделать его с кисточками. Или возьми ножницы и обрежь один маленький уголок, чтобы он был округленный. Но если есть угол, ты обязан завязать кисточки.

Почему в углу это должно находиться?

Четыре стороны: хохма, бина, зэир анпин, малхут, и между ними идет парса от малхут к бине. Это всё символизирует духовное кли, духовный сосуд, который полностью должен соответствовать свойствам Творца, то есть быть полностью исправлен в своих 613 желаниях.

Человек должен постоянно видеть перед собой эти кисточки как место для исправления. Как бы для напоминания он должен находиться под ними, то есть носить одежду с этими завязками. Чтобы каждый раз, даже внутренне бросая взгляд на эти кисти, он думал о 613 заповедях, что должен идти к исправлению.

На самом деле все это – физическое проявление, а духовно означает исправленного человека, духовного человека.

Я должен перечислять про себя 613 желаний?

Нет, они автоматически будут подниматься, в определенной последовательности и связи, чтобы мы их исправили.

Достаточно думать про отмену себя и соединение с другими. Только это и должно быть нашим постоянным движением, чтобы всё, так или иначе, приближалось к закону «Возлюби ближнего как самого себя». Когда начнешь это выполнять, то увидишь, что на духовном уровне существует еще много интересного.

Глава
«КОРАХ»

РАСПОРЯДИТЕЛЬ ЦАРСКОЙ КАЗНЫ

Тора состоит из пяти книг (отсюда ее название – Пятикнижие). «Корах» – глава из книги «Бэмидбар» рассказывает об интересном свойстве в человеке, называемом Корах.

В «Большом комментарии» написано:
Корах был двоюродным братом Моше и Аарона. Он был избран одним из носителей Ковчега. Более того, Корах был весьма образованным и ученым человеком.

Ковчег олицетворяет собой исправленную душу, в которой раскрывается Творец. Носить Ковчег – это значит, держать на весу всё устремление к Творцу, не опуская его на землю – в эгоизм. До сих пор Творец раскрывался только *бейн крувим* – между ангелами на крышке Ковчега. Оттуда постоянно доносится голос Творца, то есть достигается свойство бины. И тот, кто держит Ковчег, должен обладать этим свойством.

Тот, кто держит Ковчег, опираясь на землю, поднимает Ковчег и несет его над землей?

Так только кажется, будто носители поднимают Ковчег. На самом деле, Ковчег поднимает их над землей. Ковчег – это свойство бины. Поэтому не они несут Ковчег, а Ковчег несет их. Он отрывает их от эгоизма и держит как бы над землей.

То есть они как бы парят, получается? Как бы поднимаются над землей?

Да. Они… Тот, кто держит Ковчег выше эгоизма… он сам при этом находится выше эгоизма. То есть, работая на Творца, работая на отдачу Творцу, ты поднимаешься сам.

То есть Ковчег словно отрывает их от эгоизма?

То есть, на самом деле, не ты делаешь какое-то одолжение и отдачу Творцу или кому-то, а ты поднимешь этим себя.

Сказано о Корахе:

В годы египетского пленения он был казначеем у фараона и надеялся, что евреи останутся в Египте, и он будет единственным распорядителем царской казны. Казначей – это его отрицательное качество?

Нет, наоборот. Корах был мудрецом! Мудрецом считается не просто умный человек, а тот, кто знает, что и как делать с умом. Корах – ученый человек, иначе он не был бы носителем Ковчега.

Казначей, единственный распорядитель царской казны, – это тот, кто стремится превратить в отдачу всё, что находится в огромном эгоистическом желании, то есть во всей эгоистической природе. Его задача – перевернуть получающие действия в отдачу, то есть довести их до полного исправления.

Перед Корахом стояли высокие задачи. Но он упал.

В «Большом комментарии» написано:

Несмотря на свои исключительные качества, Корах никогда бы не посмел противостоять Моше, если бы не его жена, которая потакала самоуверенности своего мужа, непрестанно уверяя его, что он ни в чем не уступает Моше и Аарону. К несчастью, Корах прислушивался к ее словам.

Здесь происходит то же самое, что и в истории с Адамом. Змей делает свое дело. Женщина, то есть наше желание получить, говорит: «Ты можешь сделать больше и не должен быть связан с Моше».

Моше – это чистое свойство отдачи. Поэтому, когда Корах отрывается от него, то уже не может иметь дело с казной. Ведь казна – это эгоистические силы, которые человек должен постепенно превратить в альтруистические.

В каждом из нас есть противоположные силы – Моше, Аарон и Корах. Между ними идет постоянная борьба.

Дальше говорится о восстании Кораха против Моше и Аарона. Несмотря на высокие качества Кораха, вот что с ним происходит:

/1/ И ОТДЕЛИЛСЯ КОРАХ, СЫН ИЦАРА, СЫН КЕАТА, СЫН ЛЕВИ, И ДАТАН И АВИРАМ, СЫНЫ ЭЛИАВА, И ОН, СЫН ПЕЛЕТА, СЫНЫ РЕУВЕНА, /2/ И ПРЕДСТАЛИ они ПЕРЕД МОШЕ С ЛЮДЬМИ ИЗ СЫНОВ ИЗРАИЛЯ – ДВЕСТИ ПЯТЬДЕСЯТ человек, ВОЖДИ ОБЩЕСТВА, ПРИЗЫВАЕМЫЕ НА СОБРАНИЯ, ЛЮДИ ИМЕНИТЫЕ… /3/ И СТОЛПИЛИСЬ ОНИ ВОКРУГ МОШЕ И ААРОНА, И СКАЗАЛИ ИМ: «ПОЛНО ВАМ! ВЕДЬ ВСЕ ОБЩЕСТВО ВСЕ СВЯТЫ, И СРЕДИ НИХ БОГ! ОТЧЕГО ЖЕ ВОЗНОСИТЕСЬ ВЫ НАД СОБРАНИЕМ БОГА?!».

Не надо думать, что они желают убрать Моше. Напротив, вожди общества сами хотят достичь той же ступени.

Добавляет «Большой комментарий»:

Что приобрел еврейский народ под вашим руководством? Из-за вас жизнь стала гораздо тяжелее, нежели в

Египте. Мы платим *труму* (*пожертвование*) коэнам и *маасер* (*десятину*) левитам, помимо этого коэны получают от нас 24 различных дара. Да к тому же каждый год 15000 евреев погибают в пустыне.

Тебе, Моше, мало того, что вся власть в твоих руках, ты и своему брату отдал пост первосвященника! А между тем у вас обоих нет никакого права объявлять себя главами общины, все члены которой святы, и среди которых обитает *Шехина*.

В ярости Корах и его сообщники были готовы забросать Моше и Аарона камнями.

Так проявляется внутреннее эгоистическое восстание в человеке. В нем возникают свойства, которые утверждают, что можно достичь полного подобия Творцу не через свойства Аарона и Моше, а другим – лучшим, кратким, менее затратным путем.

В прошлой главе говорилось, что всё поколение пустыни должно погибнуть. Каждый год в течение сорока лет будет умирать 15 тысяч человек. Только новое поколение, рожденное в пути, вступит в Землю Израиля.

Но желания в человеке, называемые Корах, Датан и другие, считают, что можно идти более коротким, менее трагическим путем, чем предлагает Моше.

Под моим руководством, как бы говорит Корах, будет иной путь. Можно сделать так, чтобы все желания (вместе они называются народ) более активно работали на отдачу всему народу, всему миру и через них Творцу. Их работа будет более эффективной по сравнению с той идеологией, с той методикой, которую народ получил со свойством Моше. Корах считает, что есть другая сила, с которой можно идти дальше.

Действительно, если каждый год 15 тысяч евреев погибают в пустыне в течение 40 лет, то получается 600 тысяч. Имеется в виду все поколение? Все свойства, вышедшие из Египта? То есть происходит полное, абсолютное обновление?

Да. Не могут рабы стать свободными людьми в такой степени, чтобы жить внутри своих желаний, которые были порабощены. Разве с помощью этих желаний они могут отдавать, влиять, любить? Ведь раньше в них буйствовал эгоизм, проявлялась ненависть – гора Синай. Сейчас невозможно представить, как исправить ее на любовь. Поэтому прежде надо пройти состояния, когда ты полностью аннулируешь себя, – это и есть ощущение смерти.

Тут мне видится еще одно проявление восстания Кораха: он хотел, чтобы это поколение вошло в Эрец Исраэль. То есть хотел перескочить через ступень?

Все время возникает одна и та же проблема. Авиу и Надав – сыны Аарона тоже хотели перескочить ступень.

Корах и его сообщники могли бы преодолеть ее, то есть сразу войти в Землю Израиля, но побоялись великанов и прочих препятствий, о чем рассказали разведчики.

Для того, чтобы перескочить ступень, надо подняться на уровень веры выше знания. Они не могли подняться на него и поэтому сейчас исправляют это.

ГЛАВА «КОРАХ»

ВСЕ РАВНО
Я ПОКОРЯЮСЬ МОШЕ

/4/ И УСЛЫШАЛ МОШЕ, И ПАЛ НИЦ. /5/ И ГОВОРИЛ ОН КОРАХУ И ВСЕМ СООБЩНИКАМ ЕГО ТАК: «Завтра УТРОМ ИЗВЕСТИТ БОГ, КТО ЕГО И КТО СВЯТ, И ТОГО ПРИБЛИЗИТ К СЕБЕ; И КОГО ИЗБЕРЕТ ОН, ТОГО ПРИБЛИЗИТ К СЕБЕ. /6/ ВОТ ЧТО СДЕЛАЙТЕ: ВОЗЬМИТЕ СЕБЕ СОВКИ, КОРАХ И ВСЕ СООБЩНИКИ ЕГО, /7/ И ПОЛОЖИТЕ В НИХ ОГОНЬ, И КЛАДИТЕ НА НИХ СМЕСЬ БЛАГОВОНИЙ ПРЕД БОГОМ ЗАВТРА. И БУДЕТ: ЧЕЛОВЕК, КОТОРОГО ИЗБЕРЕТ БОГ, ТОТ СВЯТ. ПОЛНО ВАМ, СЫНЫ ЛЕВИ!».

Благовония – это обратный свет, *кли* (сосуд), то есть исправленные желания, правильное состояние души. Каждый может принести его для контакта с Творцом, с Высшей силой отдачи и любви, и проверить, находится ли он с ней в синергии, в подобии.

Каждый приносит совок с благовониями. Это – отдача, подъем желания, подъем МАНа.

Такое свойство в человеке может найти контакт с Творцом. При этом он полностью должен отречься от своих эгоистических запросов и всё устремить только в эти благовония.

Благовония – это олицетворение состояния, когда от растений ничего не остается, кроме запаха. Ничего не остается себе, а всё поднимается только к Творцу.

Творец должен определить, в ком действительно есть отдача?

Да. Человек выдает от себя, воскуряет, и решается его судьба – правильно он сделал или нет? Если – нет, тогда его ступень погибает, вместо нее требуется следующая. Если – да, то может произойти так же, когда расцвел жезл Аарона.

/8/ И СКАЗАЛ МОШЕ КОРАХУ: «СЛУШАЙТЕ ЖЕ, СЫНЫ ЛЕВИ! /9/ МАЛО ВАМ ТОГО, ЧТО ВЫДЕЛИЛ ВАС ВСЕСИЛЬНЫЙ ИЗРАИЛЯ ИЗ ОБЩЕСТВА ИЗРАИЛЯ, И ПРИБЛИЗИЛ ВАС К СЕБЕ ДЛЯ СОВЕРШЕНИЯ СЛУЖБЫ В ШАТРЕ ОТКРОВЕНИЯ БОГА, ЧТОБЫ СТОЯТЬ ПЕРЕД ОБЩЕСТВОМ, ЧТОБЫ СЛУЖИТЬ ЗА НИХ, /10/ И ПРИБЛИЗИЛ ТЕБЯ И ВСЕХ БРАТЬЕВ ТВОИХ, СЫНОВ ЛЕВИ, С ТОБОЙ, – А ВЫ ПРОСИТЕ ЕЩЕ И СВЯЩЕННОСЛУЖЕНИЯ?».

Всё происходит внутри человека, поэтому дело обстоит гораздо сложнее, чем нам представляется. Тора обращается только к одному человеку. И он должен определить, кто в нем Моше, Аарон, Корах и 250 человек с ним.

Что представляют собой его желания и свойства? Почему они находятся в таком противоречии между собой? Когда проявляется это противоречие? Чем Корах лучше или хуже Моше?

Тора говорит, что человек должен пройти все эти состояния. Поэтому я хочу выявить их в себе, находиться в них, видеть, что со мной происходит, и проходить их, как Корах.

Очень интересно обратиться к Моше во мне: «Я могу вести народ лучше, чем ты», – говорит Корах. Моше на это отвечает: «Хорошо, договорились, приходите все со своими совками, наполненными благовониями».

Почему Корах должен подчиняться Моше?! Он же говорит, что лучше понимает движение. И, тем не менее, все равно покоряется свойству Моше. Есть очень много подобных вопросов. Внутренний мир человека при этом находится в полном сумбуре.

С одной стороны, я не хочу власти Моше, с другой – я покоряюсь ему? Почему?

Да, народ не только слушает, но и полностью выполняет всё, на что указывает Моше.

Если углубляться в эту тему, то становится понятно, что Корах говорит только о реализации какого-то определенного состояния, а не полного захвата ступени Моше. Уровень Моше – это ступень абсолютной бины, полной связи с Творцом, Корах не претендует на нее. Он говорит о другом.

В чем тут вопрос? Если я нахожусь на уровне бины, то этим как бы обрываю связь с малхут – удаляюсь от народа. Поэтому в чем-то Корах, может быть, прав. И мои остальные неэгоистические, исправленные желания тоже понимают, что здесь нет какой-то связи между биной и малхут. Моше хотя и может указывать, но что-то в его командах в этом свойстве не работает с моим эгоизмом.

Внутри нас нет зла, нет злых свойств. И Корах – это не зло, просто он хочет большего продвижения. Вся Тора говорит только о том, как больше отдать, как вознестись, увлечь за собой и представить всё в слиянии с Творцом, ускорить этот путь.

СОМНЕНИЕ – ПУТЬ К ПРОДВИЖЕНИЮ

Когда смотришь на внешнюю часть Торы, то создается впечатление, что Тора – это сплошные убийства, страдания и борьба добра со злом. Вы оправдываете

всех восставших: Мирьям с Аароном, народ Израиля, Кораха?

Все время эти свойства поднимаются в нас. Большее или меньшее выявление наших эгоистических свойств – это путь к исправлению. Между собой они постоянно находятся в конкуренции. Какое из них вызывает большее подобие Творцу, большую скорость, желание для участия в этом движении? Какое способно сделать подъем более интенсивным?

Подъем осуществляется и по свойству эгоистического желания – левой линии, и по свойству отдачи – правой линии. Поэтому важно понять, как подняться по средней линии, максимально используя обе линии в связи между собой, важно определить, где находится правильная связь между ними.

Здесь есть очень много тонкостей. Отчасти мы проходим это в книге «Древо жизни» АРИ или в «Учении десяти сфирот» Бааль Сулама. Но на самом деле тут чрезвычайно сложная многоуровневая система, и поэтому постоянно возникают сомнения.

Сомнения посылаются специально, чтобы в человеке возникла возможность и необходимость(!) еще выше подняться над свойством получения в свойство отдачи. Ему дается возможность решить это сомнение с помощью подъема. Постоянно вся Тора говорит о всяких разборках, потому что только таким образом человек может подняться до уровня Творца.

Вся система подъема – в сомнении. Я не знаю, как сделать, не знаю, что предпринять, постоянно спрашиваю мои эгоистические желания, мой разум, мои ощущения, весь мой опыт, все, что было и есть во мне. Это разыгрывается мною, как на театральной сцене, как в истории с Корахом и 250 человек с ним. Огромное количество моих желаний: да – нет, за – против. И в итоге получается подъем над собой. Это и есть движение вперед.

Поэтому все время Вы говорите, что в соединении и единстве заключается подъем?

Да. Закрыв глаза, пойти на объединение. Таким образом выжить и продвинуться вперед. Невозможно сразу почувствовать это.

Когда восстают такие желания, как Корах и группа с ним, то человек находится во внутреннем противоречии, раздвоении. Ему кажется, что он прав, с одной стороны. С другой, остается в нем какое-то маленькое свойство, которое он раскрывает и может использовать в критическую минуту. Это свойство и поднимает человека.

Интересно, что все прегрешения совершаются великими праведниками. Предводители двенадцати колен заходят в Эрец Исраэль, видят там великанов. Восстает Корах, до этого – Мирьям с Аароном…

Только высокие свойства выдают нам самые сложные состояния. И все, что следует за тем: их поглотила земля, побили камнями, сожгли – это всё исправление эгоизма. Существует четыре способа умерщвления эгоизма в соответствии с четырьмя свойствами по четырем уровням его величины.

ВЕСЬ ДЕНЬ ТЫ ПРОВОДИШЬ В МОГИЛЕ

/12/ И ПОСЛАЛ МОШЕ ПОЗВАТЬ ДАТАНА И АВИРАМА, СЫНОВ ЭЛИАВА, НО ОНИ СКАЗАЛИ: «НЕ ПОЙДЕМ! /13/ РАЗВЕ МАЛО ТОГО, ЧТО ВЫВЕЛ ТЫ НАС ИЗ

СТРАНЫ, ТЕКУЩЕЙ МОЛОКОМ И МЕДОМ, ЧТОБЫ УМЕРТВИТЬ НАС В ПУСТЫНЕ? ТЫ ЕЩЕ И ВЛАСТВОВАТЬ ХОЧЕШЬ НАД НАМИ? /14/ НЕ ПРИВЕЛ ТЫ НАС В СТРАНУ, ТЕКУЩУЮ МОЛОКОМ И МЕДОМ, И НЕ ДАЛ НАМ ПО УЧАСТКУ ПОЛЯ И ВИНОГРАДНИКА! НЕУЖЕЛИ ГЛАЗА ТЕМ ЛЮДЯМ ВЫКОЛЕШЬ? НЕ ПОЙДЕМ!».

Уже ясно сказал им Творец, что умрут все, независимо от того, на каком духовном уровне находятся. Ни одно их свойство в его настоящем виде не готово войти в Землю Израиля, то есть на уровень полной отдачи и любви.

Как народ может относиться к Моше после этого?! «Смотри, до какого состояния ты нас довел!» Неважно, кто и в чем провинился. Разведчики или кто-то другой. Ты ведешь нас, значит, ты – ответственный за все.

Теперь они знают только одно: подходит определенный день в году, называемый Девятое Ава, каждый роет себе могилу, ложится в нее и проводит весь день в могиле. Так каждый год умирает 15 тысяч людей.

И они не знают, кто из них умрет на этот раз? Ложатся все?

Никто не знает. В могилу ложатся все, пятнадцать тысяч из них не встанет. Лежишь и ждешь.

Здесь сразу же возникает четкая потребность: я должен подняться над собой, я должен держаться за следующую ступень – ту, на которой я буду уже другим, умершим в своих настоящих качествах и принявшим на себя новое свойство – отдачи.

Те, кто смог перейти в новое свойство, поднимаются, засыпают могилы. И продолжают идти. Они недостаточно эгоистичны и должны развиваться дальше: еще не достигнут уровень, когда они могут умереть.

Известно, что в течение сорока лет все они обречены на смерть, то есть с этими свойствами не могут продолжать жить. Но зато следующее поколение войдет в свойство полной отдачи и единения с Творцом. Они прорастают в следующем поколении – это их трансформация, следующий *гильгуль*, кругооборот.

Датан и Авирам говорят: «Мы вышли из Египта, текущего молоком и медом, и должны были войти в страну, текущую молоком и медом». Они ощущают, что не только Египет был страной, текущий молоком и медом, но и эта страна – тоже?

Они ушли оттуда не потому, что физически им было плохо. Египет, то есть эгоизм, обеспечивал их абсолютно всем.

Здесь, в пустыне, они идут в свойстве альтруизма, в свойстве отдачи. Ман падает с небес. Они живут тем, что поднимают свои молитвы, чтобы исправиться и находиться только в мыслях, в которых можно отдавать и заботиться о других. В этих мыслях они ощущают жизненную силу, в состоянии дышать и продвигаться вперед.

Все равно их привлекает та страна, текущая молоком и медом, из которой они вышли?

Конечно. Гошен – самая лучшая земля Египта. Зачем нам идти вперед – давай вернемся назад! Фараон встретит объятиями и снова отдаст нам землю, тоже текущую молоком и медом. Тоже! Он не закрывает дверь за собой. Это тянет назад.

МЫ ПОЙДЕМ ДРУГИМ ПУТЕМ?!

Восстал Корах, который желает быстрейшего продвижения, а с ним – 250 человек.

Корах – предводитель критического свойства в человеке. Он считает, что можно более легким и кратким путем выполнить духовные действия и исправления, подняться на духовный уровень, равный Творцу. Это значит – войти в Землю Израиля, в состояние, в котором человек раскрывает Творца, находится с Ним на одном уровне, в связи, в слиянии.

Корах, то есть это свойство в нас, видит, что впереди у народа сорок лет серьезной работы. Нет сомнений, что все умрут за это время. Но одни из них умрут раньше, а другие будут страдать до конца этих сорока лет и умрут на границе с Землей Израиля.

Корах считает, что можно проскочить ступень страданий?

Да. Он говорит, что надо действовать по-другому, а не умирать в пустыне сорок лет, не страдать от внезапно налетающих со всех сторон проблем.

Корах – великий человек, который все понимает и видит. Исходя из этого свойства, ему кажется, что в данном случае Моше ошибается, так же как он ошибся в истории с разведчиками. И что за этим последовало?!

Трудно уяснить себе такое состояние. Есть два пути. Ты можешь войти сейчас в высшее состояние, называемое Земля Израиля, и достичь полного исправления, свойства отдачи, взаимной любви с Творцом. Перед тобой раскрывается весь Высший мир, и ты можешь действовать там по всем духовным законам. Или другое состояние: ты должен умереть вследствие своего несоответствия Высшему миру.

Почему есть несоответствие? Почему нельзя исправить его? Ведь если бы разведчики сказали: «Нет, все равно мы должны войти в Землю Израиля», – то все случилось бы иначе. Народ пошел бы за ними и все обошлось бы спокойно, без всяких войн!

Война необходима только для того, чтобы подстегнуть человека, поднять на следующий уровень, проявить готовность к исправлению. Вся проблема, говорит Корах, в Моше. Как предводитель, он отвечает за всё. В данном случае он неправильно подготовил нас, поэтому мы вправе идти другим путем, считает Корах.

Тут возникает неразрешимая проблема. Свойства малхут и бины (Корах и Моше) противоположны, их невозможно совместить, хотя Корах – большой человек и находится на уровне, близком к Моше. Но они – разные, потому что Моше – это чистое свойство отдачи.

Дальше в главе «Корах» написано:

/15/ И ВЕСЬМА ДОСАДНО СТАЛО МОШЕ, И СКАЗАЛ ОН БОГУ: «НЕ ОБРАЩАЙ ВНИМАНИЯ НА ДАР ИХ! НИ У КОГО ИЗ НИХ НЕ ВЗЯЛ Я НИ ОДНОГО ОСЛА, И ЗЛА НЕ СДЕЛАЛ Я НИКОМУ ИЗ НИХ». /16/ И СКАЗАЛ МОШЕ КОРАХУ: «ТЫ И ВСЕ СООБЩНИКИ ТВОИ БУДЬТЕ ПРЕД БОГОМ, ТЫ, И ОНИ, И ААРОН – ЗАВТРА. /17/ И ВОЗЬМИТЕ – снова – КАЖДЫЙ СОВОК СВОЙ, И ПОЛОЖИТЕ НА НИХ СМЕСЬ БЛАГОВОНИЙ, И ПРИНЕСИТЕ ПРЕД БОГОМ КАЖДЫЙ СОВОК СВОЙ, ДВЕСТИ ПЯТЬДЕСЯТ СОВКОВ, ТАКЖЕ ТЫ И ААРОН, КАЖДЫЙ – СОВОК СВОЙ».

Моше говорит Богу: «Что бы они ни принесли, не обращай внимания на их дар».

Моше понимает, что достичь границы с Землей Израиля необходимо свойством чистой бины. Если происходит включение малхут (эгоистических желаний) в бину (свойство отдачи), – даже если они находятся в союзе между собой, – то все равно придет такое состояние, когда эгоистические желания восстанут, потребуют свое.

Поэтому сейчас Моше хочет проверить свои личные свойства, насколько они действительно работают на отдачу. На самом ли деле воскурение, полное благовоний, полное отдачи и любви, восходит кверху, как особый запах и дым? Или в нем существуют раскаленные угли, которые хотят всё поглотить и сжечь?

Восхождение фимиама, запахов – это свойство МАНа. Идет проверка, восходит ли оно к высшей ступени, к Творцу (высшая ступень всегда называется Творцом) и сливается с ней.

Если да, то Корах и все, кто с ним, действительно проскакивают вперед. Тогда, согласно их методике восхождения, можно идти прямо в Землю Израиля, хотя Творец и сказал, что «сорок лет будете ходить по пустыне и умирать». Если – нет, то прав Моше.

Производится воскурение и становится ясно, что в Корахе и его сторонниках существует эгоистическое желание, в которое они и проваливаются.

Итак, чтобы проверить себя, чем ты руководствуешься на самом деле – эгоизмом или отдачей – необходимо воскурить благовония (свои желания) перед Творцом.

Вы сказали: «Моше проверяет себя». Что имеется в виду?

Моше и Корах – это наши свойства. Моше является нашим наивысшим свойством.

Что значит – восстает Корах и остальные с ним? Это эгоистические желания, которые говорят мне: «Ты неправильно идешь! Дорога вперед идет только через свои альтруистические желания».

Сейчас я проверяю их желания и себя. Если эти желания правы – левая линия, то Моше во мне падает. Или, наоборот, эти желания показывают себя как абсолютно эгоистические, – и Моше во мне возвышается. Почему это происходит?

Все свои свойства я приподнимаю к следующему уровню – это называется воскурение. Следующий уровень показывает мне, какое из свойств превалирует: Моше или Корах, то есть дает мне возможность подняться дальше.

Происходит выявление составляющих следующей ступени, как будут соединяться между собой альтруистические и эгоистические свойства.

/18/ И ВЗЯЛИ ОНИ КАЖДЫЙ СОВОК СВОЙ, И ПОЛОЖИЛИ В НИХ ОГОНЬ, И ПОЛОЖИЛИ НА НИХ СМЕСЬ БЛАГОВОНИЙ, И ВСТАЛИ У ВХОДА В ШАТЕР ОТКРОВЕНИЯ С МОШЕ И ААРОНОМ. /19/ И СОБРАЛ ПРОТИВ НИХ КОРАХ ВСЕ ОБЩЕСТВО У ВХОДА В ШАТЕР ОТКРОВЕНИЯ, И ЯВИЛАСЬ СЛАВА БОГА ВСЕМУ ОБЩЕСТВУ.

Что такое – «явилась слава Бога всему обществу»?

Это духовный подъем. Поднимая МАН, человек просит полного соединения со свойством отдачи и любви. Это и называется воскурение благовонного дыма – *реах нихуах*. Он олицетворяет желание человека устремиться вверх.

Свойства Моше и Кораха, а также двухсот пятидесяти сопровождающих Кораха желаний устремляются вверх. Их подъем и выявляет, кто из них прав.

Следующая ступень – это всегда Творец относительно предыдущей ступени творения. Выборка производится с помощью высшего света, высшего свойства, которое проявляется здесь.

И Моше, и Корах со своими двумястами пятьюдесятью сообщниками полностью отменяют себя, то есть все их свойства включаются в следующую ступень, где определяется, кто из них ближе к ней, кто действительно может войти на нее.

Проявляется так называемое свойство суда, которое умертвляет Кораха и его сторонников. В этом их исправление! Все остальные свойства спокойно расходятся по своим местам, по своим домам, и продолжают движение вперед.

ОДИН СОГРЕШИЛ, А ВСЕ ВИНОВАТЫ

/20/ И ГОВОРИЛ БОГ, ОБРАЩАЯСЬ К МОШЕ И ААРОНУ, ТАК: /21/ «ОТДЕЛИТЕСЬ ОТ ЭТОГО ОБЩЕСТВА, И Я УНИЧТОЖУ ИХ ВМИГ!».

/22/ И ПАЛИ ОНИ НИЦ, И СКАЗАЛИ: «ВСЕСИЛЬНЫЙ! ВСЕСИЛЬНЫЙ ДУШ ВСЯКОЙ ПЛОТИ! ОДИН ЧЕЛОВЕК СОГРЕШИЛ, А ТЫ НА ВСЕ ОБЩЕСТВО ГНЕВАЕШЬСЯ?».

Снова Моше и Аарон защищают все общество.

Сейчас эти свойства проявляются как противоречивые, противоположные, негодные к реализации ради отдачи и любви. Когда они восстают в человеке, возникает не просто желание аннулировать их хотя бы на некоторое время, потому что потом все равно надо с ними работать. Но встает вопрос, можно ли их исправить в данный момент? Сделать что-то на самом деле, не умертвляя их?

Моше сожалеет, что сейчас отомрет огромное количество его эгоистических желаний, которые вот-вот могут приступить к исправлению. Теперь их отбрасывают назад, и он остается в своих чистых свойствах – свойствах бины. Но что с ними делать, если они не связаны с малхут, которую надо исправить?!

С одной стороны, хорошо, что мы выявили противоположность этих свойств, невозможность продвигаться с их помощью в настоящий момент. Но с другой стороны, сейчас они отбрасываются далеко назад! Поэтому Моше очень сожалеет о невозможности их использовать.

Свойство Моше в нас желает поскорее реализовать исправление! Он обращается к Творцу, говоря, что не надо уничтожать таким образом, может быть, мы можем поступить иначе.

И на самом деле можем! Если сейчас мы обратимся к Творцу в каком-то особом воззвании, то этот МАН – подъем решимот будет таким, что, может быть, мы исправим себя. В принципе, молитва, то есть правильное желание, исправляет все.

Но, с другой стороны, даже если не получится уговорить Творца, то сам поиск исправления, противоречие с Творцом, несогласие, попытки повлиять на Него все равно имеют благотворное действие. Это многое исправляет.

/23/ И ГОВОРИЛ БОГ, ОБРАЩАЯСЬ К МОШЕ, ТАК: /24/ «ГОВОРИ ОБЩЕСТВУ ТАК: ОТСТУПИТЕ ВО

ВСЕ СТОРОНЫ ОТ ЖИЛИЩА КОРАХА, ДАТАНА И АВИРАМА!». /25/ И ВСТАЛ МОШЕ, И ПОШЕЛ К ДАТАНУ И АВИРАМУ, И ПОШЛИ ЗА НИМ СТАРЕЙШИНЫ ИЗРАИЛЯ.

Что Он имеет в виду?

Отстаньте от Кораха, Датана и Авирама! Сейчас вы и они не можете вместе участвовать в исправлении на следующей ступени! На этой ступени они должны умереть, то есть исчезнуть из применения, из реализации, а мы пойдем дальше.

В жизни, особенно в народе – сколько он пережил! – очень часто повторяется, что момент милосердия не срабатывает, если направлен против всех основных принципов.

Но у Кораха другой возможности нет. Это эгоистические желания, которые стремятся достичь исправления сейчас. Моше отключен от них, потому что он абсолютно чистая ступень отдачи.

Вы оправдываете Кораха, Датана и Авирама?

Конечно, оправдываю! Нам показывают, что есть ступени, на которых умерщвление желаний и является их исправлением. Затем снова следует рождение, восхождение, потому что их экран относится к свойству чистой бины.

Исправление Кораха – это следующий уровень: бина плюс малхут, работающая на получение ради отдачи. Корах взойдет на ступень выше, чем Моше, когда начнет исправляться. Моше работает только до границы Израиля, дальше идет уже следующая ступень.

Далее:

/26/ И ГОВОРИЛ ОН ОБЩЕСТВУ ТАК: «ОТОЙДИТЕ ОТ ШАТРОВ НЕЧЕСТИВЫХ ЛЮДЕЙ ЭТИХ И НЕ ПРИКАСАЙТЕСЬ НИ К ЧЕМУ, ЧТО У НИХ, А ТО ПОГИБНЕТЕ ИЗ-ЗА ВСЕХ ГРЕХОВ ИХ!». /27/ И ОТСТУПИЛИ ОНИ ОТ ЖИЛИЩА КОРАХА…

Отойдите, то есть не включайтесь в их желания. Они не могут быть исправлены по тому принципу, который предлагает Корах.

Сейчас для них исправление – это смерть. Желания отомрут и уже не будут мешать обществу попытками исправиться, не будут тянуть его назад. Они продолжат находиться в нас, как аннулированные, и мы не будем их чувствовать.

Моше говорит, что вирус этих желаний (или людей) не должен даже приблизиться к вам, ни единой капли его не должно быть у вас. Дело в том, что за большими желаниями получения, которые хотят исправить себя на отдачу, могут пойти и более мелкие свойства. Ведь там есть еще сотни тысяч людей!

Корах – это очень большая часть. Из шестисот тысяч человек двести пятьдесят пошли с ним. Среди них – главы семейств и главы колен.

И ПОГЛОТИЛА ИХ ЗЕМЛЯ

Дальше идет само действие.

/27/ И ОТСТУПИЛИ ОНИ ОТ ЖИЛИЩА КОРАХА, ДАТАНА И АВИРАМА ВО ВСЕ СТОРОНЫ, А ДАТАН И АВИРАМ ВЫШЛИ И ВСТАЛИ У ВХОДА В ШАТРЫ СВОИ С ЖЕНАМИ, СЫНОВЬЯМИ И МАЛЫМИ ДЕТЬМИ

СВОИМИ. /28/ И СКАЗАЛ МОШЕ: «ПО ЭТОМУ УЗНАЕТЕ, ЧТО БОГ ПОСЛАЛ МЕНЯ СОВЕРШАТЬ ВСЕ ДЕЛА ЭТИ, А НЕ ВЫДУМАЛ Я ЭТО: /29/ ЕСЛИ СМЕРТЬЮ ВСЯКОГО ЧЕЛОВЕКА УМРУТ ОНИ, И УДЕЛ ВСЯКОГО ЧЕЛОВЕКА ПОСТИГНЕТ ИХ, ТО ЭТО ПОСЛАЛ МЕНЯ НЕ БОГ. /30/ ЕСЛИ ЖЕ НЕЧТО НЕОБЫЧНОЕ СОВЕРШИТ БОГ, И РАСКРОЕТ ЗЕМЛЯ УСТА СВОИ, И ПОГЛОТИТ ИХ И ВСЕ, ЧТО У НИХ, И СОЙДУТ ОНИ ЖИВЫМИ В ПРЕИСПОДНЮЮ, ТО УЗНАЕТЕ ВЫ, ЧТО ЛЮДИ ЭТИ СРАМИЛИ БОГА».

Это бхина далет. Эгоизм раскрывается под воздействием высшего света и показывает, что свойства, которые Корах хотел исправить, в данный момент не исправимы! Что с ними происходит? В результате воздействия высшей ступени, относительно которой они не исправны, ее свет умертвляет их, то есть их поглощает земля. Какие казни?! Живыми закапывают в землю!

Моше – это высшее свойство. Свет действует и проявляет конечность народа, то, что он поражен эгоизмом. Люди умрут, но не на уровне животного, а на уровне исправления души.

Тора вообще не говорит про тело. Это аллегорическое выражение: закапывают живыми в землю.

В «Большом комментарии» написано о Датане и Авираме.

Датан и Авирам уже давно навлекли на себя кару:
В Египте они были доносчиками фараона. (*Они доложили, что Моше убил египтянина*).
У Ям Суф (*Конечного моря*) **они уговаривали евреев вернуться в Египет.**
В субботу они вышли собирать Ман.

Теперь они отказались повиноваться воле *(Творца).*
У них нет никакого стыда, и именно они спровоцировали этот спор.
Это наши свойства, которые существуют в нас.

Написано в Торе:
/31/ И БЫЛО, КАК ТОЛЬКО ЗАКОНЧИЛ ОН *(Моше)* ПРОИЗНОСИТЬ СЛОВА ЭТИ, РАЗВЕРЗЛАСЬ ЗЕМЛЯ ПОД НИМИ. /32/ И РАСКРЫЛА ЗЕМЛЯ УСТА СВОИ, И ПОГЛОТИЛА ИХ, И ДОМА ИХ, И ВСЕХ ЛЮДЕЙ КОРАХА, И ВСЕ ИМУЩЕСТВО. /33/ И СОШЛИ ОНИ СО ВСЕМ ПРИНАДЛЕЖАВШИМ ИМ ЖИВЫМИ В ПРЕИСПОДНЮЮ, И ПОКРЫЛА ИХ ЗЕМЛЯ, И ИСЧЕЗЛИ ОНИ ИЗ СРЕДЫ СОБРАНИЯ. /34/ А ВСЕ сыны ИЗРАИЛЯ, КОТОРЫЕ ВОКРУГ НИХ, РАЗБЕЖАЛИСЬ ОТ КРИКА ИХ, ГОВОРЯ: «КАК БЫ НЕ ПОГЛОТИЛА и НАС ЗЕМЛЯ!». /35/ И ОГОНЬ ВЫШЕЛ ОТ БОГА, И ПОЖРАЛ ДВЕСТИ ПЯТЬДЕСЯТ ЧЕЛОВЕК, ПРИНЕСШИХ СМЕСЬ БЛАГОВОНИЙ.

Добавлено в «Большом комментарии»:
Двести пятьдесят человек видели, как огненный шар, в который превратилось вспыхнувшее тело Кораха, покатился в сторону пропасти и исчез в земных глубинах. Как только грешники и все принадлежащее им провалилось в бездну, края пропасти тут же сомкнулись. Поверхность земли стала такой же гладкой, как прежде, без единой трещины.

Похоже на весь наш путь. Когда со своими желаниями мы двигаемся вперед, на нас воздействует высший свет. Под его влиянием выясняем, что часть наших желаний противоположна высшему свету. Интересно, что раньше они были – вроде бы! – подобны высшему свету.

Каждый раз, продвигаясь с еще более правильными желаниями, мы делаем анализ, выборку. И вдруг под воздействием высшего света снова выявляем, что некоторые из них опять не готовы исправляться – противоположны ему.

Всё зависит от интенсивности света. Сейчас ты смотришь, допустим, на этот стол и видишь, что он чистый. Я принесу мощный фонарь, и в его свете ты увидишь много всякого сора на его пверхности.

Каждый раз, поднимаясь, мы выясняем: то, что раньше казалось годным к употреблению в наших внутренних свойствах, проявляется, как враг, как эгоизм. Такая сортировка происходит на каждой ступени.

Тора рассказывает о последовательности выявления нашего эгоизма, о том, что умертвляются желания, которые сейчас определяются как противоположные. Таким образом, они исправляются, а другие идут вперед. На новой ступени испорченные желания снова умертвляются, а следующие продвигаются.

В итоге остается, так называемый, лев а-эвен – каменное сердце. Оно исправляется только на самом высоком уровне.

В ПРЕИСПОДНЮЮ СОШЛИ ЖИВЫМИ

/33/ И СОШЛИ ОНИ СО ВСЕМ ПРИНАДЛЕЖАВШИМ ИМ ЖИВЫМИ В ПРЕИСПОДНЮЮ, И ПОКРЫЛА ИХ ЗЕМЛЯ, И ИСЧЕЗЛИ ОНИ ИЗ СРЕДЫ СОБРАНИЯ.

Что значит «сойти живыми в преисподнюю»?

Ты полностью находишься в эгоистических желаниях и явно ощущаешь противоречие этих желаний Творцу, – это состояние жжет тебя как огонь. Ты чувствуешь стыд, свою ничтожность, совершенную противоположность Творцу. Ты не знаешь, что делать с этими желаниями, они горят в тебе. Это и называется преисподняя.

Вообще преисподняя, ад – это стыд. Но одновременно и постепенное исправление. Есть в каждом из нас такие желания и свойства, которых мы стыдимся. Однако надо понимать, что человеческий стыд совершенно не связан с тем, о чем говорит Тора.

Человеческий стыд в нашем обычном понимании – это животный уровень. Стыд духовный – он страшный. Это, действительно, преисподняя. Если умирают они, то это уже исправление.

Все сыны Израиля разбежались от крика тех, кто сошел в преисподнюю, говорили они: «Как бы не поглотила и нас земля!». Что это за желания?

Все остальные свойства человека ощущают, как проходит состояние очищения. И от этого они получают особое укрепление в себе, возвышение, свое очищение. Огонь этого стыда действует на все, ведь внутри себя мы – единая интегральная система.

Духовный стыд – самое главное. Он создал малхут, первое сокращение и вообще всю систему, которая построена только на ощущении стыда.

Маленький отрывок из «Большого комментария:

В *Геиноме* **(Преисподней) есть семь отделений, и самое глубокое из них называется** *Шеол***. Эти злодеи попали именно в** *Шеол***.**

По воле (*Творца*) **земля расступилась на дне глубокой впадины, чтобы губительное воздействие** *Геинома* **не разрушило мир.**

Имеется в виду максимальное удаление Моше и Кораха друг от друга. Но потом произойдет исправление, ничего не останется внутри. Преисподняя сама станет раем!

Вся ненависть, увеличенная в 625 раз, становится святой горой, на вершине которой человек встречается с Творцом. Более того, Храм строится на горе с максимальным свойством ненависти и всего отрицательного, что только может быть в природе.

ЧТО МОЖНО НАСКРЕСТИ СОВКОМ?

Известный человек, мудрец Корах привел с собой 250 человек и восстал против Моше и Аарона. Долгое время народ шел за Моше, и не было никаких споров. Но вдруг посередине пути Корах и его сторонники захотели сместить Моше, тогда разверзлась земля и поглотила их живыми.

Мы уже говорили о том, что люди рыли себе могилы перед Девятым Ава, ложились в них и ждали, кто останется в живых. В «Большом комментарии» говорится, что каждый год 15 тысяч человек не вставали, за сорок лет это составляет 600 тысяч человек.

В связи с этим вопрос. Речь идет именно о 600 тысячах, а не о трех миллионах, вышедших из Египта?

Три миллиона человек выходят из Египта. Из них шестьсот тысяч – это мощь, предводители, главы семейств. Говорится, что они не войдут в Эрец Исраэль. Умрут в пустыне.

С их идеологией нельзя войти в Эрец Исраэль. Они не могут достичь состояния, когда можно соединяться таким образом, чтобы быть подобными, соответствующими состоянию, которое называется Земля Израиля. От них зависит все. Все остальные – это подчиняющаяся материя.

Поэтому в Землю Израиля отправляются разведчики – главы колен. И среди них Корах – серьезная величина. Всегда, если надо что-то решать, выбираются самые сильные и уважаемые. Все остальные, естественно, идут за ними.

Возвращаемся к тексту. Сошли они в преисподнюю. И дальше продолжение:

/1/ И ГОВОРИЛ БОГ, ОБРАЩАЯСЬ К МОШЕ, ТАК: /2/ «СКАЖИ ЭЛЬАЗАРУ, СЫНУ ААРОНА, КОЕНУ, ПУСТЬ ВОЗЬМЕТ СОВКИ ИЗ ПОЖАРА, А ОГОНЬ СБРОСИТ ПОДАЛЬШЕ, ИБО ОНИ ОСВЯТИЛИСЬ. /3/ А ИЗ СОВКОВ ЭТИХ ЛЮДЕЙ, ПРОВИНИВШИХСЯ СВОЕЙ ДУШОЙ, ПУСТЬ СДЕЛАЮТ ПЛОСКИЕ ЛИСТЫ ДЛЯ ПОКРЫТИЯ ЖЕРТВЕННИКА, ИБО ИХ ПРИНЕСЛИ ПРЕД БОГОМ, И ОНИ ОСВЯТИЛИСЬ; ПУСТЬ БУДУТ ОНИ ЗНАМЕНИЕМ ДЛЯ СЫНОВ ИЗРАИЛЯ».

Совки для воскурения благовоний символизируют *кли* (сосуд), в котором ты желаешь уподобиться Творцу, стремишься отдать, повлиять на Него.

Хотя мы говорим о желаниях(!), но все равно обращаемся также и к их внешнему, как бы физическому воплощению. Сохранились рисунки совков для воскурения благовоний в Храме. Похожи на те, какими чистили печи, топки в паровозах, выгребали золу.

Тут проявляется закон скрытия духовного мира: там действуют силы, в нашем мире они воплощаются в материальные предметы. В духовном совок – это желание, а в материальном мире совок – это предмет. Предмет, которым можно много чего нагрести.

В Храме воскуряли благовония, то есть со своими желаниями люди работали таким образом, что от них поднимался *ор хозэр* (отраженный свет). Как сказано, это было «благо в глазах Творца».

Человек работает на отдачу, при этом достигает ступени подобия Творцу, становится ближе к Нему, может сливаться с Ним. Он поднимается из малхут в бину, восходит из бины в кетэр – это значит, что воскуряются благовония.

/3/ А ИЗ СОВКОВ ЭТИХ ЛЮДЕЙ, ПРОВИНИВШИХСЯ СВОЕЙ ДУШОЙ, ПУСТЬ СДЕЛАЮТ ПЛОСКИЕ ЛИСТЫ ДЛЯ ПОКРЫТИЯ ЖЕРТВЕННИКА, ИБО ИХ ПРИНЕСЛИ ПРЕД БОГОМ, И ОНИ ОСВЯТИЛИСЬ; ПУСТЬ БУДУТ ОНИ ЗНАМЕНИЕМ ДЛЯ СЫНОВ ИЗРАИЛЯ».

Совки использовались в неверном намерении, не по правильному назначению, то есть не на отдачу. Поэтому теперь надо сделать из них совсем другое – покрытие жертвенника.

Покрывать, то есть скрывать те желания, те прегрешения, которые не позволили людям действительно быть в полной отдаче Творцу. Поэтому все они были погребены, скрыты землей.

Что значит – наказание Творца? Оно всегда действует очень просто. Я стою перед Творцом и желаю произвести действие – всегда на отдачу, всегда на любовь, иначе я не стоял бы перед Ним.

Но в данный момент вдруг раскрывается во мне идеологическая платформа желаний и мыслей, в которых я существую на самом деле. И она, оказывается, не соответствует тому уровню, на который я себя ориентировал в подъеме. Тогда меня, то есть мои желания, поглощает земля: слово *эрец* (земля) происходит от слова *рацон* (желание).

Оказавшись в своих самых истинных, по-настоящему раскрытых или раскрывающихся сейчас желаниях, я начинаю понимать, где нахожусь. И всем становится ясно: где Творец и где я, где Моше и где я!

Здесь говорится, что совки пронесли перед Богом, и они освятились. Из освященных совков делают медные листы для покрытия жертвенника.

Совки освящены, потому что действия были хорошие. Но намерения – испорченные.

Если мы исторически посмотрим на то, как они продвигались, то очень интересно получается. Их стан – это огромный город на несколько миллионов человек! Свои кузнецы, плотники, гравировщики, ювелиры, – всё необходимое для жизни было в стане.

Долгое время стан стоит на месте, потом вслед за облаком люди переходят на 10-20 километров. Продвинутся и опять годами сидят, по-настоящему обживаются. Это отличается от того, как жили кочевники: пришли со своими козами и овцами – заночевали и дальше двинулись. Аллегорически жизнь стана надо понимать так: стан – это среда, которая находится в движении в соответствии с заданной целью.

Идеологи коммунизма, кстати, создавали картину иллюзорного светлого будущего. Но достичь его практически не получилось. В стане же было ясно, куда народ идет. Однако не понятно, как ему действовать. Поэтому мы и видим разные силы, которые спорят, как двигаться лучше, конкретней и быстрее.

В стане идет борьба – но не за власть, а борьба идеологическая: как именно продвигаться вперед.

Вот это важно понять. За что боролся Корах? Не за власть?

Нет! Речь идет о святых людях, то есть о тех, кто имеет отношение только к отдаче и любви.

Все, о ком говорится в Торе, – это желания, их цель – быть в состоянии движения к полной отдаче и любви, к полной связи друг с другом. Вот и Корах ощущал явно и говорил совершенно искренне, как можно перескочить ступень, чтобы быстрее и с меньшими потерями продвинуться к Творцу.

Все, что происходит в течение сорока лет, идет только из желания сделать добро, увеличить любовь. Но в итоге оказывается направленным против Моше с целью, якобы, помочь ему. Нам, возможно, кажется, что эти действия похожи на нашу сегодняшнюю борьбу за власть. Но это не так.

Все люди, которые прошли Синайское откровение, то есть раскрытие Творца, и начали получать высший свет для исправления – *ор макиф*, уже не принадлежат эгоизму. Они находятся на воздушной подушке, над ним, поэтому их расчеты являются совершенно не эгоистическими.

Что значит – «их поглощает земля», «они сгорают», «проказа в них» и всё прочее? Это действия над эгоизмом, который вдруг поднимается и который надо исправлять. Даже покрытие землей – это уже исправление. И когда говорится о смерти, о проказе, то имеется в виду работа над эгоизмом, а не физические процессы.

Именно в этом заключается работа человека над эгоизмом. Иного быть не может. Каждый раз раскрываются всевозможные новые внешние условия, и мы начинаем работать в них.

НЕ ПОМНЮ, ЧТО ДУМАЛ ВЧЕРА

Вы абсолютно уверены, что человек придет к тому, что ощутит внутри себя и проказу, и Кораха, и все остальные свойства?

Не думаю, что все человечество сможет так воспринимать эти силы. Но отдельные личности, это я наблюдал и наблюдаю, могут себя преобразовать. Индивидуалисту тяжело, у него особое отношение, особый эгоизм. А с массами все очень просто. Природа на них воздействует так, что они сами не чувствуют, как меняются. Сегодня я думаю так. А что было вчера? Я даже не помню, о чем я думал вчера. Так живут массы.

Массы полностью управляются и изменяются в соответствии с теми силами, которые в них находятся. В них нет исследования процесса.

В индивидуалистах есть вчерашнее состояние, даже может быть позавчерашнее, сегодняшнее и завтрашнее, потому что в них сформирована система внутренней оценки, анализа того, что происходит. Они представляют собой головную часть общей души, поэтому в них есть мысль, направление, согласование с Творцом. Это их беспокоит, они должны это впитать, абсорбировать в себе, согласиться. После того, как они поняли, осознали, согласовали с Творцом в себе состояние «вчера, сегодня, завтра», оно проходит на массы, вниз, от головы – в тело.

Массы не чувствуют изменений в себе. В них не существует понятия «вчера, сегодня, завтра», анализа этих состояний, они не ощущают эволюционного движения вперед. Они просто живут, то есть находятся в животном состоянии.

Животное, мы знаем, просто привязано к тому времени, состоянию и месту, в котором существует. Корова, которая сегодня пасется на лугу, ничем не отличается от коровы 500 лет назад. Она так же выходила на луг и щипала травку. А есть ли разница между современным человеком и жившим 500 лет назад?

В нас пропадает наше существование 1000 или 2000 лет назад. Эти события, хотя и находятся внутри нас, но скрыты в кругооборотах душ.

Отличие масс (или животного) от человека (или головной части человечества) в том, что массы приклеиваются к моменту настоящего времени, они не сопоставляют. А головная часть (человек) как бы путешествует по всей оси времени, его интересует и палеонтология, и зоология, и биология, и каббала, и будущее, и прошлое.

Если головная часть ощутит написанное в Торе, то что произойдет с массами?

Массы получат это знание как естественное. Вдруг они начнут по-другому относиться друг к другу. Отдавать – почему нет? Так и надо, мы так живем, я вижу, что это полезно и нужно. Массы не работают с эгоизмом. Новое знание просто вселяется в сердце и разумe, и они следуют ему.

Счастливые люди...

ГЛАВА «КОРАХ»

МНОГИЕ ЗНАНИЯ УМНОЖАЮТ ПЕЧАЛИ

Самый счастливый на свете – это камешек на дороге, у которого нет желаний. А тот, кто увеличивает знание, увеличивает страдание.

/4/ И ВЗЯЛ ЭЛЬАЗАР-КОЕН МЕДНЫЕ СОВКИ, КОТОРЫЕ ПРИНЕСЛИ ТЕ, ЧТО БЫЛИ СОЖЖЕНЫ, И РАСПЛЮЩИЛИ ИХ ДЛЯ ПОКРЫТИЯ ЖЕРТВЕННИКА. /5/ В ПАМЯТЬ СЫНАМ ИЗРАИЛЯ, ЧТОБЫ НЕ ПРИБЛИЖАЛСЯ ЧЕЛОВЕК ПОСТОРОННИЙ, КОТОРЫЙ НЕ ИЗ ПОТОМКОВ ААРОНА, ВОСКУРИВАТЬ СМЕСЬ БЛАГОВОНИЙ ПРЕД БОГОМ И НЕ СЛУЧИЛОСЬ БЫ С НИМ ТО ЖЕ, ЧТО С КОРАХОМ И СООБЩНИКАМИ ЕГО, КАК ГОВОРИЛ БОГ ЧЕРЕЗ МОШЕ О НЕМ.

Чужой не может приблизиться к ним?

Только потомки Аарона имеют право воскурить смесь перед Богом.

Корах и 250 его сторонников олицетворяют особые свойства внутри человека. Каждый, о ком пишет Тора, является выразителем определенного свойства общего организма, человечества.

Снова, уже в который раз, начинается волнение народа.

/6/ И ВОЗРОПТАЛО ВСЕ ОБЩЕСТВО СЫНОВ ИЗРАИЛЯ НА СЛЕДУЮЩИЙ ДЕНЬ НА МОШЕ И ААРОНА, И СКАЗАЛИ: «ВЫ УМЕРТВИЛИ НАРОД БОГА!».

/7/ НО КОГДА СОБРАЛОСЬ ВСЕ ОБЩЕСТВО ПРОТИВ МОШЕ И ААРОНА И НАПРАВИЛОСЬ К ШАТРУ ОТКРОВЕНИЯ, ТО ВОТ, ПОКРЫЛО ЕГО ОБЛАКО, И ЯВИЛАСЬ СЛАВА БОГА. /8/ И ПРИШЛИ МОШЕ И ААРОН К ШАТРУ ОТКРОВЕНИЯ.

Все это необходимо, чтобы вызвать раскрытие Творца. Восстание Кораха и последовавшее за этим наказание призваны скрыть ту часть малхут, которая не может быть на уровне Аарона. Восстание народа – это тоже появление желаний внутри общего организма, их исправление.

«Вы умертвили народ Бога», – общество говорит Моше и Аарону. Народ соотносит себя больше с Корахом и с восставшими?

Конечно, да. Так чувствуют себя неисправленные желания.

Моше и Аарон – очень высокие нравственные принципы, на которые наши внутренние желания, называемые народом, просто не в состоянии согласиться.

Моше и Аарон ничего не могут объяснить, все время им помогает Творец.

/9/ И ГОВОРИЛ БОГ, ОБРАЩАЯСЬ К МОШЕ, ТАК: /10/ «ОТСТРАНИТЕСЬ ОТ ОБЩЕСТВА ЭТОГО, И Я УНИЧТОЖУ ИХ ВМИГ!». И ПАЛИ ОНИ НИЦ. /11/ И СКАЗАЛ МОШЕ ААРОНУ: «ВОЗЬМИ СОВОК, И ПОЛОЖИ НА НЕГО ОГОНЬ С ЖЕРТВЕННИКА, И ПОЛОЖИ СМЕСЬ БЛАГОВОНИЙ, И НЕСИ СКОРЕЕ К ОБЩЕСТВУ, И ИСКУПИ ИХ, ИБО ИЗЛИВАЕТСЯ ЯРОСТЬ БОГА, НАЧАЛСЯ МОР!».

Ты обязан сблизиться с этими желаниями, со свойствами, которые ниже тебя, ты должен дать им возможность наполниться обратным светом, благовониями. И тогда на своем уровне они станут подобными Творцу. Поэтому Он говорит: «За них(!) положи смесь благовоний». И делать это могут только коэны, только Аарон. Тогда происходит исправление и раскрывается Творец.

ГЛАВА «КОРАХ»

Почему Моше жалеет этот народ? 1500 раз об этом написано...

Нет, не 1500, а миллиарды раз, бесчисленное количество раз. Моше и Аарон – исправленные свойства. Но кто они без народа, для чего существуют?!

Моше – свойство полной отдачи, голова без тела. Это свойство, имея такие духовные задатки, такие данные, может властвовать над телом только при условии, что голова и тело находятся в одном месте. Моше может чувствовать народ, молиться за него, только присоединившись к нему. Это работа Моше.

Народ сам ничего сделать не может. Все наши желания носят всего лишь животный характер, и только голова удерживает их в правильном направлении.

Голова присоединяет к себе определенное количество наших желаний, телесных, так называемых, духовного тела, и делает на них расчет – *зивуг дэ-акаа*. После этого работает с ними так, чтобы они могли присоединиться к голове.

Голова решает, тело с ней полностью соглашается и реализует через действия. Каждый раз происходит одно и то же. Когда снизу возникают новые желания, голова должна понять, каким образом с ними работать.

Моше ни в чем не обвиняет народ. Как можно упрекать испорченное, гнусное кли, которое оторвалось от Египта, потому что его тоже покрыло облако Творца. Ночью оно имело форму огненного столпа, днем – облака (*ананей акавод* – величие).

Здесь тело совершенно не причем. Все желания возникают в человеке по строго определенному порядку и графику. Голова должна над ними работать. Сами телесные желания не имеют никаких ограничений, никаких сил. Только голова отвечает за все.

ЛИДЕРЫ НЕ ВИНОВАТЫ?

Если мы говорим о настоящем лидере, то это крайне тяжелая работа, ужасная, полная боли, слез, крови? Это – не кресло, власть, деньги…

Царь Давид в своих *Теилим* (Псалмах) или восхваляет Творца, или сокрушается о себе, о том, какой он ничтожный. И всякий раз это сплошной крик. Совершенно иной подход, нежели в нашем эгоистическом мире.

С утра до вечера царь Давид занят только исправлением своего народа, чтобы все ближе и ближе подтягивать его к свойству отдачи и любви. Он центральный организатор народа как единого альтруистического взаимного целого. Сбить всю эту массу в одну семью – вот задача царя.

Представляешь, какой это труд?! Работа за всех министров, за все государственные системы: как управлять этой массой, чтобы в итоге она сблизилась и ощущала себя одним общим целым?

Он держит ответ перед Высшей силой, перед Творцом. Какое должно быть внутреннее напряжение, какая невероятная самодисциплина, чтобы все время, каждую секунду жизни посвящать этому! И без всякого расслабления! Крайне серьезная, строгая работа над собой. Спишь и одеваешься, разговариваешь и ешь, все, что делаешь, – в каждую секунду времени голова царя находится в состоянии постоянного подъема. Как анкер в часовом механизме обеспечивает ход часов – секунда, еще секунда, еще, – так и царь все время должен «тикать» в себе.

Если спросить человека, готов ли он быть таким лидером, то скорее всего он ответит: «Нет, нет. Это такая

высота и обязанность, что я не могу даже приблизиться к ней».

Поэтому лидеры в Земле Израиля назначались Творцом или пророком. То есть они были на уровне, когда ни в чем не принадлежали себе.

Сегодня всё перевернулось: личные машины, земля, деньги, власть… Кажется, что любого из парламента, из полиции, судейских органов можно взять и отправить прямо в тюрьму. Видимо, мы подходим к серьезному перевороту.

На самом деле лидеры не виноваты. Так играют ими относительно масс. Творец показывает, что всё кончилось и надо работать над собой. Лидеры вырастают из масс и другими быть не могут. Значит, массы должны меняться, то есть начать серьезную реализацию программы своего нравственного изменения. Иначе ничего не получится. Иначе завтра лидеры будут намного хуже, чем нынешние.

Мы вспоминаем, что пятьдесят лет назад руководители народа были в чем-то идеалистами. Вроде бы, так нам казалось. На самом деле были те же эгоистические идеалы, но все-таки приправлены идеалистическими взглядами: «Счастье – умереть за родину» (*Тов ламут бэад арцейну*) и так далее.

Сегодня за всем стоит только голый расчет, ничего не важно, никто и ничто не интересны. Лишь бы получить себе какую-то выгоду – и на все плевать, пусть вообще ничего и никого не останется в мире, только я один.

Сейчас народ начинает потихонечку понимать, что находится в идеологическом тупике и надо что-то делать. Сколько бы ни меняли марионеток в правительстве, в полиции, в суде, они всегда будут самыми эгоистическими и продадут всех и всё, включая государство.

Поэтому надо меняться самому народу. Только таким образом он сможет повлиять на среду, которая полностью изжила себя.

ОДНИ ПОГИБАЮТ, ДРУГИЕ СТРАДАЮТ, ТРЕТЬИ ИДУТ ВПЕРЕД

Корах и 250 его сторонников восстали против Моше и за это получили кару – их спустили в преисподнюю. Далее Творец разбирается с народом, который поддержал Кораха.

Написано:
/12/ И ВЗЯЛ ААРОН, КАК ГОВОРИЛ МОШЕ, И ПОБЕЖАЛ В СРЕДУ СОБРАНИЯ, И ВОТ, НАЧАЛСЯ МОР В НАРОДЕ. И ВОЗЛОЖИЛ ОН СМЕСЬ БЛАГОВОНИЙ, И ИСКУПИЛ НАРОД. /13/ И СТАЛ ОН МЕЖДУ МЕРТВЫМИ И ЖИВЫМИ, И ПРЕКРАТИЛСЯ МОР. /14/ И БЫЛО УМЕРШИХ ОТ МОРА ЧЕТЫРНАДЦАТЬ ТЫСЯЧ СЕМЬСОТ, КРОМЕ УМЕРШИХ ИЗ-ЗА КОРАХА. /15/ И ВОЗВРАТИЛСЯ ААРОН К МОШЕ, КО ВХОДУ В ШАТЕР ОТКРОВЕНИЯ, ИБО МОР ПРЕКРАТИЛСЯ.

Что такое – навел мор на ропщущий народ?

Когда мы говорим о Торе, то не имеем в виду смерть животного тела. Мы говорим о наших желаниях, о свойствах. Сначала кажется, что все их можно исправить. Но потом выясняется, что исправление касается только части из них.

Исправление определенного свойства в нас называется заповедью. Всего существует 613 свойств – 613 (*тарьяг*) заповедей.

Эгоизм разделяется на 613 эгоистических свойств. Все вместе они называются нашим эгоизмом, который характеризуется ненавистью, отторжением людей друг от друга. Он против единения людей, против того, чтобы собрать всех вместе в одно единое целое. Никто не хочет приближаться к другому. Если все же сближаться с кем-то, то только для того, чтобы управлять им, использовать в своих интересах.

Эгоистические свойства проявляются тогда, когда мы начинаем сближаться с массой – с остальными. Когда я хочу сблизиться с другими, то есть дойти до уровня, чтобы соединить всех вместе в одно сердце, в один разум, тогда начинаю чувствовать, что во мне есть силы, которые этому сопротивляются.

Они проявляются, как 613 сил – свойств, которые препятствуют объединению. Как превратить их в силы сближения, соединяющие нас, – об этом рассказывает Тора.

Сначала должно проявиться ощущение, что существуют желания к объединению. Как это и произошло с Корахом: он хотел объединиться, но считал, что можно сделать это другим путем.

Когда желание Кораха, включая 250 тысяч примкнувших к нему дополнительных желаний, проявило себя, то выяснилось, что оно является нереальным для объединения. И поэтому он как бы упал со ступени, на которой находился, то есть в человеке упало свойство Корах. Это и означает, что на данный момент еще невозможно исправить это свойство.

Потом Корах возродится на более высокой ступени, на которой другие более четкие силы исправления смогут сдвинуться с места, пользуясь его методикой.

То есть из грешника он станет праведником?

Конечно! Это всегда так – всё приходит к праведному образу.

То же самое выяснение происходит с народом: выделяются желания, свойства, намерения, которые могут находиться в состоянии единения с Творцом, и те, кто еще нет. Проявляются все, и в этой иерархии каждый занимает свое определенное место. Поэтому одни погибают из-за мора, другие страдают, и есть третьи, кто не ощущает особых мучений.

Такое разделение между всеми свойствами необходимо: иначе человек не знает вообще, что в нем есть и что представляют собой эти свойства относительно цели творения.

Всё определяется конечной целью: когда и какие свойства надо исправлять в себе, чтобы сблизиться с другими и достичь полного слияния между нами и соединения с Творцом.

Тора описывает это через страшные действия. Вдруг возникают четырнадцать тысяч семьсот человек, умерших от мора. В гематрии эти цифры представляют собой особые вычисления. Они определяют плотность желаний в общей душе, которые в данный момент как бы умертвляются.

Что значит умертвляются? Выходят из употребления и не учитываются. В данный момент эта часть падает вниз, чтобы потом подняться. Вперед идут только те, которые могут исправиться под воздействием Высшего света.

Сказано об Аароне:

/12/ …И ВОЗЛОЖИЛ ОН СМЕСЬ БЛАГОВОНИЙ, И ИСКУПИЛ НАРОД. /13/ И СТАЛ ОН МЕЖДУ МЕРТВЫМИ И ЖИВЫМИ, И ПРЕКРАТИЛСЯ МОР.

«Аарон… стал между мертвыми и живыми» – что это означает?

Это и есть тот уровень, до которого Аарон проводит свет бины на народ: он защищает тех, которые находятся в его свете, а остальных – нет. Более того, этой границей он не дает им возможности приблизиться к свету.

Что значит «мор прекратился»? Там, где есть свет Аарона, может существовать свет хохма, свет хасадим. И тогда народ идет дальше, подходит к объединению. Те, кто ниже этого уровня, не имеют света хасадим – внутреннего света, в который может облачиться свет хохма. Они не имеют права даже соприкасаться с тем, что сейчас происходит с Аароном и с остальными. Им это ясно видно! И поэтому мор прекратился: эти желания не участвуют в общем движении.

Желания, не способные исправиться сейчас, перестали рваться наверх. Выражение «стал между живыми и мертвыми» означает, что Аарон поставил границу (парсу). И прекратился мор. Мертвые не имеют права находиться в *зивуг дэ акаа* – состоять в процессе единения с Творцом.

Создана граница *парцуфа* – место, где проходит *табур*. Общая душа разделяется на две части: одна уже может быть в единении с Творцом, Он проявляется в ней, и другая, в которую пока не может войти свет.

Интересно – здесь все изложено таким языком, который можно объяснить…

Если человек находится внутри, никаких объяснений не надо. Наоборот, объяснения только высушивают емкость чувств, содержащихся там.

МОЯ ГОТОВАЯ ДУША

/16/ И ГОВОРИЛ БОГ, ОБРАЩАЯСЬ К МОШЕ, ТАК: /17/ «ГОВОРИ СЫНАМ ИЗРАИЛЯ И ВОЗЬМИ У НИХ ПО ПОСОХУ ОТ ОТЧЕГО ДОМА, ОТ ВСЕХ ВОЖДЕЙ ИХ ПО ОТЧИМ ДОМАМ ИХ, ДВЕНАДЦАТЬ ПОСОХОВ; ИМЯ КАЖДОГО НАПИШИ НА ПОСОХЕ ЕГО. /18/ А ИМЯ ААРОНА НАПИШИ НА ПОСОХЕ ЛЕВИ, ИБО ПОСОХ ОДИН ДЛЯ ГЛАВЫ ОТЧЕГО ДОМА ИХ».

Народ Израиля разделился на двенадцать колен (*шватим на иврите*).

Почему двенадцать колен? *Юд-кей-вав-кей* – четырехбуквенное имя Творца, или четыре стадии развития эгоистического желания. Свет, который порождает желание, проводит его по четырем стадиям, последняя из них – эгоистическая.

В нашей душе находятся четыре стадии развития желания. Если я что-то ощущаю **в себе**, это значит, что уже прошли предыдущие стадии развития и я нахожусь в последней из них.

Кроме того, духовная работа проводится по трем линиям: правая, левая, средняя. Эгоизм – левая линия; альтруизм, свойство отдачи и любви – правая. А я нахожусь в средней линии. Почему? Я должен выбирать из левой линии только те эгоистические желания, которые можно исправить, сопоставить их с правой линией и вместе поставить в центре. Это и есть моя готовая душа в данный момент, на данном этапе.

Четыре стадии умножить на три линии – получается двенадцать: двенадцать частей, двенадцать колен, двенадцать основных свойств, из которых состоит общая душа.

Душа может быть только общей, одна на всех. Если мы соединяемся в ней, тогда она есть во мне, или я – в ней.

У главы каждого из двенадцати колен (шватим) был свой посох?

Да. Посох – это путеводный жезл, идея, которая ведет и привязывает к цели. Все двенадцать колен имеют одну цель, но путь к ней – у каждого свой.

Окончательная цель – полная связь с Творцом. И фараон, и каждое колено – все вместе соединяются в Творце.

Каждое колено имеет свое направление, свою задачу, которую должно выполнить. Именно эту задачу и никакую другую. Существуют четкие предписания вплоть до того, что были запрещены браки между коленами. Никакого смешивания.

Колено – это такое образование, в котором все очень строго разграничено. Только потом, уже в Земле Израиля, когда они упали с духовного уровня, были разрешены смешанные браки. Полное исправление можно начинать именно таким образом – в перемешивании, в полном растворении друг в друге и затем в относительном растворении с другими народами.

До падения не могло быть смешанных браков, потому что каждое желание (мужская или женская его часть) имеет свое строго определенное назначение. Все браки были четко расписаны относительно общего движения к исправлению! Определяли это только главы колен. Только они видели и указывали отцу, на ком из этого же колена должен жениться его сын.

И по сей день у ортодоксальных евреев никто не спрашивает, хотят ли они жениться. Приводят парня и девушку друг к другу, играют свадьбу, и они живут, не разводятся.

В данном случае родители – голова. Но раньше все решалось на духовном уровне в соответствии с тем, подходит ли для духовного продвижения. Тогда было понятно, что люди живут именно для этого.

Двенадцать посохов означают, что у каждого колена свой путь, свое направление. И нельзя смешиваться. Главы колен сдали свои посохи Аарону, написав свое имя на нем. Что это значит?

Это значит, что сейчас они полностью отдаются общему решению.

Написав на каждом посохе свое имя, они как бы декларируют: я существую только для того, чтобы двигаться к единению с Творцом. Я – это колено, группа людей, объединенных между собой движением к общей цели. Чтобы эту цель заново проверить, уточнить, установить на следующий этап, мы отдаем свой посох. Другими словами, вверяем себя высшему решению.

Сейчас они должны еще раз подтвердить, что Аарон является их руководителем, что колено Леви – первое, оно все решает, всеми движет. Сдав посохи, они отдали себя на высший суд.

И РАСЦВЕЛ ПОСОХ ААРОНА

/19/ И ПОЛОЖИ ИХ В ШАТРЕ ОТКРОВЕНИЯ ПЕРЕД СВИДЕТЕЛЬСТВОМ СОЮЗА, ГДЕ Я ЯВЛЯЮСЬ ВАМ. /20/ И БУДЕТ, ЧЕЛОВЕК, КОТОРОГО Я ИЗБЕРУ, ПОСОХ ЕГО РАСЦВЕТЕТ, И ТАК УЙМУ Я ПРЕД СОБОЮ РОПОТ СЫНОВ ИЗРАИЛЯ, КОТОРЫЙ ОНИ ПОДНИМАЮТ НА ВАС».

ГЛАВА «КОРАХ»

/21/ И ГОВОРИЛ МОШЕ СЫНАМ ИЗРАИЛЯ, И ДАЛИ ЕМУ ВСЕ ВОЖДИ ИХ ПО ПОСОХУ ОТ КАЖДОГО ВОЖДЯ ПО ОТЧИМ ДОМАМ ИХ, ДВЕНАДЦАТЬ ПОСОХОВ, И ПОСОХ ААРОНА СРЕДИ ПОСОХОВ ИХ. /22/ И ПОЛОЖИЛ МОШЕ ПОСОХИ ПРЕД БОГОМ В ШАТРЕ ОТКРОВЕНИЯ. /23/ И БЫЛО НА СЛЕДУЮЩИЙ ДЕНЬ, КОГДА ВОШЕЛ МОШЕ В ШАТЕР ОТКРОВЕНИЯ, И ВОТ, РАСЦВЕЛ ПОСОХ ААРОНА, ОТ ДОМА ЛЕВИ, И РАСЦВЕЛ ЦВЕТАМИ, ПУСТИЛ ПОЧКИ, И СОЗРЕЛ НА НЕМ МИНДАЛЬ.

На сухой палке расцвел миндаль. Это значит, что посох Аарона – путеводный. Он живой! Он ведет нас к жизни. Остальные посохи – сухие, не перспективные пути. Тут четкое проявление Творца.

Все будут устремляться только за Аароном: «*Ве парах матэ Аарон*» – «И расцвел посох Аарона». Все остальные могут взять свои посохи при условии, что пойдут за ним.

Каким образом посохи могут быть связаны между собой? Только в том случае, если завязаны на Аарона – на леви. Иначе они сухие.

Двенадцать посохов – это двенадцать частей общей души (четыре стадии распространения света по трем линиям). Двенадцать колен – это внутренние свойства, которые могут быть противоположными. Но они должны взаимно соединиться между собой. И это может сделать только Аарон.

Почему Аарон может их соединить? Потому что колено леви ничего не имеет для себя, все они – мамлехет коаним вэ гой кадош, то есть действуют только на отдачу, на просвещение народа.

Народ двигается вперед, согласно работе, которую производит над собой под управлением леви.

В основе этой работы лежит отмена себя?

Вся Тора говорит о вере выше разума. Если мы подходим к раскрытию Творца, то естественно, что главным становится состояние полной отмены себя, отрешения от своего эгоизма. Здесь и заключается просветление человека: он понимает, что эгоизм – это не он. И тогда все идет проще.

/24/ И ВЫНЕС МОШЕ ВСЕ ПОСОХИ ОТ ЛИЦА БОГА КО ВСЕМ СЫНАМ ИЗРАИЛЯ, И ОНИ ОСМОТРЕЛИ, И ВЗЯЛИ КАЖДЫЙ СВОЙ ПОСОХ.

/25/ И СКАЗАЛ БОГ, ОБРАЩАЯСЬ К МОШЕ: «ВЕРНИ ПОСОХ ААРОНА ПЕРЕД СВИДЕТЕЛЬСТВОМ СОЮЗА НА ХРАНЕНИЕ, В ЗНАМЕНИЕ СЫНАМ СТРОПТИВЫМ, И ПРЕКРАТИТСЯ РОПОТ ИХ НА МЕНЯ, И НЕ УМРУТ ОНИ». /26/ И СДЕЛАЛ ЭТО МОШЕ; КАК ПОВЕЛЕЛ ЕМУ БОГ, ТАК ОН И СДЕЛАЛ.

Осмотрели они, и каждый взял свой посох. Тут все-таки идет проверка?

Не проверка, это – адаптация к такому состоянию всех свойств общей души, без которых невозможно продвижение.

Движение в духовном основано на анализе того, что происходит, и затем на его правильной реализации. Поэтому и говорится: осмотрели, взяли, согласились, пошли дальше.

ГЛАВА «КОРАХ»

СВЯЗАННЫЕ ОДНОЙ ЦЕЛЬЮ

/27/ И СКАЗАЛИ СЫНЫ ИЗРАИЛЯ МОШЕ ТАК: «ВЕДЬ МЫ УМИРАЕМ, ПОГИБАЕМ, ВСЕ МЫ ПОГИБАЕМ! /28/ ВСЯКИЙ ПРИБЛИЖАЮЩИЙСЯ, КОТОРЫЙ ПРИБЛИЖАЕТСЯ К ОБИТАЛИЩУ БОГА, УМИРАЕТ. НЕ ОБРЕЧЕНЫ ЛИ МЫ НА СМЕРТЬ?».

На первый взгляд, действительно, получается так. Дело в том, что человек не видит, каким образом проявят себя эти желания в исправленном виде. Ведь сейчас всё выявляется обратным образом, в действии, противоположном единению.

Не понимают люди, что ни одно из существующих в нас желаний и свойств не создано зря, все они проходят исправление. Вся проблема только в последовательности. Надо выяснить, каким образом всё устроено и почему так сложно это понять.

Тут речь идет не об очередности: сегодня – ты, а завтра – я. Последовательность выявляет общую схему, устройство общей души, каким образом люди завязаны друг на друге. Это дает знание, постижение, ощущение, что ты находишься в этой схеме. Ты понимаешь, как она работает, можешь влиять на нее множеством параметров и видеть, как она меняется.

Кто есть я, потом – кто есть ты, затем – он, это и означает последовательность. Выявляется самый главный замысел, задумка Творца, основа постижения Высшего мира и Творца. Речь идет не о личном исправлении маленькой части, желания или свойства, а о взаимосвязи всех составляющих. Поэтому всё так непросто.

Рассматривается не мой личный скачок, перескакивание ступени, а именно движение станом?

Конечно. Представь, что у тебя на столе находится миллион всяких деталей: колесиков, конденсаторов сопротивления, транзисторов и так далее. Как собрать их в такую схему, которая работала бы, представляла собой вечный двигатель? Тут и заключается самое главное – общая связь.

Все разборки внутри народа построены именно на сопряжении между собой. Что значит: «Исправь меня!»? Что значит – «исправить тебя»? Где твое место в общей схеме, чтобы узнать, каким ты должен быть, чтобы включаться в остальных?

Не может быть исправления одного человека или отдельного свойства, а только в его совокупности со всей душой! Через интегральное взаимодействие он связан абсолютно со всеми.

Об этом и идет речь все время? Выскакивает голова и тут же прячется?

Да. Но голова нужна, чтобы проанализировать данное состояние и продвинуться к следующей ступени.

Из всей груды обломков, которую после разбиения представляет собой общая душа, выбираются части: те – отойдите в сторону, другие – потом двинутся, а эти – сейчас частично пойдут. Так потихоньку собирается душа. Огромное количество желаний, свойств, намерений.

Вышли из Египта ободранные, каждый в своем эгоизме, с эгоистическими мыслями, отношениями. И что происходит сейчас, через сорок лет? Начинаем выяснять, что движение вместе в единой душе – это и есть движение станом.

Читаем:

Глава «КОРАХ»

/1/ И СКАЗАЛ БОГ ААРОНУ: «ТЫ, И СЫНОВЬЯ ТВОИ С ТОБОЙ ОТВЕТСТВЕННЫ ЗА ВИНУ СВЯЩЕННОСЛУЖЕНИЯ ВАШЕГО. /2/ ТАКЖЕ И БРАТЬЕВ ТВОИХ, КОЛЕНО ЛЕВИ, ПЛЕМЯ ОТЦА ТВОЕГО, ПРИБЛИЗЬ К СЕБЕ, ЧТОБЫ ПРИСОЕДИНИЛИСЬ ОНИ К ТЕБЕ И ПРИСЛУЖИВАЛИ ТЕБЕ; А ТЫ И СЫНОВЬЯ ТВОИ… будьте ПЕРЕД ШАТРОМ ОТКРОВЕНИЯ. /3/ И ПУСТЬ ИСПОЛНЯЮТ ОНИ СЛУЖБУ ТВОЮ И СЛУЖБУ ВСЕГО ШАТРА, НО К СВЯЩЕННЫМ СОСУДАМ И К ЖЕРТВЕННИКУ НЕ ПОДХОДЯТ, ЧТОБЫ НЕ УМЕРЕТЬ ИМ И ВАМ».

Опасайся, чтобы не погибнуть. Что это значит? Когда открываешь слишком большие источники высшего света, то бойся получить их для себя, а не ради отдачи через себя на все общество. И поэтому – берегись, чтобы не умереть!

Никто не имеет дела с отдельной душой, а только с общим собранием душ. В духовном мире, в отличие от нашего, не существует понятия «один». Все собираются вместе в одно единое целое и выступают как один. В духовном возможность соединиться всем в одно представляет собой силу определенной мощности.

Есть три ступени связи: Исраэль, леви, коэн – по мере мощности объединения между собой. Каждый человек в соответствии с этим занимает ступеньку Исраэль, леви или коэн.

Вы говорите «каждый человек»? Или «каждый еврей»?

Пока это только те, кто участвует в восхождении. Они называются *ехудим* от слова *ехуд* – связь. А затем нет никаких ограничений. Все мы вышли из Вавилона, и в итоге нет разницы между сегодняшним евреем и гоем, завтра они могут поменяться местами, – все зависит только от человека.

По своему происхождению рабби Акива не относится к народу Израиля, но он стал самым великим учителем Израиля. Вся Тора, все то, что сегодня мы понимаем, знаем о материальном мире и о духовном, – все прошло через него и от него.

Мы можем сказать, что, в конце концов, все станут коэнами? Не только народ Израиля, а вообще все?

Так и сказано: «Вэ ихью ли мамлехэт коаним» – «И будете Мне царством коэнов». Все должны достичь самого высшего уровня и слиться на нем в одно единое целое.

ЦАРЬ ИУДЕЙСКИЙ: НИ БАЛОВ, НИ ОХОТЫ

Написано: «Ты и сыновья твои, отчий дом твой ответственны за вину против святилища, ты и сыновья твои с тобой ответственны за вину против священнослужения вашего». Почему вина все время возлагается на Аарона?

Кто на самом деле может быть виноват в том, что происходит с человеком, если не те люди, которые его воспитывали? Как любили говорить в советское время, если кто-то провинился: «Где была школа, родители, общественность? Чем они занимались?» Я являюсь их продуктом. Я обвиняю их в том, что все вокруг надо переделывать. Вы обвиняете меня, а я – их.

Во времена правления иудейских царей: Давида, Шломо (Соломона) и других – за все, что происходило, был ответственен царь. Это совершенно противоположно истории европейских королевств.

Иудейский царь являлся главным, общим руководителем и воспитателем. Всё зависело от него! Он обязан подавать пример и отвечать за все. Не было у него ничего из тех приятностей, какие мы себе представляем: ни царской охоты, ни балов, ни прочих удовольствий.

Иудейский царь занимался чисто духовной работой, он был ответственен за всё, что происходит с его народом.

Царю Давиду приходилось очень тяжело, судя по Псалмам, которые он писал. Давид, можно сказать, рвал душу. А царю Шломо (Соломону) было чуть проще, он уже занимался миротворчеством.

В своих Псалмах царь Давид описал все стадии духовной работы. У царя Шломо была совсем другая миссия – постижение света хохма. Давид действовал от малхут, а Шломо – с более высокой ступени.

Шломо – это состояние, к которому должно прийти человечество. Чтобы достичь его, мы должны преодолеть все ступени царя Давида (Машиах бен Давид).

Несмотря на свои обвинения, далее Творец говорит:

/8/ И ГОВОРИЛ БОГ ААРОНУ: «ВОТ Я ПОРУЧАЮ ТЕБЕ НАБЛЮДЕНИЕ ЗА ПРИНОШЕНИЯМИ МНЕ, ЗА ВСЕМ, ЧТО ПОСВЯЩАЮТ СЫНЫ ИЗРАИЛЯ; ТЕБЕ ДАЮ Я ИХ В НАЗНАЧЕННУЮ ДОЛЮ, И СЫНОВЬЯМ ТВОИМ В ВЕЧНОЕ УСТАНОВЛЕНИЕ. /9/ ВОТ ЧТО ПРИНАДЛЕЖИТ ТЕБЕ ИЗ… Святой Святых из приношений: ВСЯКАЯ ЖЕРТВА ИХ ДЛЯ КАКОГО-ЛИБО ХЛЕБНОГО ДАРА, ИЛИ ДЛЯ КАКОЙ-ЛИБО ГРЕХООЧИСТИТЕЛЬНОЙ ЖЕРТВЫ, ИЛИ ДЛЯ КАКОЙ-ЛИБО ПОВИННОЙ ЖЕРТВЫ,

КОТОРЫЕ ОНИ ПРИНЕСУТ МНЕ, Святая Святых это – ТЕБЕ ЭТО И СЫНОВЬЯМ ТВОИМ.

Очень точно Творец определяет место левитов: «Я вас выделяю, и вы живете с того, что приносят Мне другие желания».

Речь идет о духовной работе человека, который внутри себя делится на коэн, леви, Исраэль. В *парцуфе* (внутреннем строении души) это называется ХАБАД, ХАГАТ, НЕХИ. В соответствии с этим также и общество делится на три части.

Дальше говорится:

/10/ Даже В СВЯТАЯ СВЯТЫХ МОЖЕШЬ ТЫ ЕСТЬ ЭТО…

Почему то, что Ему принадлежит, надо есть в Святая Святых?

Есть – это значит принимать в себя высший свет, который заполняет все окружающее пространство. Человек должен принимать его лишь в отдающие келим, то есть пропускать через себя ради отдачи. И поэтому ему указывается, что он может и что нет, в каком виде, размере, в какой мере и далее.

Святая Святых (*кодеш кодашим*), – это свойство бины, включенное в кетэр. Очень высокое свойство. В нем может питаться только определенный человек – *Коэн Гадоль* (Великий Коэн) и только в определенный день, который называется *Йом Кипур* (Судный День).

Другими словами, Святая Святых – это высшая точка соприкосновения человеческого общества (души) с Творцом.

ГЛАВА «КОРАХ»

ПЯТЬ БОЛЬШИХ СЕРЕБРЯНЫХ МОНЕТ

/12/ ВСЕ ЛУЧШЕЕ ИЗ ОЛИВКОВОГО МАСЛА И ВСЕ ЛУЧШЕЕ ИЗ ВИНА И ЗЕРНА, НАЧАТКИ ИХ, КОТОРЫЕ ОНИ ДАЮТ БОГУ, ТЕБЕ ОТДАЛ Я.

Лучшее – имеется в виду бо́льший высший свет, принимать который все труднее и труднее. Ведь на высших ступенях ты принимаешь его ради отдачи, в свойство «отдающий», чтобы дать другим. Ничего ради себя.

Кодеш (святой) – так называется отдача. *Кодеш кодашим* (Святая святых) – отдача для отдачи, что приравнивается к получению ради отдачи. Это может быть только на уровне коэним.

Творец отдает Аарону и его сыновьям все самое лучшее. Они смогут это переработать и, пропуская через себя, передать общине.

/14/ ВСЕ ПОСВЯЩЕННОЕ В ИЗРАИЛЕ ТЕБЕ ПРИНАДЛЕЖИТ.

/15/ КАЖДЫЙ первенец ВСЯКОЙ ПЛОТИ, ОТКРЫВАЮЩИЙ УТРОБУ, КОТОРОГО ПРИНОСЯТ БОГУ, ОТ ЛЮДЕЙ И ОТ СКОТА, ТЕБЕ БУДЕТ. НО ТЫ ДОЛЖЕН ВЫКУПИТЬ ПЕРВЕНЦА ИЗ ЛЮДЕЙ И ПЕРВЕНЦА ИЗ СКОТА НЕЧИСТОГО.

/16/ А ВЫКУП ЕГО: КОГДА ИСПОЛНИТСЯ ЕМУ МЕСЯЦ, ВЫКУПИ ЕГО ПО ОЦЕНКЕ: ПЯТЬ СЕРЕБРЯНЫХ ШЕКЕЛЕЙ, ПО ШЕКЕЛЮ СВЯЩЕННОМУ, ДВАДЦАТЬ монет «ГЕРА» ОН.

Что такое – выкуп первенца?

Все первое принадлежит высшему уровню – коэну: первенцы в стаде, отдача от пэа, то есть от урожая, и всего прочего. Коэн – это высшая ступень, которой полагается работать только на отдачу.

Человек, владеющий скотом и землей, должен отдать первого от своей скотины и своего урожая. Тут же говорится и о выкупе первенцев. Если у человека рождается первый сын, то он обязан выкупить его у коэна.

В наше время это условие уже практически не выполняется. Мы не знаем, кто коэн, кто нет, и нет Храма, и нет святости земли. Мы не находимся в состоянии «возлюби ближнего, как себя». Поэтому сегодня эти законы практически не существуют. Но есть люди, которые все равно их соблюдают. Когда мне было уже, наверное, лет тридцать я выкупил себя у коэна.

Сказано, что человек, которого не выкупили родители, должен выкупить себя сам. Покупаешь пять больших серебряных монет. Они идут по весу. И передаешь их коэну. При этом говорится, что этим я выкупаю себя у него.

Что такое выкуп первенца в духовном понимании?

В духовном имеется в виду, что этим я осветляю верхнюю часть моей души, чтобы она работала только на отдачу. Даю коэну заработанные мною силы для того, чтобы получить от него возможность обрести свойства отдачи, то есть свойства коэна. При этом я получаю от него его желания и свойства отдачи.

Это называется «освящением». Я отдаю коэну деньги, то есть свою материальную силу, и получаю от него силу духовную.

Почему выкупаются именно первенцы? Это самое дорогое?

Дело в том, что выкуп первенца делается при входе на ступень «получение ради отдачи». Ты как бы открываешь её. Потом следуют уже только дополнения – твои вторичные достижения, то есть освоение следующей ступени. Все, родившиеся у тебя после первенца, являются только добавкой к первому.

Самое главное – первый. Поэтому в нашем мире и наследование связано с ним.

НЕ ВЕРЬ СЕБЕ ДО САМОЙ СМЕРТИ

/20/ И СКАЗАЛ БОГ ААРОНУ: «В СТРАНЕ ИХ НЕ ПОЛУЧИШЬ ТЫ НАДЕЛА, И УДЕЛА НЕ БУДЕТ У ТЕБЯ СРЕДИ НИХ: Я – ТВОЙ УДЕЛ И ТВОЙ НАДЕЛ СРЕДИ СЫНОВ ИЗРАИЛЯ.

Коэн – это свойство чистой отдачи в человеке и в обществе. В материальном мире коэны существовали только на часть налога, собранного с народа. Вся их жизнь заключалась в том, чтобы служить в Храме, просвещать и управлять левитами, а левиты уже должны были обучать народ.

Коэн, леви, Исраэль – в соответствии с этой ступенчатой структурой они и обслуживали друг друга. Снизу вверх поднимается материальное, сверху вниз спускается духовное. Так создано и внутри человека, в его душе и в народе.

Написано: Я – твой удел и твой надел среди сынов Израиля. Только свойство отдачи является пространством, в котором существует коэн.

Творец спускается к левиим и дает им надел. Они существуют уже ниже.

/21/ А СЫНАМ ЛЕВИ ВОТ ДАЛ Я ВСЯКУЮ ДЕСЯТИНУ ОТ сынов ИЗРАИЛЯ В НАДЕЛ ЗА РАБОТУ ИХ, КОТОРУЮ ОНИ ИСПОЛНЯЮТ В ШАТРЕ ОТКРОВЕНИЯ. /22/ И НЕЛЬЗЯ БОЛЕЕ ПРИБЛИЖАТЬСЯ СЫНАМ ИЗРАИЛЯ К ШАТРУ ОТКРОВЕНИЯ, ЧТОБЫ НЕ ПОНЕСТИ ГРЕХА И НЕ УМЕРЕТЬ. /23/ ПУСТЬ ЖЕ сыны ЛЕВИ САМИ ИСПОЛНЯЮТ РАБОТУ ПРИ ШАТРЕ ОТКРОВЕНИЯ…

/25/ И ГОВОРИЛ БОГ, ОБРАЩАЯСЬ К МОШЕ, ТАК: /26/ «ЛЕВИТАМ ЖЕ ГОВОРИ И СКАЖИ ИМ: КОГДА БУДЕТЕ БРАТЬ ОТ СЫНОВ ИЗРАИЛЯ ДЕСЯТИНУ, КОТОРУЮ Я ДАЛ ВАМ ОТ НИХ В НАДЕЛ ВАШ, ТО ПРИНОСИТЕ ИЗ НЕЕ ПРИНОШЕНИЕ БОГУ, ДЕСЯТИНУ ИЗ ДЕСЯТИНЫ.

/28/ ТАК ЖЕ И ВЫ ПРИНОСИТЕ ПРИНОШЕНИЕ БОГУ ИЗ ВСЕХ ДЕСЯТИН ВАШИХ, КОТОРЫЕ ВЫ БУДЕТЕ БРАТЬ ОТ СЫНОВ ИЗРАИЛЯ, И ПРИНОСИТЕ ИЗ ЭТОГО ПРИНОШЕНИЕ БОГУ, и отдавайте его ААРОНУ-КОЕНУ. /29/ ИЗ ВСЕХ ДАРОВ, которые вы получите, ПРИНОСИТЕ ПРИНОШЕНИЕ БОГУ, ИЗ ВСЕГО ЛУЧШЕГО – СВЯЩЕННУЮ ЕГО ЧАСТЬ.

Священная часть приношения Богу – одна или две сотых части от десятины. Это разбирается во многих трактатах Талмуда. Имеется в виду расчет, который человек должен производить в своих желаниях, если он сопоставляет их со свойствами отдачи Творца.

При исправлении своих желаний я должен дифференцировать, когда и с какими уровнями могу работать: отдавать ради отдачи, отталкивать от себя, передавать другим. Есть уровни, когда я могу получать, но для отдачи другим. Допустим, если вся моя жизнь посвящена свойствам отдачи, то даже если я получаю что-то для своего существования, это не считается получением. Здесь есть очень много нюансов.

В Торе говорится об исправлении на всех уровнях: неживом, растительном, животном и человеческом. В нашем мире исправление на неживом, растительном и животном уровне связано с работами в сельском хозяйстве. На духовном уровне имеется в виду исправление трех уровней в душе каждого из нас и в нашей общей душе.

Когда речь идет о четвертом уровне – уровне человека, то говорится о рабах, пришельцах, народе Израиля, левиим, коаним, о взаимодействии между ними.

Мы заканчиваем главу «Корах». К чему привело восстание Кораха?

Выступление Кораха было необходимым в данный момент, как об этом и пишет Тора. Народ прошел определенные ступени, приблизился к Кораху и идет дальше в своем развитии. Тут происходит восстание, поглощает земля Кораха и всех приближенных к нему. Это и есть выявление новых желаний.

Благодаря новым свойствам души проявляются неожиданные эгоистические желания, о которых никто и не думал. Удивительно, как бывает в природе. Человек чист абсолютно. Ему добавили десять грамм эгоизма – испачкали всё! И так идет на каждой ступени. Сказано, что «не верь себе до своей смерти» («*Аль таамин бэацмеха ад йом мотха*»), то есть до смерти своего эгоизма.

ПЕРЕД СЛЕПЦОМ НЕ СТАВЬ ПРЕГРАДЫ

Человек, у которого нет точки в сердце, но он читает Тору, надо ли ему вводить левую линию, то есть ощущение, что внутри него есть эго?

Ни в коем случае! А зачем ему это надо? На эту тему есть четкое указание: «*Аль таасе махсом лифнэй ивер*» – «Перед слепцом не ставь преграды».

Тот, у кого нет точки в сердце, он – слепой. Ничего не видит, не понимает, у него нет внутренних сил и возможностей, чтоб всё это переваривать. Он знает: я существую, чтобы содержать себя, свою семью. Значит, в этой мере он должен просто жить нормальную жизнь в нашем мире.

Если люди задаются вопросами духовного развития, то в мере того желания, которое в них пробуждается, можно заговаривать с ними. Но очень осторожно. Не объяснять и не указывать, а подводить человека к такому состоянию, из которого он сам будет раскрывать свои внутренние свойства.

С новыми людьми желательно изучать каббалу – рассказывать им об устройстве материи духовной, физической. Постепенно под влиянием этих знаний они получают воздействие высшего света, и он потихоньку подготавливает их к нужным вопросам. По мере появления вопросов, можно начинать с ними работать.

С помощью занятий я даю возможность высшему свету воздействовать на человека и продвигать его в мере этого воздействия. Терпеливо, день за днем, может быть, годы, я жду, пока свет начнет раскрывать в нем настоящее внутреннее сопротивление, выявлять внутренние желания. Тогда можно идти с ним вперед.

Поэтому так терпеливо из года в год Вы отвечаете на одни и те же вопросы?

Во-первых, да. И, во-вторых, мне это не доставляет никакого страдания. Человек очень нетерпеливый, здесь я не чувствую, что раздражаюсь. Это происходит потому, что каждый раз ученик задает вопрос из другого желания. Каждый раз я имею с ним контакт на новом уровне. Нет повторения никогда!

Я могу спокойно заниматься с ним каббалой: «Введение в науку каббала» или «Учение о десяти сфирот», «Каббала и философия», «Каббала и наука».

При этом я совершенно не испытываю никакого внутреннего давления. Мне абсолютно четко видно, как он всё время спрашивает из разных уголков своей души. Поэтому я беру от него его желания и поднимаю их наверх. В результате у меня получается внутренняя работа. И для него она полезна тоже.

Если человек хочет, как Корах, перепрыгнуть через ступени?

Неисповедимы пути Господни. Сыны Израиля должны были пройти всё предназначенное им, и впереди у них еще немало разборок. Все происходящее надо принимать как внутренние действия человека, которые он обязан выявить в себе, правильно оценить, разобраться и, в итоге, через окружающих поднять к Творцу до уровня отдачи и любви.

Перепрыгнуть никому не дано! Этим человек обкрадывает себя. Постепенно и скрупулезно ты должен сам исследовать свою душу и четко рассчитать, сколько можешь в нее получить, чтобы быть подобным Творцу. Об этом и говорится в главе «Корах».

Глава «ЗАКОН»

ПОЛЕЗНОЕ ЖИВОТНОЕ – КОРОВА

Начинаем новую главу, которая называется «Хукат» – «Закон». Здесь даны указания о красной телице, закон очищения, история с водами Меривы – водами раздора. Тут Моше дважды ударяет по скале, чтобы появилась вода. Сопротивляется Земля Эдом и не позволяет народу Израиля войти в нее. Описывается смерть Мирьям и Аарона. В общем, глава очень наполненная, содержит примерно 10 основных событий. На самом деле, тут за каждой строчкой скрывается глубокое наполнение.

Начинается глава «Закон» с убийства рыжей коровы – телицы:

/1/ И ГОВОРИЛ БОГ, ОБРАЩАЯСЬ К МОШЕ И ААРОНУ, ТАК: /2/ «ВОТ ЗАКОН ОБ УЧЕНИИ, КОТОРЫЙ ПОВЕЛЕЛ БОГ ИЗЛОЖИТЬ: ГОВОРИ СЫНАМ ИЗРАИЛЯ, ЧТОБЫ ПРИВЕЛИ К ТЕБЕ КОРОВУ РЫЖУЮ, БЕЗ ПОРОКА, У КОТОРОЙ НЕТ УВЕЧЬЯ, НА КОТОРУЮ НЕ НАДЕВАЛИ ЯРМО. /3/ И ОТДАЙТЕ ЕЕ ЭЛЬАЗАРУ-КОЕНУ, И ВЫВЕДЕТ ОН ЕЕ ЗА СТАН, И ЗАРЕЖЕТ ЕЕ ПЕРЕД СОБОЙ.

Корова – очень полезное животное: мясо и молоко мы получаем от нее. Молоко символизирует свойство отдачи (свойство бины) – то, что производит тело для посторонней жизни. С другой стороны, это и свойство получения: корова наращивает вес (мясо) за счет того, что всё вбирает в себя.

Все наши желания находятся между свойствами получения и отдачи. С их помощью мы можем исправлять себя. Человек берет немножко от свойства получения – эгоистического свойства, когда каждый сознательно или подсознательно хочет себя наполнить. Это его желание можно исправить с помощью отдачи. То есть он получает, но использует ради отдачи.

То же самое происходит в корове – мясо (получение) и молоко (отдача). Она получает корм и, в итоге, дает молоко.

Все наше исправление находится в состоянии – получение ради отдачи. Это свойство малхут (нашего желания), когда она поднимается в бину. Спуститься на свое место малхут может только в той мере, в которой получила от бины свойство отдачи и может использовать его уже на своем уровне.

Почему корова – рыжая?

Здесь есть еще очень серьезное свойство – красный цвет. Написано, рыжая корова, потому что в чистом виде в природе красный цвет не существует, а всегда – с оттенками, смягчающими его.

Рыжая корова – это смесь свойств малхут и бины, красного и белого цвета. В ней существует *дин* – свойства суда. Особый человек Эльазар из коэнов убивает и сжигает ее, а пепел рыжей коровы используется для очищения. Полностью уничтожается эгоистическая стадия – свойство получения, и тогда действительно можно получать от нее свойство отдачи.

Почему корова должна быть без порока? Написано, «у которой нет увечья»?

Ничего порочного нельзя приносить в жертву.

Жертвой называется любое желание человека, которое с этого момента и далее он намерен употреблять только на службу другим – ради отдачи. Поэтому оно должно быть без порока, то есть абсолютно чистым, полностью работать на отдачу.

Написано дальше: «на которую не надевали ярмо». Эту корову не использовали ни в каком плохом виде. Надо поднять в бину это желание – малхут, которое не участвовало ни в каких действиях. Ты раскрываешь, исследуешь его и понимаешь, что можешь исправить. Поэтому оно поднимается в свойство отдачи и работает уже вместе с ним.

Из этого исходит запрет совмещать в еде молочное и мясное?

Конечно, нельзя смешивать молоко, которое можно представить, как свойство отдачи, и мясо – как свойство получения.

Бина – это свойство отдачи, а малхут – свойство получения. Противоестественно соединять два противоположных свойства. Но если ты берешь от бины не само действие, а только намерение и соединяешь его со свойством малхут, то тогда можешь их применять. У тебя выходит получение ради отдачи.

Действие и намерение – это разные вещи. Но когда все исправится, не будет никаких запретов ни на что.

С КАЖДОГО – ПОЛШЕКЕЛЯ

В «Большом комментарии» написано:

Всевышний открыл Моше и Аарону законы о рыжей корове:

Рыжую корову приобретают на средства Храма из ежегодных обязательных пожертвований в полшекеля, которые делали все евреи.

Махацит а-шекель – полшекеля каждый отдает от себя. Половина шекеля потому, что мы отдаем от себя только начальное желание, а вторая половина нисходит свыше через исправление. В итоге получается *кли* (сосуд), цельное желание.

Храм является сосудом, куда принимается поступающее свыше духовное раскрытие, изобилие. Затем оно растекается по всем сосудикам, которые представляет собой каждый человек.

Храм – это высшая точка соединения совокупных желаний со светом, с высшей силой. Человек сам создать Храм не может. Только совокупные желания, соединившись в десятки, в сотни, в тысячи образуют одно единое общее желание, в котором все они растворяются.

Соединение совокупных желаний между собой и называется Храмом. То есть Храм – это не постройка из камней, поставленная в определенной географической точке. Храм – это место общего желания, в котором производится исправление. Оно не делается в каждом отдельном человеке, а только в совместном объединении людей.

На средства Храма покупается рыжая корова, через которую производится исправление. Для этого они и платят полшекеля.

Дальше написано:

Корова должна быть не моложе трех лет…

Это говорит о том, что желание, которое они создают между собой, должно быть не первичным, не первоначальным, а зрелым.

Дописано в «Большом комментарии»:

Она должна быть совершенно рыжей, даже два волоска иного цвета делают ее непригодной.

НАЙТИ В СЕБЕ РЫЖУЮ КОРОВУ

/4/ И ВОЗЬМЕТ ЭЛЬАЗАР-КОЕН КРОВЬ ЕЕ ПАЛЬЦЕМ СВОИМ, И ПОКРОПИТ К ЛИЦЕВОЙ СТОРОНЕ ШАТРА ОТКРОВЕНИЯ КРОВЬЮ ЕЕ СЕМЬ РАЗ.
/5/ И СОЖЖЕТ КОРОВУ ПЕРЕД ГЛАЗАМИ СВОИМИ; ШКУРУ ЕЕ, И МЯСО ЕЕ, И КРОВЬ ЕЕ С НЕЧИСТОТАМИ ЕЕ СОЖЖЕТ.

Кровь – это самая низшая стадия эгоистического желания. Описанные в Торе события представляются варварским деянием. Но надо понимать, что речь идет о духовных ступенях развития, а не о материальном мире.

Используя термины нашего мира, Тора всегда говорит о том, что происходит между нами, внутри нас. Весь рассказ проходит в наших чувствах, поэтому не всегда понятно, как изложить это словами материального мира.

Есть множество комментариев на Тору, но далеко не всегда они дают правильное представление о сказанном. Часто, в свою очередь, они тоже нуждаются в комментариях. Великие каббалисты, постигающие Высший мир, описывали их в предложениях и словах нашего мира, подразумевая духовные действия.

Тут говорится о том, что каждый человек должен найти в себе точку коэн и с помощью этой точки исправить сочетание бины (свойство отдачи) и малхут (свойство получения).

Каждый должен правильно произвести эти действия. Тора написана для каждого человека. Коэн, леви, Исраэль – везде речь идет об одном человеке и о внутренних действиях, которые он должен производить на разных ступенях своего духовного возвышения.

Получается так: я нахожу в себе коэна – свойство, прямо связанное с силой отдачи и любви?

Да. Дальше вытаскиваешь из своих внутренних желаний «рыжую корову». Ты должен зарезать ее, освежевать – как бы взять самые неисправленные желания, которые называются «кровь», и окропить Шатер Откровения, то есть следующий уровень.

Шатер Откровения – это *кли*, сосуд, в него ты получаешь раскрытие Творца.

Корова – свойство бины и малхут, правильное соединение которых между собой в состоянии исправить огромное количество проблем. Ведь человек включает в себя весь мир.

В данный момент соединения бины и малхут внутри меня называется коровой. Вообще нет ничего, кроме бины и малхут. Только они соединяются между собой и исправляют свойство бины и свойство малхут.

ПОЧЕМУ В ЧАСЕ 60 МИНУТ

Написано, к лицевой стороне шатра поднести и окропить кровью семь раз? Почему семь раз?

Семь телесных сфирот: хэсэд, гвура, тифэрэт, нэцах, ход, есод, малхут. Отсюда всё, что делится на семь, исходит в наш мир. Неделя, например, состоит из семи дней.

Есть еще деление на шестьдесят, как количество минут в часе. Час – это тоже пришло из Торы. Сам зеир анпин состоит из шести сфирот, умноженных на десять в каждой сфире – хэсэд, гвура, тифэрэт, нэцах, ход, есод. Шестьдесят действий в зеир анпин равно одному воздействию на малхут. Поэтому у нас существует деление на шестьдесят.

Деление на двенадцать соответствует двенадцати коленам. Это три линии в каждом из четырех уровней. Три умножить на четыре получается двенадцать. Юд-кей-вав-кей на трех линиях – это хохма, бина, зеир анпин, малхут и три линии в каждом из них. Самые основные деления нашего мира исходят из Торы.

Можно сказать, что семь – это как бы расстояние между малхут и бина, включая малхут? Подъем малхут в бину?

Да. Абсолютно так. А шесть – это зеир анпин приводит к малхут. Поэтому у нас существует шесть дней недели и малхут – седьмой. Тут не просто семь дней в неделе, а уже разделяется на зеир анпин и малхут.

НОВЫЙ ДЕНЬ НАЧИНАЕТСЯ С ВЕЧЕРА

Дальше говорится о чистоте.

/6/ И ПУСТЬ ВОЗЬМЕТ КОЕН КЕДРОВОГО ДЕРЕВА, И БРОСИТ НА МЕСТО СОЖЖЕНИЯ КОРОВЫ. /7/ И ВЫМОЕТ КОЕН ОДЕЖДЫ СВОИ, И ВЫКУПАЕТ ТЕЛО СВОЕ В ВОДЕ, А ЗАТЕМ может ВОЙТИ В СТАН; И НЕЧИСТ КОЕН ДО ВЕЧЕРА.

Духовная чистота означает, что намерения человека абсолютно чисты. В своей духовной работе он желает использовать желания, которые может направить на связь с другими и через них и вместе с ними – на связь с Творцом. В процессе исправления, естественно, были у него эгоистические желания. Теперь он должен проявить их, чтобы оторваться от своего эгоизма.

Эти эгоистические желания, возможно, до сих пор есть в человеке, но они не проявлены, он не знает и не понимает их. Поэтому Тора объясняет, как следует поступать.

Человек обязан окунуться в воду (миква), то есть подставить себя под свойство бины. Далее, пребывать в этом состоянии до вечера, потому что только в ночи проявляются новые желания (келим). Ведь новый день начинается с вечера.

Поскольку в течение дня действие человека производилось в этих одеждах, то до конца дня он не должен выходить из них.

За ночь он получит новые келим – на следующий день будет новым человеком.

Почему новые келим получают именно ночью?

Потому что темно. Тьма – это не просто ничего не видно. К человеку приходят новые желания, еще неисправленные, то есть они находятся в темноте. До полуночи рождаются новые келим, а с полуночи и далее они исправляются так, что в них начинает проявляться свет, который называется восходом солнца.

Никакого восхода и захода нет. Мы ощущаем зарю, солнце, свет, день в самих желаниях, когда они становятся исправленными.

Если в течение дня мы правильно реализуем желания, то постепенно они переходят в следующую стадию. Издали к нам подходят новые желания, еще не исправленные.

Появляется *гвура* – сила жесткости, сила закона, которая заставляет солнце садиться. Начинается следующий этап, то есть в человеке возникают новые желания, которые он должен исправлять.

Внутри нас возникает темнота – и снаружи мы воспринимаем наступающую ночь? А пробуждающиеся желания к отдаче и любви поднимают солнце и проявляют день?

Да, естественно. Мы ничего не видим снаружи, всё находится внутри нас. Новые желания, еще не исправленные, выглядят как тьма. Я не могу работать в них на отдачу, поэтому они темные.

Что значит – коэн должен вымыть одежды свои? Что такое – «одежды свои»?

Одеяния – это *левуш*, исправление нашего тела за счет вспомогательных намерений. Есть пять желаний тела, пять ступеней желания: 0, 1, 2, 3, 4, и на каждое из них требуется свое намерение. Намерение выражается в одеянии: шляпа, рубаха, пояс, сандалии и штаны. Это пять одеяний коэна – пять эгоистических уровней, которые закрываются одеяниями.

ЗАЧЕМ ОКУНАТЬСЯ В МИКВУ?

/9/ А ЧЕЛОВЕК ЧИСТЫЙ СОБЕРЕТ ПЕПЕЛ КОРОВЫ И ПОЛОЖИТ ВНЕ СТАНА НА ЧИСТОЕ МЕСТО, ДАБЫ БЫЛО ЭТО У ОБЩЕСТВА СЫНОВ ИЗРАИЛЯ НА ХРАНЕНИИ ДЛЯ ВОДЫ ОЧИСТИТЕЛЬНОЙ:

Пеплом рыжей коровы всегда можно пользоваться, чтобы очиститься. Из правильного соединения малхут и бины можно брать силу и исправляться.

Человек чистый, который собирает пепел, – это правильное намерение. Что значит – чистый или нечистый? Зачем окунаешься в микву? Требуется какая-то физическая чистота? Ничего подобного, речь идет только о духовной чистоте.

Стан – это собрание людей, в нем отрабатываются все варианты соединения друг с другом. Здесь не может быть абсолютно чистого пространства. Поэтому написано: положить пепел рыжей коровы вне стана – там, где находится сила Творца, куда люди не вхожи. В стане может быть только Ковчег.

Людские души пробуют соединяться между собой в стане, чтобы каждый раз создавать из себя сосуд, общее желание для раскрытия Творца.

Стан – это не тела, это не круг из десяти человек, которые сидят и говорят на какую-то тему. Стан – это желание, вектор (намерение и наполнение), это мера соединения с Творцом. Мы говорим только о трех параметрах: желание, соединенное с желаниями других ради совместной отдачи и, в этой мере, ради нашей общей отдачи к Творцу, который при этом наполняет наше общее желание.

Это и есть стан – *маханэ кадош*, святой лагерь – потому что работает на отдачу.

Можно назвать станом стремление людей к отдаче, например, наш утренний урок?

Если внутри нас происходит такое объединение, то в какой-то мере его можно назвать станом. Для этого мы и работаем над собой. Должно быть ощущение одного желания, в котором соединяются все желания. И тогда тела исчезают, вы не видите ничего, существует только одно желание.

Желания необходимы только для того, чтобы подняться со ступени на ступень, чтобы на переходном периоде, когда проваливаемся в эгоизм, мы могли снова объединиться.

ИЗ ЭГОИСТА – В АЛЬТРУИСТА. И НАОБОРОТ

Глава «Закон» очень мощная, потому что указывает на очень строгие законы связи малхут и бины, разбирает, каким образом и в какой пропорции свойство получения должно быть смешано со свойствами отдачи.

Взять красную телицу – соединение малхут и бины. С одной стороны, она может сделать человека духовно непригодным. С другой, – освятить. Эгоиста превратит в альтруиста, и наоборот – альтруиста в эгоиста.

Все зависит от связи малхут и бины: малхут превалирует над биной – человек становится духовно нечистым, бина больше малхут – человек приобретает свойство святости. В зависимости от этого они и работают. Главное, чтобы связь между эгоистическим свойством получения и альтруистическим свойством отдачи была правильной. Это и есть соединение.

Все законы в этой главе подчеркивают правильную связь, правильное взаимодействие между эгоизмом и светом, который его исправляет в той мере, насколько эгоизм привлекает свет.

Мы видим проявление этого закона в нашем мире. Есть люди, которые изображают, какие они хорошие, и действительно снаружи выглядят идеальными. Но когда надо проявиться правильному действию с их стороны, то оказывается, что они неисправленные. Может быть, они и сами этого не знали.

И наоборот, есть люди, которые внешне кажутся нам неисправленными, а на самом деле являются достойными исправления.

В духовном мире свойства отдачи и получения должны быть очень строго соединены между собой. Невозможно заранее определить, как правильно соединить их между собой, потому что каждый раз человек является совершенно новым объектом, и сам не знает, что он из себя представляет.

Возникает вопрос: как поступить, чтобы стать подобным Творцу, если я не знаю своих внутренних свойств, которые постоянно обновляются во мне? Как не ошибиться? Тут надо быть собственным психологом, который каждый раз работает с собой – неизвестным. В этом и заключается постижение себя.

Человек все время находится в сомнении? Боится себя, чтобы не преступить?

Человек боится упасть, он желает двигаться в правильном направлении.

Правильное движение вперед может быть только через веру выше знания, то есть необходимо постоянно контролировать себя, чтобы свойство отдачи всегда было выше свойства получения, чтобы идти в отдачу с закрытыми глазами.

В нашем мире таких примеров нет. Как я могу быть уверенным, что не украду, если мне вдруг представится подходящий случай? А меня точно будут проверять со всех сторон.

Как быть уверенным, что я не испугаюсь, если меня со всех сторон будут пугать? Как избежать приманок, которые могут забить мне голову и вскружить ее так, что я перестану себя контролировать? Вдруг произойдет какая-то встряска, и все выскочит из меня. Как буду себя вести, если возникнет новый конфликт, другая ситуация?

Как обеспечить себя такой степенью уверенности, такой базой, чтобы точно не упасть, чтобы цепляться за свойства отдачи в любых сочетаниях, в любых действиях?

Может ли человек сам внутри себя проверить эти сочетания?

Человек постоянно находится в подвешенном состоянии: здесь есть группа, он, учеба, здесь есть Творец. Но это внешнее проявление нашего мира. А что остается внутри человека? Группа должна быть внутри. Творец – внутри. Окружение – тоже внутри.

Где он набирается таких сил, чтобы начать исследовать себя и понять, что надеяться на себя не в чем? Постоянно в нем должно быть полное ощущение, что он «болтается на ниточке».

Главное – убрать из-под себя всякую основу, на которой стоишь, чтобы не было абсолютно ничего. Отсюда начинается правильное отношение к жизни. И единственное условие – отдаться свойству отдачи и любви, быть абсолютно зависимым во всем от других и действовать только в них.

Это самое хорошее чувство, на самом деле, самое истинное, потому что сам себя я не делаю, не преобразую, не создаю.

Мудрецы находятся в таком состоянии. Поэтому они и мудрые. Знания получаешь именно тогда, когда привязан к высшему, а не сам по себе стоишь с опорой хотя бы на один палец.

Движение малхут к бине начинается, когда человек не ощущает под собой никакой основы. Эта связь очень серьезная и тщательно просчитывается. Тут решается четкая, внутренняя математическая, психологическая задача, просчитывается количество света, толщина экрана, авиюта и прочее. И одновременно это приводит к тому, что ты полностью находишься под Высшим.

Только сейчас я понял, почему глава начинается с красной телицы.

Так и говорится, что эгоистов, то есть духовных преступников, она освящает, а святых, наоборот, делает преступниками. Работает и в ту, и в другую сторону.

Потом, когда красную телицу сжигают, именно ее прах и становится общим свойством. Ты сжигаешь все: и свойство отдачи, и свойство получения, – от них ничего не остается. Единственное, что остается от красной телицы, – это пепел, который имеет особое общее свойство.

СМЕРТЬ В ШАТРЕ

Царь Давид говорил, что он может объяснить все, кроме закона о красной телице.

Да, потому что речь идет о высшем свойстве. Оно находится в кетэр – в самой высшей духовной инстанции, откуда нисходит идея создать человека, равного Творцу. Именно это свойство и работает здесь над тем, кто есть человек и как он может возвыситься до подобия Творцу.

Постоянно на всех уровнях эти законы повторяются?

Везде действуют совершенно одинаковые законы. Есть сокращение – *цимцум алеф*, экран – *масах* (сопротивление эгоизму). Затем идет расчет над экраном: насколько я могу уподобиться свойству, которое обнаруживаю.

После того, как делаю на себе сокращение и ставлю экран, я обнаруживаю перед собой свойство отдачи, любви, связи – свойства, противоположные мне. Я открываю перед собой новый мир и теперь понимаю, каким образом могу быть подобным ему, насколько могу в нем участвовать.

Это и есть расчет. Он производится с совокупностью свойства бины и малхут и заключается в том, чтобы использовать свои бывшие эгоистические свойства для альтруистических действий.

После рассказа о красной телице снова повторяется:

/11/ ТОТ, КТО ПРИКОСНЕТСЯ К КАКОМУ-НИБУДЬ ЧЕЛОВЕКУ УМЕРШЕМУ, НЕЧИСТ ОН НА СЕМЬ ДНЕЙ...

/13/ ВСЯКИЙ, КТО ПРИКОСНЕТСЯ К КАКОМУ-НИБУДЬ ЧЕЛОВЕКУ УМЕРШЕМУ И НЕ ОЧИСТИТ СЕБЯ...

Говорится о внутренних свойствах человека, а не об умерших людях. Это в себе я прикасаюсь к своим эгоистическим свойствам, выясняю, каким образом могу работать с ними, исправлять их и при этом оставаться святым, то есть быть направленным на отдачу.

Умершие свойства – это свойства, которые умерли во мне эгоистически. Я потратил огромное количество сил и времени, чтобы умертвить их, и больше не хочу употреблять.

Но если теперь я хочу оживить эти свойства, чтобы использовать на отдачу, то это будет уже воскрешение мертвых. Допустим, я был вором, а теперь свои навыки использую на пользу обществу.

Со стороны нашего мира каббалист выглядит слабаком, все время он находится в состоянии неуверенности.

Но, с другой стороны, он привязан к Творцу, всё, что есть в Творце, – это всё существует и в нем. Какой же он слабак? А неуверенность необходима, чтобы идти вперед. Иначе никак! Самые большие силы – самые микроскопические. Посмотри на атом, например.

…ЕСЛИ ЧЕЛОВЕК УМРЕТ В ШАТРЕ, ТО ВСЯКИЙ, КТО ВОЙДЕТ В ШАТЕР, И ВСЕ, ЧТО В ШАТРЕ, НЕЧИСТО БУДЕТ СЕМЬ ДНЕЙ.

Внешнее окружение человека – это дом, двор, поле. Но начинается все с шатра. После одежды самым близким к телу человека является шатер.

Шатры делали из шкур и шерсти животных. Из них же шили одежду. Шерсть – самая близкая к телу человека субстанция. Кстати говоря, очень хорошо для здоровья спать на шерсти. Шерсть, кожа, шелк – материалы, самые лучшие для нашего тела. И жить в шатре тоже полезно, совершенно другая аура, как говорят.

Что такое – умереть в шатре?

Человек эгоистически получил всё в себя, и поэтому даже внешняя оболочка его не спасла: ни его одежда, ни шатер. Поэтому их надо очищать, чтобы продолжать использовать. В прошлом одежду передавали из поколения в поколение, при этом тоже очищали ее.

В духовном очищение делается передачей экрана от одного состояния к другому. Ведь когда мы говорим, что человек умирает, то не имеем в виду физическую смерть, мы говорим об умерщвлении его прошлого состояния.

Переход из одного состояния в другое – это, так называемые, круговороты жизни, то есть человек меняет свои состояния. Что в нем остается, а что меняется? Почему это называется «новая жизнь»? Новая жизнь относительно старой – что остается в прошлом, а что крутится дальше? Каким образом я использую свои старые инструменты, в том числе одежду, шатер и всё остальное, – об этом и говорится в Торе.

ДЛЯ ЧЕГО НУЖНА ЗАТЫЧКА?

Ведущий:

/15/ И ВСЯКИЙ ОТКРЫТЫЙ СОСУД, НА КОТОРОМ НЕТ ЗАТЫЧКИ, ОБВЯЗАННОЙ ШНУРКОМ, НЕЧИСТ.

Вдруг возникает здесь сосуд?

Как же иначе?! Человек состоит из *келим* (сосудов). Мы, наши желания, намерения, свойства, всё, что есть в нас, – это маленькие сосудики.

Если свойство не оформлено во мне, на него нет экрана, я не пользуюсь им после сокращения, оно открыто для любого моего действия, в том числе эгоистического, то это означает, что нет затычки, нет контроля. Это нечистый сосуд.

Человек обязан ощутить в себе это свойство, создать на него экран и держать его закрытым. Знать, к какому состоянию оно относится и когда можно применять его для своего движения вперед.

Мой сосуд очищен и закрыт, – такое состояние должно быть у человека. Иначе он будет подвергаться всевозможным влияниям, внешним или внутренним, что, на самом деле, одно и то же.

Человек открывает сосуд только тогда, когда считает это действие необходимым для окружающего его общества.

/16/ И ВСЯКИЙ, КТО ПРИКОСНЕТСЯ НА ПОЛЕ К УБИТОМУ МЕЧОМ, ИЛИ К УМЕРШЕМУ, ИЛИ К КОСТИ ЧЕЛОВЕЧЕСКОЙ, ИЛИ К МОГИЛЕ, НЕЧИСТ БУДЕТ СЕМЬ ДНЕЙ. /17/ И ВОЗЬМУТ ДЛЯ НЕЧИСТОГО ПЕПЛА ТОЙ СОЖЖЕННОЙ ГРЕХООЧИСТИТЕЛЬНОЙ ЖЕРТВЫ, И ПОМЕСТЯТ В СОСУД, И ЗАЛЬЮТ ЕГО ЖИВОЙ ВОДОЙ.

Получается, что жертва, то есть эта красная корова, может очистить?

Она очищает нечистых и оскверняет чистых.

Речь идет о соотношении малхут и бины. Или малхут над биной, или бина над малхут – ничего другого тут нет. Человек чист только до определенного предела. Если вдруг он приоткрыл себя, свою малхут больше, чем позволяет ему его свойство бины, то становится нечистым.

О чем здесь рассказывается? Об очень сложной системе. Говорится о том, что человек не может стать чистым, если нечист. И, наоборот, нечистым может стать тот, кто был чистым.

В духовном всегда существует взаимная зависимость чистоты от нечистоты. А в человеке двоякость – не то и не другое – является проблемой, с этим мы не можем работать. Поэтому мысли, свойства, взгляды человека абсолютно другие.

Еще из главы «Закон».

/20/ А ЧЕЛОВЕК, КОТОРЫЙ БУДЕТ НЕЧИСТ И НЕ ОЧИСТИТ СЕБЯ, ОТТОРГНУТА БУДЕТ ДУША ТА ИЗ СОБРАНИЯ…

То есть он не сможет примкнуть к остальным, будет выделяться из общей души. Стан – это связь между людьми, общая душа. Чтобы вернуться в собрание, говорится в Торе, человек должен иногда выходить из стана, проводить дни очищения, совершать определенные действия.

И УМЕРЛА ТАМ МИРЬЯМ…

Начинается движение.

/1/ И ПРИШЛИ СЫНЫ ИЗРАИЛЯ, ВСЕ ОБЩЕСТВО, В ПУСТЫНЮ ЦИН В ПЕРВЫЙ МЕСЯЦ, И РАЗМЕСТИЛСЯ НАРОД В КАДЕШЕ; И УМЕРЛА ТАМ МИРЬЯМ, И ПОХОРОНЕНА БЫЛА ТАМ.

Когда пишется, что они шли сорок лет, то кажется, что это были огромные переходы. На самом деле ничего подобного. Пройти от Красного моря до границы за Иорданом и выйти через Иордан в Землю Израиля – это всего неделя пути, от силы – две. На машине сегодня три часа езды.

Что значит – «они шли»? Передвигались с места на место и останавливались. Стоит стан – они пасут своих овец, коз, делают какие-то работы. Если мы разбираем этот рассказ в рамках нашего мира, то так они стоят несколько лет. Потом переходят в другое место. И тут обосновываются еще на несколько лет. Так что путешествие по пустыне является весьма относительным по времени.

Написано, что они пришли в пустыню Цин, и умерла Мирьям. И была похоронена там. Всё время она шла с ними. Известна песня Мирьям после перехода через Красное море...

Мирьям была предводительницей женщин. Она – сестра Моше, то есть в ней тоже проявляется свойство бины, хотя Аарон, Моше и Мирьям олицетворяют собой разные свойства.

Любое духовное свойство состоит из мужской и женской части желаний. Как Адам и Хава (Ева). Женская часть обычно называется *авиют* (желание), а мужская – *масах* (экран) и отражающий свет. Женская часть притягивает, мужская – отталкивает.

Смерть Мирьям означает, что исправлена та часть их общего желания по выходе из Египта, которая еще связывала Моше с Египтом. Мирьям была связующим звеном между Батьей (дочерью фараона), приемной матерью Моше, и его родной матерью Йохевед.

Смерть Мирьям олицетворяет собой, что исчезло это связующее звено и они отрываются от Египта на следующую ступень.

Когда дочь фараона Батья нашла корзинку с Моше, Мирьям посоветовала взять его на воспитание и найти ему кормилицу из евреек. Моше передали обратно в руки его матери Йохевед, и она его вскормила, с одной стороны. С другой стороны, Батья брала его во дворец фараона, следила за его воспитанием.

Мирьям всё время бегала от дома фараона к дому Моше. Тут говорится о переходе: малхут на своем месте и малхут в бине, снова малхут на своем месте и малхут в бине. Из этих переходов и создалось условие выхода из Египта – отрыв от эгоизма.

Мирьям отработала свое – уходит звено, связывающее народ Израиля и Египет. В той же главе Аарон умирает. И скоро придет очередь Моше покинуть этот мир. Предводители начинают оставлять свой народ. Впереди – новая стадия. В главе «Закон» уже чувствуется приближение к Эрец Исраэль. Пошли очень трудные главы.

ОН УХОДИЛ НА МОИХ ГЛАЗАХ

В духовном мире смерть предводителя означает прелюдию к следующему рождению. Предыдущая ступень уже отходит, отрабатывает свое и поднимается выше.

Бывает так, что сам праведник выполнил свою миссию, но не передал ее следующим поколениям. Это уже не наш расчет, он зависит от общего состояния всего мира, его готовности двигаться вперед.

Так произошло со смертью рабби Шимона. Написанная им великая Книга Зоар была скрыта от людей многие-многие столетия.

Или другой пример. Что осталось после смерти Бааль Сулама? Конечно, сын с его учениками. Но постепенно умирают ученики Бааль Сулама и все знавшие его, а немногие из тех, кто остался, сидят в закрытом месте и тихонько учат. Многие годы, более 30 лет, они занимались маленькой группой людей, пока не пришли новые ученики.

Глава «Закон»

Бааль Сулам скончался в 1954 году. Тоже умирал не простой смертью. И как реализовались все его надежды на лучшее? Очень сложная система. Ничего тут нельзя знать заранее.

Взять последние слова АРИ своему ученику: «Вот сейчас я умираю, и кто из вас остается? Были надежды на то, что мы сможем привести Машиаха, а сами… К чему мы пришли?» Никто из них не остался, кроме Хаима Виталя. Да и как он может учить один, без группы?

Не должно быть под нами никакой опоры, все время ты как бы паришь в воздухе. Живешь, не чуя под собой земли.

Непосредственно перед смертью РАБАШа Вы ожидали, что он скоро умрет? Или это знание закрывают?

Нет, у меня такого предчувствия не было. Не было никаких признаков, что его жизнь действительно закончится в 91-м году.

Это случилось передо мной буквально в течение получаса. После урока я сел в машину и приехал в больницу. Когда пришел, РАБАШ был еще в сознании, он начал умирать на моих глазах. Всё произошло неожиданно, с удивительной скоростью, поэтому страшно.

Я пытался его растормошить, позвал врачей, началась реанимация, всех выставили из палаты. Но я вышел наружу и все видел через окно. Подключили электростимулятор, еще что-то, – они делали, что могли. Старик. Он уже уходит. Но они понимали, что я смотрю, и пытались вернуть его.

Не только я, но и вся группа, – никто не был готов к его уходу. Были у него сердечные приступы, как потом выяснилось, но никто об этом не знал. И кардиограмма не показывала. Интересно, что и аппарат не видел!

Как-то вечером РАБАШ почувствовал себя нехорошо, мы не знали, ехать ли в больницу. Тогда я позвал знакомого врача из Бней-Брака, русскоязычного, очень пожилого. Он привез с собой кардиограф, посмотрел и показал: «Что-то мне не нравится здесь», – хотя никаких четких признаков на кардиограмме не было видно. Старый, опытный врач, он решил, что надо обратиться в больницу, и поехал вместе с нами.

Положили РАБАШа в общее отделение, потом перевели в кардиологическое, потом снова в общее. Врачи сами не улавливали, что происходит. Лишь тот, самый первый врач, почувствовал, что здесь инфаркт, как потом оказалось, уже не первый.

ПОЧЕМУ НЕ СКАЗАЛ, А УДАРИЛ?

В главе «Закон» тоже уходят лидеры. И на этой ступени снова начинаются волнения народа. Написано:

/2/ И НЕ БЫЛО ВОДЫ ДЛЯ ОБЩЕСТВА, И СОБРАЛИСЬ ОНИ ПРОТИВ МОШЕ И ААРОНА. /3/ И СПОРИЛ НАРОД С МОШЕ, И СКАЗАЛИ ТАК: «ЛУЧШЕ БЫЛО НАМ УМЕРЕТЬ, КАК УМЕРЛИ БРАТЬЯ НАШИ ПРЕД БОГОМ! /4/ ЗАЧЕМ ПРИВЕЛИ ВЫ СОБРАНИЕ БОГА В ЭТУ ПУСТЫНЮ? ЧТОБЫ УМЕРЕТЬ ТУТ НАМ И СКОТУ НАШЕМУ? /5/ И ЗАЧЕМ ВЫВЕЛИ ВЫ НАС ИЗ ЕГИПТА? ЧТОБЫ ПРИВЕСТИ НАС В ЭТО ДУРНОЕ МЕСТО, МЕСТО, ЛИШЕННОЕ ПОСЕВА И СМОКОВНИЦ, И ВИНОГРАДА, И ГРАНАТОВ? ДА И ВОДЫ НЕТ ДЛЯ ПИТЬЯ». /6/ И

ПОШЛИ МОШЕ И ААРОН ОТ СОБРАНИЯ КО ВХОДУ В ШАТЕР ОТКРОВЕНИЯ, И ПАЛИ НИЦ, И ЯВИЛАСЬ ИМ СЛАВА БОГА.

Вода – это свойство отдачи, в ней заключается вся жизнь. Ропот народа на этой ступени связан с отсутствием свойства отдачи.

Свойство бины – это свойство воды, то есть оживляющей силы, без которой земля (в данном случае – народ) является прахом. Без воды ничего не сделаешь.

Нет свойства отдачи, нет источника получения силы, которая оживляла бы людей. И раньше, и теперь они желают быть в свойстве отдачи, любви, связи. Но где это свойство? Нет воды в пустыне, потому что мы не добываем ее!

Надо самим оживить себя – духовное оживление происходит только под воздействием свойства бины.

В Египте они, по крайней мере, могли работать и получать ради себя. А здесь надо получить ради отдачи. Здесь нет ничего. Сухая смерть.

«Явилась им слава Бога», говорится:

/7/ И ГОВОРИЛ БОГ, ОБРАЩАЯСЬ К МОШЕ, ТАК: /8/ «ВОЗЬМИ ПОСОХ И СОЗОВИ ВСЕ ОБЩЕСТВО, ТЫ И ААРОН, БРАТ ТВОЙ, И СКАЖИТЕ СКАЛЕ У НИХ НА ГЛАЗАХ, ЧТОБЫ ДАЛА ОНА ВОДУ; И ИЗВЛЕЧЕШЬ ТЫ ДЛЯ НИХ ВОДУ ИЗ СКАЛЫ, И НАПОИШЬ ОБЩЕСТВО И СКОТ ИХ».

Вместо того, чтоб попросить, Моше ударил по скале. Вместо молитвы, вместо подъема МАН, он произвел свойство суда – *дин*. И поэтому сразу же следует наказание.

Сказать скале – это подъем молитвы, правильное соединение эгоизма людей со свойствами Творца, со свойствами бины. В этом случае Моше получил бы свойства высшего света, с помощью которого можно сделать следующие шаги к исправлению, к подъему.

Матэ (посох) – от слова *мата*, ниже или выше по важности. Это указатель, с которым человек идет вперед, то есть собирается действовать выше своего знания. Если он берет посох и поднимает его над землей, то это означает, что человек поднимается над собой.

Ведущий:

/9/ И ВЗЯЛ МОШЕ ПОСОХ, БЫВШИЙ ПРЕД БОГОМ, КАК ОН И ПОВЕЛЕЛ ЕМУ. /10/ И СОЗВАЛИ МОШЕ И ААРОН СОБРАНИЕ ПЕРЕД СКАЛОЙ, И СКАЗАЛ ИМ Моше: «СЛУШАЙТЕ ЖЕ, СТРОПТИВЫЕ: НЕ ИЗ ЭТОЙ ЛИ СКАЛЫ ИЗВЛЕЧЬ НАМ ДЛЯ ВАС ВОДУ?». /11/ И ПОДНЯЛ МОШЕ РУКУ СВОЮ, И УДАРИЛ ПО СКАЛЕ ПОСОХОМ СВОИМ ДВА РАЗА, И ОБИЛЬНО ПОТЕКЛА ВОДА, И ПИЛО ОБЩЕСТВО И СКОТ ЕГО.

Ему велели: «Скажи!» Почему же Моше не послушался и ударил?

Да, ударил, причем два раза. Есть на эту тему очень много всевозможных пояснений.

Моше был связан с народом, одновременно он не мог быть связан с Творцом в той же мере. Поэтому ударил по скале, но это действие не его. Народ вызвал в нем такую реакцию. Тут идет сопереживание с малхут, которая очень старается достичь свойства бины – отдачи. Насколько Моше жалко народ, что он ударяет посохом по скале.

Возьми любого человека, даже самого большого мудреца, желающего работать только на отдачу. Если его маленький сын или внук страшно страдает, причем совершенно безосновательно, или над ним издеваются, или другие жуткие вещи с ним происходят, – насколько при этом он сможет оставаться в своей преданности свойству отдачи? Понимать, что на самом деле это – милосердие, а не свойство суда? Ведь кровь – не вода.

Все время проверяют человека, насколько он действительно входит в Высшее управление. Дело не в том, что он входит и сразу все ясно видит. Эгоистически это не открывается!

Все выявляется только в свойстве отдачи, в свойстве подъема над своим эгоизмом, в котором ты чувствуешь страдания твоего маленького ребенка сильнее, чем он сам.

МЕЖДУ НАРОДОМ И ТВОРЦОМ

Если говорить о связи Моше с Творцом и связи Моше с народом, то сейчас превалирует его переживание за народ…

Если бы Моше не переживал вместе с народом, то не смог бы поднять желания людей к Творцу.

Моше находится между народом и Творцом. Весь вопрос в том: мог ли он поступить по-другому? Нет, не мог.

Он настолько проникается страданиями народа, что не может поступить иначе. В этом и заключается его правильный подход к Творцу. Народ не может обратиться к Творцу, поэтому именно Моше поднимает их молитву. В этом он просто отдается народу. Ударом посоха о скалу Моше передает отношение людей к происходящему.

Моше вобрал в себя крик людей. Благодаря этому, народ может войти в Землю Израиля, в отличие от Моше. Здесь он полностью соединяет себя и с народом, и с Творцом.

Тут вспоминается крик Бааль Сулама, чтобы спустили его с высоты, на которой он находится, чтобы люди услышали, почувствовали его. Или Авраам, который просил не уничтожать погрязший в грехах город Сдом.

Это и говорит о том, что праведник находится в точке соединения народа, человечества и Творца.

Не возникает ли у Вас иногда такого внутреннего крика по отношению к группе? Ведь приходят на утренний урок не для того, чтобы делать карьеру, зарабатывать деньги. Я смотрю, насколько все хотят продвигаться, у всех – одно желание…

Ну, все-таки двигаются. То, что хочется скорее – понятно, но мы еще маленькие.

Время работает и очень активно. Жестокость человечества, которая проявляется сейчас все больше и больше, я бы сказал, тупость в отношениях между странами, между людьми дает надежду на то, что действительно время работает. И на самом деле это – помощь. Так что нам придется тоже в чем-то быть подобными Моше.

ПОСПОРИЛИ СЫНЫ ИЗРАИЛЯ С БОГОМ

Итак, вместо того, чтобы сказать, как повелел ему Творец, ударил Моше по скале два раза. Он соединился с народом, сопереживая ему.

Дальше написано:

/12/ И СКАЗАЛ БОГ, ОБРАЩАЯСЬ К МОШЕ И ААРОНУ: «ЗА ТО, ЧТО ВЫ НЕ ПОВЕРИЛИ МНЕ, ЧТОБЫ ОЗНАМЕНОВАТЬ СВЯТОСТЬ МОЮ НА ГЛАЗАХ У СЫНОВ ИЗРАИЛЯ, НЕ ВВЕДЕТЕ ВЫ СОБРАНИЕ ЭТО В СТРАНУ, КОТОРУЮ Я ДАЛ ИМ!». /13/ ЭТО место называется МЕЙ-МЕРИВА ИЗ-ЗА ТОГО, ЧТО СПОРИЛИ СЫНЫ ИЗРАИЛЯ С БОГОМ, И ОН ЯВИЛ ИМ СВЯТОСТЬ СВОЮ.

Вместо того, чтобы быть завязанным только на Творца, Моше сопереживает народу. В этом его прегрешение?

Моше не мог иначе. И Творец не мог, потому что тут еще нет связи малхут и бины, она преждевременна. Она появится только на следующем уровне, на уровне Йехошуа, который после всевозможных более мелких исправлений введет народ в Эрец Исраэль.

Вот что происходит дальше:

/14/ И ОТПРАВИЛ МОШЕ ПОСЛОВ ИЗ КАДЕША К ЦАРЮ ЭДОМА: «ТАК СКАЗАЛ БРАТ ТВОЙ ИЗРАИЛЬ: ТЫ ЗНАЕШЬ ВСЕ НЕВЗГОДЫ, КОТОРЫЕ ПОСТИГЛИ НАС. /15/ СОШЛИ ОТЦЫ НАШИ В ЕГИПЕТ, И ОСТАВАЛИСЬ МЫ В ЕГИПТЕ МНОГО ВРЕМЕНИ, И ПЛОХО ОБРАЩАЛИСЬ ЕГИПТЯНЕ С НАМИ И С ОТЦАМИ НАШИМИ. /16/ И ВОЗЗВАЛИ МЫ К БОГУ, И УСЛЫШАЛ ОН ГОЛОС НАШ, И ОТПРАВИЛ ПОСЛАНЦА, И ВЫВЕЛ НАС ИЗ ЕГИПТА; И ВОТ, МЫ В КАДЕШЕ, ГОРОДЕ НА КРАЮ ГРАНИЦЫ ТВОЕЙ. /17/ ПОЗВОЛЬ НАМ ПРОЙТИ ЧЕРЕЗ СТРАНУ ТВОЮ! НЕ ПОЙДЕМ МЫ ПО ПОЛЯМ И ВИНОГРАДНИКАМ И НЕ БУДЕМ ПИТЬ ВОДУ ИЗ КОЛОДЦЕВ; ГЛАВНОЙ ДОРОГОЙ ПОЙДЕМ, НЕ СВЕРНЕМ

НИ ВПРАВО, НИ ВЛЕВО, ПОКА НЕ ПЕРЕЙДЕМ ГРАНИЦЫ ТВОЕЙ».

/18/ НО СКАЗАЛ ЕМУ ЭДОМ: «НЕ ПРОЙДЕШЬ ТЫ ЧЕРЕЗ МЕНЯ, А ТО Я С МЕЧОМ ВЫСТУПЛЮ ПРОТИВ ТЕБЯ!». /19/ И СКАЗАЛИ ЕМУ СЫНЫ ИЗРАИЛЯ: «ПО ПРОЛОЖЕННОЙ ДОРОГЕ ПОЙДЕМ, И ЕСЛИ ВОДУ ТВОЮ ПИТЬ БУДЕМ, Я И СТАДА МОИ, ТО ДАМ ПЛАТУ ЗА НЕЕ. НИЧЕГО БОЛЬШЕ, ТОЛЬКО ПЕШКОМ ПРОЙДУ!». /20/ НО ОН СКАЗАЛ: «НЕ ПРОЙДЕШЬ!». И ВЫСТУПИЛ ЭДОМ ПРОТИВ НЕГО С МНОГОЧИСЛЕННЫМ НАРОДОМ И С РУКОЙ СИЛЬНОЙ. /21/ И ОТКАЗАЛСЯ ЭДОМ ПОЗВОЛИТЬ ИЗРАИЛЮ ПРОЙТИ ЧЕРЕЗ ГРАНИЦУ ЕГО; И ОТОШЕЛ ИЗРАИЛЬ ОТ НЕГО.

Почему так сопротивляется Эдом? Ведь речь идет не о захвате Эдома, а просто о переходе через него?

Мы имеем дело с системой. Если Эдом позволит Израилю пройти через себя, то этим он связывает себя с ним. А Эдом – свойство очень серьезного эгоизма.

Эдом – это гористая страна, которая находится рядом с Израилем, на территории современной Иордании. Когда едешь в Эйлат, то за рекой Иордан видишь горы – это и есть Эдом. Он олицетворяет собой проход к Земле Израиля, невозможно по-другому прийти к ней.

Все блуждания народа по пустыне говорят о духовных сочетаниях малхут и бины, каким образом подготавливать себя к тому, чтобы войти в Землю Израиля (малхут) и завладеть ею свойствами бины (отдачи), с которыми они пришли.

Сорок лет пустыни люди собирают свойства бины, а потом входят в Землю Израиля. Но это – еще не Земля Израиля, она находится под властью семи народов. Начинается ее завоевание свойствами бины.

Переход через Эдом – это проход от малхут к бине. Самый последний переход, проход через эгоистическое свойство, последнее перед Эрец Исраэль. И им не дают его сделать, потому что люди еще не готовы.

Эрец Исраэль – тоже эгоистическая! Там надо завоевать и исправить (изгнать) семь народов. Хэсэд, гвура, тифэрэт, нэцах, ход, есод, малхут – семь клипот, огромных, эгоистических нечистых сил, с которыми предстоит воевать.

Народ Израиля должен понять, что без победы над своим эгоизмом он не пройдет в Землю Израиля, что проход должен быть завоеванием. Завоеванием себя.

ДВЕРЬ В ТАЙНУЮ КОМНАТУ

С точки зрения нашего мира, глава «Закон» – это набор трагедий. Здесь говорится о красной телице, о смерти вождей: Мирьям и Аарона.

**Моше совершает прегрешение: вопреки повелению Творца бьет по скале и получает предостережение: «Ты не войдешь в Эрец Исраэль». И не могут евреи пройти в Землю Израиля – другие народы не дают им.
Но Тора – это ведь не сборник историй?**

Да, это очень важно понять. Мы, к сожалению, находимся на таком уровне, что все написанное в Торе от нас действительно скрыто, и передать это словами невозможно. Даже если говоришь, что рассказываешь о тайнах Торы, то речь не идет о настоящих тайнах.

Настоящую тайну рассказать нельзя, потому что человек не может воспринять ее. Например, как объяснить ребенку какое-то сложное устройство. Можно открыть перед ним компьютер, показать сверхсекретные таблицы. Но они так и останутся непонятными ему, потому что к раскрытию секрета надо быть готовым.

Конечно, у нас получается немножко приоткрыть тайны Торы, по крайней мере, показать, что от чего зависит, что стоит за этими событиями. Мы стремимся чуть-чуть приподнять занавес, а дальше все зависит от человека.

Приоткрыв дверь, мы сказали: «Дальше идет ступень в следующий мир, в более высокое измерение. Ты можешь и сейчас подняться туда, увидеть, услышать, понять и изучить все это. Можно одновременно существовать в том и в нашем мире. Нет никаких ограничений, кроме тебя самого. Ты можешь расширить свое познание, свои ощущения до состояния, когда они будут включать в себя всю бесконечность. Но это зависит только от тебя! Пожалуйста, делай».

И расступается туман, и перед тобой проявляется огромное поле деятельности.

Но тут все совсем не просто. Человек должен понять: тайна не в том, что от него что-то скрывают, а в том, что он не дорос до этой тайны. Главное – ощутить: если ты будешь прилагать усилия, то эта тайна станет явью.

Все зависит от тебя, тайное знание находится перед тобой, ничем не защищено, кроме твоего внутреннего ограниченного разума и ощущения.

Письма, которые мы получаем, говорят о том, что люди чувствуют бесконечность и глубину Торы. Есть дорога, есть, куда стремиться.

Как воспринимал эту книгу человек того времени, когда она была написана? Он понимал ее внутренний смысл?

Тора написана на все времена. Когда создавалась эта книгу, то люди находились на ее уровне, поэтому описания одновременно претворялись в жизнь, выполнялись на практике. Так по этим ступеням они и шли.

Когда здесь идет речь о сорокалетнем путешествии народа Израиля по пустыне, то имеется в виду подъем из малхут в бину. Это было серьезное испытание, но они его выдержали. Постижения народа во время подъема по духовным ступеням до входа в Эрец Исраэль – это и есть то, что описал Моше.

Не надо думать, что те, кто вошли в Эрец Исраэль (Землю Израиля), были по уровню выше, чем Моше, хотя они вроде бы удостоились права войти.

Нет у нас большего пророка, чем Моше. В самой Торе сказано, что после Моше не было, нет и не будет такого человека, который бы говорил с Творцом лицом к лицу.

Моше не вошел в Эрец Исраэль, не участвовал в строительстве Храмов?

Это не важно. То, что происходит далее, является исправлением следующей ступени, которая тоже не является полностью совершенной. Она вся проходит под состоянием подъема в мир Ацилут. В наше время мы только начинаем осваивать ступени восхождения. И получается, что подъем в мир Ацилут необходим для того, чтобы затем спуститься вниз.

Наш подъем – это верное продолжение пути Моше в пустыне (в подъеме в бину). Мы поднимаемся в бину по той же пустыне и должны пройти те же состояния, включая египетское и вавилонское изгнания.

Впереди серьезная работа, которую мы будем проходить уже в третий раз. Что значит – в третий раз? Был подъем и затем разрушение первых четырех ступеней, так называемых, *малахим* (*малахэй дахгат* – даат, хэсэд, гвура, верхняя часть тиферет). Это разрушение Первого Храма.

Потом идет подъем из разрушения, то есть строительство Второго Храма – *малахэй таним* (нижняя часть тиферет, нэцах, ход, есод, малхут).

Сейчас начинается подъем к строительству Третьего Храма и его нисхождение с уровня Ацилут на уровень нашего мира. Сказано, что Третий Храм включает в себя два предыдущих.

Всё, для чего поднимались и разрушались два предыдущих Храма, будет учитываться в исправлении, то есть в наших желаниях, свойствах, намерениях. Для того они и разрушались, чтобы из их осколков мы могли создать правильные соединения в Третьем Храме.

Третий Храм уже не разрушается?

Нет, Третий Храм состоит из Первого и Второго. Их разрушение и смешивание необходимо, чтобы построить Третий Храм.

За 70 лет до разрушения Второго Храма было известно, что с ним произойдет, так же, как и о том, что ждет Первый Храм. В Торе пишется и о Третьем Храме. Каббалисты ясно видят все эти этапы, ступени, все движения до полного исправления.

В главе «Закон» Эдом не пропустил израильтян пройти через свою границу.

…И ВЫСТУПИЛ ЭДОМ ПРОТИВ НЕГО С МНОГОЧИСЛЕННЫМ НАРОДОМ И С РУКОЙ СИЛЬНОЙ. /21/ И ОТКАЗАЛСЯ ЭДОМ ПОЗВОЛИТЬ ИЗРАИЛЮ ПРОЙТИ ЧЕРЕЗ ГРАНИЦУ ЕГО; И ОТОШЕЛ ИЗРАИЛЬ ОТ НЕГО.

ГЛАВА «ЗАКОН»

/22/ И ДВИНУЛИСЬ ОНИ ИЗ КАДЕША, И ПРИШЛИ СЫНЫ ИЗРАИЛЯ, ВСЕ ОБЩЕСТВО, К ГОРЕ ОР. /23/ И СКАЗАЛ БОГ, ОБРАЩАЯСЬ К МОШЕ И ААРОНУ У ГОРЫ ОР, НА ГРАНИЦЕ СТРАНЫ ЭДОМА, ТАК: /24/ «ПРИОБЩИТСЯ ААРОН К НАРОДУ СВОЕМУ, ИБО НЕ ВОЙДЕТ ОН В СТРАНУ, КОТОРУЮ Я ДАЛ СЫНАМ ИЗРАИЛЯ, ЗА ТО, ЧТО ВЫ ПОСТУПИЛИ ВОПРЕКИ СЛОВУ МОЕМУ...

О водах распри.
/25/ ВОЗЬМИ ААРОНА И ЭЛЬАЗАРА, СЫНА ЕГО, И ВОЗВЕДИ ИХ НА ГОРУ ОР, /26/ И СНИМИ С ААРОНА ОДЕЖДЫ ЕГО, И ОБЛАЧИ В НИХ ЭЛЬАЗАРА, СЫНА ЕГО, А ААРОН УМРЕТ ТАМ».

Говорится, что «приобщится Аарон к народу своему, ибо не войдет он в страну, которую Я дал сынам Израиля». То есть он как бы умрет?

Это не смерть, а подъем. **Состояние,** когда человек умирает, в каббале считается восхождением: он ушел наверх, то есть поднялся на следующую ступень. Смерть – не трагическое обстоятельство.

В каббале мы изучаем, что тело *миздахэх* – исчезает. Эгоизм как бы утончается до тех пор, пока человек не исчезает полностью. И при этом возникает уже на следующей ступени. Смерть тела необходима для следующего восхождения души. Поэтому после смерти человека читается Кадиш – молитва, восхваляющая Творца за то, что тело умерло, а душа поднялась. Начинается новая ступень.

Почему именно на горе отец (Аарон) передает сыну (Эльазару) одежды свои?

Все горы представляет собою помехи, над которыми человек должен возвышаться. Слово *ор* происходит от *ирурим* – сомнения.

Здесь возникает проблема. Аарон – левое свойство, свойство суда, свойство жесткости, которое должно быть ограничено. В первую очередь оно должно быть исправлено, умерщвлено в своем применении, в материале, в желаниях. Следующих испытаний типа Аарон уже не будет, поэтому он умирает. Дальше с народом пойдет Эльазар. Вслед за Аароном умрет Моше.

Два великих свойства – Моше и Аарон – не могут войти в Землю Израиля, потому что слишком высоки для нее. Точнее – не для самого места, а для народа, для его исправления. Невозможно с помощью таких высоких свойств работать с ним.

Сейчас народ входит в свои желания. При этом он не заменяет желания египетские на желания пустыни, он начинает использовать старые желания в их правильном применении, в их наполнении, поэтому место называется Земля Израиля. Народ уже работает на получение в нее, а не на отдачу. И выходит, что они поднялись до бины, а теперь им надо спускаться с уровня бины до малхут.

Народ не может спуститься в малхут с помощью свойств Моше и Аарона: это – слишком большие свойства. Для применения в Земле Израиля они не годятся, то есть умирают. Что значит – умирают? В людях, которые сейчас начнут спускаться от бины к малхут и все больше применять малхут, не будет свойств Моше (правая линия) и Аарон (левая линия).

Моше и Аарон – это *рош*, головная часть общей души, поэтому не могут использоваться, в отличие от всех остальных, которые относятся к *гуф* (к телу).

Глава «Закон»

ЗАЧЕМ ЧЕЛОВЕКУ ОДЕЖДА?

И СНИМИ С ААРОНА ОДЕЖДЫ ЕГО, И ОБЛАЧИ В НИХ ЭЛЬАЗАРА, СЫНА ЕГО.

Что такое передать одежды от отца к сыну?

Одеяния (на иврите *левуш*) предполагают исправление тела. Само тело – это эгоизм. Одеяния есть только у человека, он не приспособлен к жизни без одежды. Вначале одежды были только из шкур и шерсти животных. Позднее появился шелк, научились делать ткани из растений – лен, хлопок.

Животные не имеют одежды, так как не нуждаются в исправлении, они – ангелы, созданы для того, чтобы просто выполнять свою миссию. Человек, наоборот, надевает на себя сапоги, шаровары, рубаху, пояс в виде плетеной веревки, халат и тюрбан, – тут перечислено пять видов одежды коэна. Остальные носили что-то подобное, но не в таком величественном виде.

Кроме одежды, человек имеет дом, в те времена – шатер из шкур животных. Считается, что это самая лучшая, самая полезная среда для обитания человека. Кроме шатра, есть огороженный участок – двор. От двора отмеряется еще определенная территория.

Много дворов объединяется в городище. Город огораживается стеной, за ней находится место, окружающее город, – семьдесят ама (древняя единица измерения). И после него еще 2000 ама.

На самом деле, в Торе речь не идет о метрической системе. Всё перечисленное – это пространства, в которых существует душа. Мы видим, сколько всевозможных одеяний находится над нашей душой по аналогии с тем, как мы одеваем наше тело в нашем мире.

Инстинктивно мы существуем в разделенном, составном пространстве.

Внутреннее строение человека требует, чтобы все было организовано таким образом: мой дом, то, что его окружает (сад или двор), потом – улица, район, город и так далее. Человеку это необходимо. Даже если он построит что-то совершенно не в этих пределах и рамках, затем инстинктивно все равно внесет изменения.

Это ощущение человека, чтобы обезопасить себя? Как это определить на пути к свойству отдачи?

Внутренняя потребность души заключается в том, чтобы устроить материальный мир в соответствии с той же системой, как устроена она.

Человек идет вперед в соответствии с тем, насколько правильно обустраивает свои желания: сначала внутренние, затем внешние, еще более внешние – в этих измерениях, в этих требованиях он и исправляет их.

Что проще исправить – верхние одежды (внешние желания) или те, что ближе к телу (внутренние)?

Они исправляются одновременно. Чем больше выходишь из себя, тем глубже должен войти в себя. Как это проявляется в нашем мире? Чем человек богаче внутренне, тем дальше и шире он видит.

Нельзя углубляться только в себя, забыв о мире. Наоборот, если хочешь действительно выйти в мир, то ты должен поднять себя. Все построено на основании простых законов.

Что такое «передать одежды» следующему?

Одеяния – это исправления души. Отец передает сыну свои исправления, поэтому сын является его продолжением, следующей ступенью. Так идет из поколения в поколение. В материальном мире тоже самое: сын может надевать одежды отца. Например, я специально покупал талит своему учителю, а он мне отдавал старый. Потом, когда РАБАШ умер, я взял его пасхальный халат.

Есть, по-моему, только такое ограничение, что нельзя брать обувь. Это самая последняя ступень, и, взяв обувь, ты как бы претендуешь на его ступень. Не уверен, может быть, это просто такой обычай. Хотя на все остальное существуют прямые указания.

КОГДА ХОДИТЬ НА КЛАДБИЩЕ?

Моше и Аарон взошли на гору вместе с сыном Аарона Эльазаром.

/27/ И СДЕЛАЛ МОШЕ, КАК ПОВЕЛЕЛ БОГ, И ВЗОШЛИ ОНИ НА ГОРУ ОР НА ГЛАЗАХ У ВСЕГО ОБЩЕСТВА. /28/ И СНЯЛ МОШЕ С ААРОНА ОДЕЖДЫ ЕГО, И ОБЛАЧИЛ В НИХ ЭЛЬАЗАРА, СЫНА ЕГО; И УМЕР ААРОН ТАМ, НА ВЕРШИНЕ ГОРЫ, И СОШЛИ МОШЕ И ЭЛЬАЗАР С ГОРЫ. /29/ И УВИДЕЛО ВСЕ ОБЩЕСТВО, ЧТО УМЕР ААРОН, И ОПЛАКИВАЛ ААРОНА ТРИДЦАТЬ ДНЕЙ ВЕСЬ ДОМ ИЗРАИЛЯ.

Что значит – умер Аарон на вершине горы?

В Торе под словом умер имеется в виду не телесная смерть. Телесная – это животный уровень человека, и не о чем тут плакать.

Если говорится о смерти Аарона, Мирьям, Моше или других душ, которые постигают Творца и являются основополагающими в системе общей души, называемой Адам, то их смерть означает возвышение.

Аарон умирает, когда отработана система, называемая Аарон. Он полностью исправлен, ему нечего больше исправлять в себе, чтобы быть включенным в общую систему души Адама. Это и называется смертью.

Обычно всё, что в нашем мире воспринимается трагически, в духовном – совсем наоборот. Это просто радость, большая радость. Сказано, что «живы праведники в их смерти больше, чем при их жизни».

Но здесь сказано, обратите внимание:
/29/ …И ОПЛАКИВАЛ ААРОНА ТРИДЦАТЬ ДНЕЙ ВЕСЬ ДОМ ИЗРАИЛЯ.

Да. Оплакивали, потому что он – не с ними. Аарон включился в общее состояние и поэтому они уже не могут рассчитывать на него. Телесной, зримой связи с ним, его поддержки у них уже нет.

Конечно, вся система, называемая Аарон, остается – это огромная система управления в общей системе души Адам. Но она не находится на уровне народа. Поэтому хотя и оплакивали его, но очень ограниченное время.

С точки зрения Торы, запрещено все время оплакивать и ходить на кладбище. Установлены определенные дни, чтобы посещать его: на седьмой день после похорон, через тридцать дней, потом – через год и далее – только в годовщину смерти.

Смерть – возрождение духовной ступени, которая совершенно не относится к похороненному телу. Бааль Сулам говорил: «Совершенно не важно, где закопают мешок с моими костями», потому что кости не имеют никакого значения.

В разные периоды захоронения происходили в разных формах. В древние времена, 2500-3000 лет назад, до изгнания евреев из Земли Израиля, было так – человек умирал, его помещали в пещерку и замуровывали на год. Через год вскрывали, кости и всё, что оставалось от разложения тела, собирали в сосуд, закрывали его и ставили в общую пещеру, вместе с другими такими сосудами. Лишь значительно позднее начали закапывать в землю, как сейчас.

Сегодня мы не знаем очень многих мест захоронения в Сирии, Ираке, Иране, – ведь Земля Израиля была шире, чем сегодня. Например, Аарон и Моше похоронены за рекой Иордан.

В Галилее есть много могил каббалистов древних времен, живших более 2000 лет назад, до разрушения Храма, – их указал АРИ.

АРИ жил в XVI веке в Цфате. Он ходил между Цфатом и горой Мерон, где похоронен рабби Шимон, и указывал захоронения того или другого каббалиста. На это место ставили камни и надписывали имена, какие он называл.

АРИ чувствовал связь корня с ветвью – таким образом он находил места захоронения. Конечно, тут нет речи о духовной части, но есть нечто, что соотносилось с ней, какая-то связь с телом, которое тоже заслуживает уважения, поскольку сопутствовало душе и страдало. Эту связь АРИ четко улавливал. С тех пор в Галилее много мест, где стоят памятники великим каббалистам.

Что такое в человеке отработанная ступень – Аарон?

Мы все зависим друг от друга, связаны в одну систему. В духовном мире, кроме того, что мы взаимосвязаны, каждый из нас несет в себе свою личную основу, которой нет ни в ком другом. Она называется его именем, и это – его личный вклад в общую систему.

Из корня своей души он должен управлять системой, содействовать ей. Вклад человека в систему называется его душой – это то, что он должен вносить во все остальные души. И поэтому каждый очень важен. Все, с одной стороны, являются одной единой душой, а с другой, у каждого есть своя личная душа.

По дедушке я – Шломо. Мое имя Шломо – это как бы моя ступень? Я должен вложить ее в эту общую душу?

Дедушка тут совершенно не причем, и имя его – тоже. Хотя и не зря дали его, не случайно. В человеке есть решимо, так называемая точка в сердце, которую он должен реализовать, чтобы правильно участвовать во всех остальных душах, во всей системе Адама.

Мое участие в системе Адама называется мое «я». Каждый из нас должен его реализовать.

Все части общей души находятся во мне. Но основные из всех миллиардов частей – Авраам, Ицхак, Яаков, Моше, Аарон, Йосеф, Давид. Это основные десять сфирот. На них уже как гроздья нанизываются все остальные.

Аарон отработал свою систему и отключился, отошел к предкам, примкнул к ним. Теперь настала очередь детей продолжать его путь.

«МЫ УНИЧТОЖИМ ЭТОТ НАРОД»

/1/ И УСЛЫШАЛ КНААНЕЙ, ЦАРЬ АРАДА, ЖИТЕЛЬ ЮГА, ЧТО ИЗРАИЛЬ ИДЕТ ДОРОГОЙ ОТ АТАРИМА,

Глава «Закон»

И ВСТУПИЛ В СРАЖЕНИЕ С ИЗРАИЛЕМ, И ЗАХВАТИЛ ПЛЕННЫХ. /2/ И ДАЛ ИЗРАИЛЬ ОБЕТ БОГУ, И СКАЗАЛ: «ЕСЛИ ОТДАШЬ ТЫ НАРОД ЭТОТ В РУКИ МОИ, ТО … уничтожу я города их… ПОСВЯЩУ Я Тебе ГОРОДА ИХ!». /3/ И УСЛЫШАЛ БОГ ГОЛОС ИЗРАИЛЯ, И ОТДАЛ ему КНААНЕЕВ, И УНИЧТОЖИЛ Израиль ИХ И ГОРОДА ИХ, И НАЗВАЛ МЕСТО ЭТО ХОРМА.

Тут идет речь не о войнах в нашем понимании. Все мы существуем в одном желании, в одном теле. С точки зрения эгоизма кажется, что мы ненавидим друг друга. В действительности мы ненавидим свои собственные части, своих детей и родных, самые близкие кажутся нам самыми ненавистными и удаленными. В будущем это все раскроется людям, – и человечество содрогнется от своих деяний.

Всегда и везде в Торе под восстанием людей имеются в виду эгоистические желания. Люди не в состоянии сражаться против них, поэтому, естественно, просят помощи Творца.

В чем заключается победа над кнаанеями, допустим? Человек преодолевает свои эгоистические желания, называемые кнаанеями, и переносит их в альтруистическое использование. Когда восстают в человеке, нападают на него его внутренние кнаанеи, сам он не в состоянии противостоять им и тогда нуждается в помощи Творца.

Творец дает человеку возможность уничтожить в себе эгоистические намерения, – таким образом он и движется вперед.

Завоевание Земли Израиля означает изменение семи основных эгоистических намерений ради себя на намерения ради Творца, на отдачу и любовь.

Человек просит помощи у Творца, чтобы взять эти эгоистические народы? Он клянется их уничтожить?

Человек – это маленький мир, он содержит в себе всё. Израиль стремится уничтожить другие народы, то есть эгоистические желания, которые находятся в нем самом! Ради этого он и просит помощи.

Речь не идет о том, что народ Израиля, который стремится к любви, просит вечного, совершенного, любящего всех Творца кого-то уничтожить. Но, к сожалению, люди не понимают, о чем пишется в Торе, и указывают: «Какой злобный народ! Смотрите, что они делают».

Тора говорит наоборот обо всем, что нас окружает, потому что это находится в абсолютно обратном видении из-за разницы в намерении: ради отдачи или ради собственного наполнения.

Убить себя – это значит убить эгоиста в себе. Убить другого – это значит убить эгоиста в себе, который называется в тебе не твоим, а чужим именем. Другими словами, это твои следующие состояния.

Разговор с предыдущим народом был: «Пропустите нас к Эрец Исраэль, мы пройдем, не задев вас». И ответ им был: «Вы не пройдете через нас, мы вас уничтожим». А сейчас они сами просят Творца: «Мы пойдем и уничтожим этот народ». Произошел прорыв: там еще не было просьбы, а здесь они уже поднялись до нее.

Есть различные методы исправления: частичные, временные, постоянные, конечные. Тора рассказывает, каким образом достигается полное исправление в различных состояниях.

В соответствии с этим мы и идем вперед: одно исправляем, другое оставляем на потом, третье возвращается к нам, поднимается из глубин, и надо снова работать над ним.

ВМЕСТО ПРЯМОГО ПУТИ – ЗИГЗАГИ

/4/ И ДВИНУЛИСЬ ОНИ ОТ ГОРЫ ОР ПО ДОРОГЕ К МОРЮ СУФ, ЧТОБЫ ОБОЙТИ СТРАНУ ЭДОМ, И ИСТОЩИЛОСЬ ТЕРПЕНИЕ НАРОДА ОТ ПУТИ. /5/ И РОПТАЛ НАРОД НА ВСЕСИЛЬНОГО И НА МОШЕ: «ЗАЧЕМ ВЫВЕЛИ ВЫ НАС ИЗ ЕГИПТА? ЧТОБЫ УМЕРЕТЬ В ПУСТЫНЕ?».

Снова происходит последующее исправление первоначальных эгоистических желаний. Часть из них уже исправлена на других уровнях: нулевая, первая, вторая, а сейчас идет работа с более глубокими эгоистическими слоями.

/5/ …«ЗАЧЕМ ВЫВЕЛИ ВЫ НАС ИЗ ЕГИПТА? ЧТОБЫ УМЕРЕТЬ В ПУСТЫНЕ? ВЕДЬ ХЛЕБА НЕТ, И ВОДЫ НЕТ, И ДУШЕ НАШЕЙ ОПРОТИВЕЛА ЭТА НЕГОДНАЯ ПИЩА!». /6/ И ПОСЛАЛ БОГ НА НАРОД ЯДОВИТЫХ ЗМЕЕВ, И ЖАЛИЛИ ОНИ НАРОД, И УМЕРЛО МНОЖЕСТВО НАРОДА ИЗ ИЗРАИЛЯ.

Постоянно возникают точки переворота: вроде бы, пошли, вроде бы, возникло желание: «Дайте мы их уничтожим», – и вдруг снова ропот!

Исправление происходит непростым путём: там спускаешься, тут поднимаешься, но все время зигзагами – напрямую продвигаться невозможно. Так горнолыжник спускается с крутой горы: все время он должен двигаться восьмерками, иначе просто полетит вниз. Таким же образом происходит и подъем.

Все, что было раньше, повторяется, но уже на другом уровне. Причем, интересно, если прежде казалось, что мы несем добро и с его помощью действительно двигаемся вперед, то сейчас обнаруживаем, что, оказывается, это были злые дела, и мы должны исправлять их.

Допустим, человек читает лекции, пишет книги. Всё это поднимает, зажигает его, он доволен, ждет отдачи от людей. В этом проявляется то, что он до сих пор не исправлен, в нем говорит эгоизм. Так и должно быть, я сам такой был. С одной стороны, человек делает нужную работу, но, поднимая этим себя, он должен будет потом все исправлять.

Это и есть восьмерки, по которым продвигаешься. Ты поднимаешься, но потом должен исправлять все зигзаги!

Но подниматься надо? Или оставить все, как есть?

Такова судьба, никуда не денешься. Мы не можем сказать человеку: лучше ничего не делай. Это очень удлиняет путь. Смотришь на него со стороны и видишь – судьба и сами обстоятельства руководят тем, что с ним происходит. Человек идет по уже назначенному ему пути, у него есть начальная и конечная точка, и ничего невозможно избежать.

Эгоизм поднимается, и потом его надо исправлять, тяжело работать. Очень трудно пригнуть себя под группу, под Учителя, даже под Бааль Сулама и РАБАШа. Это все – очень большой труд, на него уйдет много дополнительных лет.

Очень непростые системы исправления. Тысячи лет мы шли такими зигзагами, через падения, повороты, поднимаясь в гору.

Я откровенно говорил с РАБАШем: надо ли всем этим заниматься? Может, лучше не издавать книги, не читать лекции, зачем я ребят к нему привел, что мне от этого? Но он отвечал: «Надо, обязательно надо. Этим ты расширяешь исправление».

И в то же время поднимаешь свой эгоизм, включая в него все, что делаешь. В результате он расширяется, его распирает. Я это вижу и знаю. Тут есть проблема. Но исправление идет только через такие зигзаги.

КОГДА ЛЕКАРСТВО ПРЕВРАЩАЕТСЯ В ЯД

/6/ И ПОСЛАЛ БОГ НА НАРОД ЯДОВИТЫХ ЗМЕЕВ, И ЖАЛИЛИ ОНИ НАРОД, И УМЕРЛО МНОЖЕСТВО НАРОДА ИЗ ИЗРАИЛЯ.

После ропота: «Мы хотим вернуться в Египет», – следует кара. Что такое – ядовитые змеи?

Ты сам вызываешь змея, который находится в тебе, то есть ты согласен быть в твоем исконном эгоистическом желании, хочешь вернуться в это состояние. Если ты стремишься работать на получение, а не на Творца, тогда, пожалуйста, можешь возвращаться к обратному свойству. Но если ты уже проделал определенный путь, то вернуться к нему не получится. Поэтому на сегодняшнем уровне раскрытие эгоизма в тебе является змеиным ядом. Уже не лекарством, а ядом.

Человек исправляет себя тем, что свой прошлый эгоизм он раскрывает, как смерть, как яд, с одной стороны. Но с другой стороны, это – восхождение.

Нет наказания, а есть избавление, освобождение от эгоизма. В том, что они умирают от яда, и заключается их избавление от змея, – в результате они идут дальше.

Когда говорится: «И умерло множество народа из Израиля», – это умерло множество эгоистических желаний?

Речь не идет о разных людях, которые умирают. Всё говорится об одном теле, об одном эгоизме, который надо привести к подобию Творцу. Умерло тело – значит, желание не используется. На этом уровне его эгоизм иссяк. Потом снова как бы то же самое повторится, только уже на новом уровне, – так они и продвигаются.

Другого пути нет, потому что система – круглая, абсолютно замкнутая. Человек не может идти прямым путем. Вся наша история это подтверждает.

Путь Торы – путь страданий, между которыми идет постоянное качание вперед-назад. В ропоте народа и заключается работа с эгоизмом, исправление его, причем не линейным путем, а зигзагами.

Глава
«БАЛАК»

ЗЛОЕ НАЧАЛО – ДВИГАТЕЛЬ ПРОГРЕССА

«Балак» – глава из четвертой книги Торы «Бэмидбар» (Числа). Интересно, что в Торе нет глав, посвященных великим праведникам: Моше, Аарону, Мирьям, Аврааму. Главы называются именами персонажей (свойств), которые не любят Израиль, восстают против него. Например, «Корах», а также глава «Балак», к ее изучению мы и приступаем сейчас.

Отрицательные, на первый взгляд, свойства двигают историю вперед даже больше, чем Моше. Положительные персонажи существуют только оттого, что возникают отрицательные силы природы и на них надо реагировать. Эгоистические силы запускают всё творение вперед, будоражат его, и благодаря этому происходит движение. Сказано: «Я создал злое начало и дал Тору для его исправления».

Реальность развивается только благодаря «ангелам Творца». Любые действия в нашем мире, включая серьезных руководителей, полководцев, политиков – это всё силы, которыми управляет Творец, это частные силы Творца. Только с помощью раздражения, вызванного эгоизмом, можно что-то двигать вперед. Это демонстрирует и этапы развития человечества.

Все переворотные точки истории связываются с именами великих эгоистов. В древности, например, это были Птолемей, Навуходоносор, Александр Македонский, Тит, Калигула, все страшнейшие прокураторы. В новейшей истории – Гитлер, Сталин.

Вспышки на фоне ровного горения эгоизма дают рывок в истории, оставляют след. Именно поэтому Герострат сжег храм: хотел, чтоб его имя помнили потомки, в этом он признался во время пытки. Только таким образом и можно оставить след в истории. Ведь сколько хорошего сделали другие люди, сколько приложили усилий! И никто их не помнит.

Вы считаете, что именно они – эти злые ангелы являются двигателями истории и подталкивают к ее завершению?

Да. Причем, среди евреев этих ангелов очень много. Так, злые ангелы в лице американских коммунистов Этель и Юлиуса Розенбергов передали СССР американские ядерные секреты, которыми воспользовались другие евреи. С одним из них академиком Зельдовичем – создателем советской атомной бомбы – я был знаком в Москве.

Если посмотреть на новую и предшествующую ей историю, то самыми активными инквизиторами, самыми жестокими гонителями евреев были сами евреи. Кто призывал греков и римлян резать и убивать людей в Святой земле до и после крушения Храма? Та же пятая колонна – известные люди, оставившие свой след в истории.

Выходит, что все хорошее, созданное великими, затушевывается, а плохое, жестокое помнится дольше.

Одним из таких «ангелов» является Балак. О нем сказано в письменной Торе:

/2/ И УВИДЕЛ БАЛАК, СЫН ЦИПОРА, ВСЕ, ЧТО СДЕЛАЛ ИЗРАИЛЬ С ЭМОРЕЯМИ. /3/ И ИСПУГАЛСЯ МОАВ НАРОДА ЭТОГО ВЕСЬМА, ИБО ОН МНОГОЧИСЛЕН, И ОПОСТЫЛЕЛА МОАВУ ЖИЗНЬ ИЗ-ЗА СЫНОВ ИЗРАИЛЯ.

В Торе не говорится про исторический контекст, хотя на исторической плоскости нашего мира мы можем обращаться к нему.

Речь идет о состоянии, когда люди, устремляющиеся к Творцу, могут объединяться, чтобы представлять собой единый народ. В таком виде они действительно сильны. Тогда они и называются многочисленным народом.

Многочисленный означает не количество людей, а качество связи: «как один человек с единым сердцем». Работой над собой они притянули силу слияния, которая их соединила, несмотря на внутреннее разобщение. Мощь их соединения и называется многочисленностью. Это то, чего боится Моав.

«...И опостылела Моаву жизнь из-за сынов Израиля». Моав видит, что методика объединения подступает и угрожает ему, и не может он ничего сделать с ней. Это состояние уже непереносимое.

Та ненависть – противостояние между духовными силами природы. Сегодня ненависть совсем другая: евреи не понимают, за что их бьют, а народы мира не понимают, за что они ненавидят евреев, почему на подсознательном уровне существует такое отторжение, такая неприязнь к евреям.

Что такое сила природы под именем Моав?

Эгоистическая сила разделяется на семь серьезных противодействующих сил. Это семь народов, существующих в Эрец Исраэль до покорения ее пришедшими из пустыни евреями. Это и есть семь клипот – нечистых сил, существующих в этой земле, то есть на данном духовном уровне.

Если ты стремишься к раскрытию Творца, то должен находиться на этом духовном уровне и на соответствующей ему плоскости нашего мира. Эти два мира являются параллельными: корень и ветвь (причина и следствие). Хочешь эту землю покорить? Покоряй! Только прежде сверху ты должен завоевать духовный корень, то есть быть на соответствующем духовном уровне.

Тора говорит о покорении духовного уровня, следствие которого реализуется в нашем мире. Например, после того, как люди начали пренебрегать любовью к ближнему и обратили любовь во взаимную ненависть, то и на материальном уровне они всё утратили и были изгнаны из этой земли.

Все, что происходит в нашем мире, является отпечатком того, что мы сами вызываем на высшем уровне.

Моав подталкивает сынов Израиля быть другими, то есть испортить их, допустим, подослать к ним женщин, чтобы расцвел их эгоизм. Или немножко изменить направление движения. Пускай они служат альтруизму и любви, но чуть-чуть работают и ради себя. Этого достаточно, чтобы исказить духовный уровень и тем самым испортить их жизнь на земле.

То, что сейчас и происходит в Израиле. Ведь можно прийти к совершенно другому состоянию, но начинать надо свыше, а не суетиться внизу на этой плоскости.

«ВСЕ ОБГЛОДАНО ВОКРУГ НАС»

Ведущий:

/4/ И СКАЗАЛ МОАВ СТАРЕЙШИНАМ МИДЬЯНА: «ТЕПЕРЬ ОБГЛОЖЕТ СОБРАНИЕ ЭТО ВСЕ, ЧТО ВОКРУГ НАС, КАК ОБГЛАДЫВАЕТ БЫК ЗЕЛЕНЬ ПОЛЕВУЮ».

Народ Израиля обгложет все вокруг нас, как бык поедает зелень…?

Моав опасается, что эгоизму моавитян нечем будет питаться, и не смогут они жить по прежним законам, то есть делать всё ради хорошей жизни на земле сегодня.

Если человек наполняет свой мир культурой, наукой, правильным поведением, хорошей семьей, то все расцветает. И возникает вопрос: какая разница, здесь и сейчас строить рай на земле или устремлять усилия вверх? Ответ простой: на земле не получится.

Это идеологическое различие очень трудно раскрывается. Ведь результат, к которому стремятся и каббалисты, и альтруисты, выглядит одинаково. Но каббалисты еще должны убедить людей, что прямым путем на уровне нашего мира хорошей жизни достичь невозможно, и надо идти к цели через Высший мир. Кроме того, объяснить, что все делается не ради нашего мира. Мы лишь промежуточная ступень, на которую ступаешь одной ногой, чтобы другая поднялась на следующую ступень.

Представляете, Вы приходите к людям, которые жили ради семьи, детей, своего дома. И говорите им, что не это является целью их жизни.

В наше время мне легче говорить об этом, потому что люди уже не видят перед собой такой цели. Мы дошли до ручки. Кто сегодня хочет нормальную семью и думает о том, чтобы сохранить ее? Уже в свои лучшие молодые годы человек не имеет таких желаний, свойств, побуждений, возможности.

В зрелые годы он пытается что-то сделать, чтоб не остаться одному к старости: найти себе половину, ребенка родить. Но, в итоге, и этого не получается. В 40 лет создают семью, а к 50 разбегаются снова. Хотя куда бежать? Разве что на кладбище, туда путь более-менее прямой.

В современном мире легче говорить о цели, потому что уже четко видно, что семьи нет и не хочется, и детей ни к чему рожать. Ты должен вкладывать в него лет 25-30, и у тебя от твоей жизни ничего не остается.

И поэтому обращение к людям становится более понятным. Ты обращаешься к их всеобщему разочарованию. Видишь в новостях разгромленные страны и знаешь, что это будущее всего мира! Мы увидим Европу такой, как Сирия сегодня. Представляешь? Дикие волки бегают по развалинам того, что осталось от Восточной и Западной Европы.

Варвары хозяйничают в европейских городах?

Это те же европейцы, которые стали варварами. Они уже не могут, у них нет ни сил, ни причин скрывать то, что было внутри, все вылезает наружу. Весь их культурный слой улетучивается сразу. Так происходит в любом человеке – немножко копни и вся внешняя оболочка просто слетает, ее даже не надо ни отковыривать, ни отчищать.

Можно ли защититься от исламской революции, которая проникает в страны Европы?

Нет, они сильнее идеологически, и тут ничего невозможно сделать. Перед исламом не устоят никакие религии.

ПОСМОТРИ В ПРИЦЕЛ

Продолжим о Балаке. Написано в Торе:
А БАЛАК, СЫН ЦИПОРА, В ТО ВРЕМЯ БЫЛ ЦАРЕМ МОАВА.

«Большой комментарий» говорит так:
Балак был благородного происхождения, но не принадлежал к царскому роду. По рождению он был не моавитянином, а мидьянитом, а, следовательно, в обычное время его назначение на этот пост было бы невозможным.

Балак был родом из Мидьяна так же, как и Итро, у которого сорок лет работал Моше. Потом, когда народ начал организовываться в пустыне, Итро, будучи главой мидьян, приехал к Моше в стан и стал его советником. Он создал систему управления, правосудия, решения проблем огромного количества людей, которые вышли из Египта.

Поэтому вся внутренняя структура еврейского народа построена по мидьянскому закону. Сыновья Моше – тоже мидьяне, их мать Ципора – дочь Итро.

Из этого же дома был и Балак. Почему он стал царем Моава? Продолжает «Большой комментарий»:
Однако в данной ситуации это произошло благодаря его репутации сильного воина и искусного мага.
Перед тем как предпринять какие-либо действия, Балак решил выяснить, в чем состоит секрет феноменальных успехов евреев. Каким образом со времени Исхода они побеждали один народ за другим?

Побеждать один народ за другим означает подминать под себя эгоизм и слой за слоем исправлять его. Это называется «продвижение в пустыне». Сейчас они уже прошли всю пустыню и подошли к Земле Израиля.

Итро – тесть Моше, вождь мидьян, понимал необходимость войти в Эрец Исраэль и предназначение евреев, поэтому он соединился с Моше. Тут существует взаимное переливание эгоизма и альтруизма, свойств Моше и свойств Итро. Посередине находится Ципора и сыновья Моше. Все вместе они находятся тут.

Движение к Земле Израиля невозможно без соединения с Итро. Это очень интересное переплетение противоположных, противодействующих сил, свойств, систем. Именно из правильного соответствия их друг другу и рождается контакт с Творцом. Невозможно одно без другого, именно на контрасте между собой они и выявляют истину, которая находится не тут или там, а наверху, как написано: «а Творец над ними».

Благодаря их правильному противостоянию, ты можешь уловить цель, будто смотришь в прицел через четкую, тонкую прорезь. Невозможно продвижение без противодействующих сил, поэтому Итро находится на уровне Моше.

Сказано, что не было среди еврейского народа пророка, равного Моше, а среди народов мира был Итро, равный Моше.

ПРИНЦ МОШЕ – ОСОБАЯ СУДЬБА

Пишется дальше:

Балак отправил мудрецам мидьянитов послание. «Вождь евреев, Моше, вырос среди вас, — говорилось в нем. — Можете ли вы открыть мне, в чем секрет его успеха?»

Полученный им ответ гласил: «Действительно, эту змею, Моше, мы вскормили на своей груди. Мидьянит пригласил его в свой дом, дал ему в жены дочь и снабдил деньгами.

Деньгами, то есть духовным экраном (*масахом*), пониманием, что он уже может работать с эгоизмом. У Моше есть масах, иначе он не смог бы противодействовать *Паро* (фараону), и тот задавил бы его.

Моше выходит из дома фараона – это значит, что пользуется той же методикой, что и фараон, автоматически подчиняется ему. В сорок лет он оставляет дом фараона. Следующие сорок лет живет у мидьян, женится на дочери их вождя Итро. Дети его выросли в Мидьяне. Все эти события символизируют рост духовного уровня Моше.

Моше начинает понимать язык Творца. У него уже есть связь с Ним: Итро дал ему методику противодействия фараону. После своего пребывания у Итро Моше возвращается в Египет и встает против фараона, то есть против вселенского эгоизма.

Творец обращается к Моше из горящего куста: «Иди, Я буду вести тебя». Иначе, откуда и что возьмется у Моше?! Маленький первозданный эгоизм, пусть и с особой судьбой, с особой точкой в сердце, который сорок лет был под фараоном и сорок – под Итро. Сейчас ему 80 лет, он достиг серьезных свойств эгоизма и определенных свойств бины. Уровень его работы ради эгоизма таков, что он уже может противостоять фараону.

Что значит, что мидьянит Итро пригласил Моше в свой дом и дал ему в жены свою дочь?

Жена – это нуква: Моше получил совершенно иное желание. Еще со времен фараона он хорошо понимает эгоизм, но со стороны, а не изнутри. Внутри он не может его понять, потому что его разум и желания сформировались под влиянием фараона. Моше был принцем, приемным сыном фараона. И более того, приемным сыном его дочери Батьи.

От Итро Моше получил другой язык, новое понимание системы управления. Итро – это эгоизм, который постепенно привлекает альтруизм для более тесной связи одного с другим.

Похоже на наш путь. Человек идет вперед, когда еще весь находится в эгоизме, но уже что-то понимает, пытается разобраться. Он изучает каббалу, начинает подходить к периоду подготовки, к *ло лишма* (отдача ради себя). Он уже понимает систему управления, хотя сам находится в ней еще на нечеткой стороне.

Дело в том, что если хочешь управлять эгоизмом, то все равно нуждаешься в помощи света. Другими словами, находясь внутри фараона, ты не можешь им управлять, потому что находишься в жалком, эгоистическом состоянии, из которого никак невозможно выбраться.

Но когда начинаешь применять свойство отдачи и любви, тогда приближаешься к Творцу, к свойству правильного управления. Хотя на этом этапе ты привлекаешь духовные силы на службу эгоизму, все равно таким образом начинаешь их изучать! Вроде бы, пачкаешься, работая в эгоизме, но с помощью духовных сил.

Это и есть клипа, нечистые силы, которые постепенно помогают переходить к отдаче и настоящей любви. Ведь поначалу она не настоящая, хотя все-таки уже существует, пусть и ради эгоизма. Промежуточный этап – период, называемый *ло лишма* (отдача ради себя), мы проходим, используя контакт с альтруистической системой, а не с жестким фараоном, который просто бьет по эгоизму. Ведь ничего другого у него нет– это полная клипа.

Внутри фараона начинают проявляться альтруистические свойства, которые работают на него и называются *эрев рав* (великий сброд).

Эрев рав – люди, которые используют каббалистическую методику ради себя, ради своего возвышения и усиления. Из этого состояния потом разовьются все религии.

Глава «Балак» рассказывает о противостоянии Балака, Билама, Моше и народа, который движется к Эрец Исраэль.

По мере продвижения к духовной цели перед человеком встают все большие препятствия, преодолевая которые он возвышается, начинает понимать структуру управления миром. Преодолевая противоречия и проблемы, которые возникают перед ним, он становится мудрым и сильным, то есть в разуме, в силе, в желании и в понимании способен принять на себя управление всей системой мироздания.

По дороге к вершине эти силы – Балак, Билам и другие – отталкивают все сильней и сильней. Система так устроена, что сначала надо исправить желания, которые поднимаются из мира Брия, потом из мира Ецира, далее из мира Асия, – постепенно все эти желания мы поднимаем в Ацилут.

Всегда исправление идет от легких проблем к более тяжелым. Легкие проблемы помогают понимать, выявлять и исправлять более тяжелые.

НАРИСУЙ ТВОРЦА НА ЭКРАНЕ

Балак написал письмо мидьянам, среди которых когда-то жил Моше, и задал вопрос, каким образом со времен исхода еврейский народ побеждал один народ за другим?

«Вождь евреев, Моше, вырос среди вас, — говорилось в нем. — Можете ли вы открыть мне, в чем секрет его успеха?»

Полученный им ответ гласил: «Действительно, эту змею, Моше, мы вскормили на своей груди. Мидьянит пригласил его в свой дом, дал ему в жены дочь и снабдил деньгами. Покинув дом тестя, Моше погубил весь народ Египта.

Ты хочешь знать, в чем сила Моше и его последователей? В их устах. Когда они взывают к Б-гу, Он исполняет все их просьбы, обращенные к Нему.

Победи евреев их же оружием. Советуем тебе призвать Билама, который силой своей речи не уступает Моше».

Мидьяне ощущают Моше змеей, предателем. В Торе сказано, что среди евреев нет пророка, то есть человека, достигшего более высокой ступени, чем Моше, а среди народов мира равным ему был Билам.

Естественно, что между положительной и отрицательной силой должно быть равновесие. Иначе как человек будет развиваться, если не балансирует между тем и этим?!

Ты поднимаешься по ступеням, на каждой из которых правая и левая сила должны быть равны внутри тебя.

Лидеру-праведнику обязательно должен соответствовать лидер народов мира?

В истории трудно разобраться с этим. Я не хочу противопоставлять те и другие силы, их проявление в войнах или в управлении государствами, потому что все люди – эгоисты, не о чем говорить тут.

Речь идет о человеке, который поднимается по духовным ступеням. Двумя ногами он опирается на правую и на левую линии, а себя – свое сердце и голову – поднимает между ними на их правильном сочетании между собой. Высшая система управления – раскрытие, создание облика Творца – состоит из двух противоположных сил. Иначе Творца не узнаешь, не увидишь, не поймешь и не представишь!

Ты должен рисовать Его перед собой на своем экране. Сейчас на экране внутри нас мы видим мир, якобы, находящийся перед нами. На самом деле мы смотрим в себя, а создается иллюзия, будто видим снаружи. Так вот, на этом экране две противоположные силы должны рисовать облик, систему управления, замысел и всё прочее, что называется Творцом. Это то, что находится в каждом из нас.

А что есть вне нас? Мы не знаем и не понимаем, где находимся, кто есть кто, какая у меня голова, руки и всё остальное, – ничего этого нет.

Глава «Балак»

ОПЯТЬ ТУМАН

Значит, если мы говорим о духовном продвижении, то моя левая нога – это Билам, Балак и другие соответствующие им силы, а правая нога – народ Израиля, Моше и так далее?

Все они противоположны друг другу и равны на каждой ступени. Именно между ними, когда абсолютно(!) теряешь отличие одной системы от другой, ты и можешь подняться вверх.

А какой критерий определяет подъем «вверх»? Равенство обеих сил! Это и есть пропадающая составляющая, называемая «средняя часть тифэрэт». Там, где всё исчезает, всё – выше тебя!

Когда доходишь до правильного противостояния двух систем, двух противоположных сил – темной и светлой, тогда начинаешь понимать, что замысел, Творец, то, что было до сотворения, находится выше этого. Другими словами, тебе надо оказаться в точке, из которой были созданы две системы сил, то есть подняться в замысел творения.

В замысле творения тоже есть две части, хотя система намного больше. Одна часть – это план, который нисходит вниз, строя две системы сил и духовные миры, то есть сначала систему управления, потом наш мир и в нашем мире неживую, растительную, животную, человеческую природу.

Вторая часть находится еще выше – это Высший замысел. Не система управления нашим миром, а замысел до ее реализации.

Что происходит еще выше? Там уже все пропадает, то есть у нас пока нет никаких возможностей познать это.

Мы чувствуем что-то, но уловить не можем, в нас еще не развились соответствующие инструменты восприятия.

Каббалисты говорят, что именно там всё исчезает, то есть закрыто сплошным туманом. Эти состояния называются ГАР мира Ацилут. ГАР – это три высшие сферы мира Ацилут, где исчезает всякая связь с нашим миром. Там находятся совершенно другие свойства.

Только после всеобщего полного исправления, объединения систем, когда полностью пропадает отличие правой линии от левой, добра от зла, тогда начинает образовываться основа для понимания высшей действительно тайной ступени.

Тайной, потому что нашей резолюции не хватает на то, чтобы ее уловить, в ней разобраться. И, тем не менее, все это естественно. Даже более низкие ступени, которые находятся вне времени и пространства, вне нашего мира, существуют внутри человека.

В земной жизни две противоположные силы: истинные эгоизм и альтруизм – никак не проявляются. Они находятся только во внутреннем противостоянии людей, которые поднимаются вверх. Эти свойства возникают в народе Израиля, когда собирается группа людей, которая желает вознестись, подняться духовно. Для них и написана Тора!

Тора – это свет, который нисходит на нас, если мы стремимся вверх. И условием подъема является желание быть «как один человек с единым сердцем», то есть идти к правильному использованию эгоизма. Тогда все образы из Торы свяжутся между собой в вашем представлении. И все, что написано в Торе, станет основой вашего развития.

ГЛАВА «БАЛАК»

ОСЛИЦА ПРОРОЧЕСТВУЕТ, ПТИЦЫ ГОВОРЯТ

В письменной Торе написано:
/5/ И ОТПРАВИЛ ОН ПОСЛОВ К БИЛЬАМУ, СЫНУ БЕОРА, В ПТОР, КОТОРЫЙ У РЕКИ, В СТРАНЕ СЫНОВ НАРОДА ЕГО, ЧТОБЫ ПОЗВАТЬ ЕГО, СКАЗАВ: «ВОТ, НАРОД ВЫШЕЛ ИЗ ЕГИПТА, И ВОТ, ПОКРЫЛ ОН ЛИК ЗЕМЛИ И РАСПОЛОЖИЛСЯ НАПРОТИВ МЕНЯ. /6/ А ТЕПЕРЬ, ПРОШУ, ПОЙДИ И ПРОКЛЯНИ МНЕ НАРОД ЭТОТ, ИБО ОН СИЛЬНЕЕ МЕНЯ! МОЖЕТ БЫТЬ, СМОГУ Я РАЗБИТЬ ЕГО И ИЗГОНЮ ЕГО ИЗ СТРАНЫ; ВЕДЬ Я ЗНАЮ, КОГО ТЫ БЛАГОСЛОВИШЬ – ТОТ БЛАГОСЛОВЕН, А КОГО ПРОКЛЯНЕШЬ – ТОТ ПРОКЛЯТ».

До тех пор, пока человек не достигает состояния, в котором устремлен точно на Творца, он постоянно будет ошибаться, то есть попадать под проклятие Билама.

Человек доходит до точки четкого устремления к Творцу только после выявления в себе проблем, после всех внутренних войн. Тогда он получает благословение вместо проклятия. Это и есть то, что находится здесь перед нами.

Балак обращается к Биламу, как к Творцу: кого ты благословишь – благословлен, кого проклянешь – проклят.

Тут Билам выше Моше. Моше не может обратиться к Творцу так, как Билам, потому что последний обращается с эгоистической точки зрения.

Его ослица, то есть животное состояние, связано с Творцом. Причем его эгоизм находится на уровне пророка. Вот что интересно. Если ты находишься в левой части, в клипе, у тебя есть огромные силы. Вплоть до таких животных сил, как Валаамова ослица, которая пророчествует. То есть его самые низкие желания завязаны на высшие силы. И все это проявляется в человеке как левая линия.

А чего стоит несчастный Моше? Он должен вознестись к связи с Творцом выше этого состояния, ведь относительно Творца он, как младенец. Здесь Творцом командует Билам.

Представь себе, ты стоишь перед царем, и есть у него верный спутник, верная сила, которая велит Творцу, кого куда определять. Моше, в отличие от Билама, имеет только возможность раствориться, но этим он и выигрывает. Это свойство в нас является ведущим по направлению к Творцу. Оно – пик нашего постоянного устремления к объединению.

В «Большом комментарии» говорится:

Билам давно был широко известен как мудрый философ и профессиональный толкователь снов.

«Большой комментарий» – это книга, которая написана в то же время, что и Тора, даже, может быть, раньше. Есть такие каббалисты, которые считают его относящимся к периоду Авраама. Все, что написано в «Большом комментарии», затем, спустя 600-700 лет, рассказывается в Торе. По своему историческому уровню этот источник является не менее значимым, чем Тора.

И далее о Биламе:

Позднее он получил признание и как могущественный колдун. Цари со всех концов земли платили ему баснословные суммы, чтобы он произнес проклятия в адрес их врагов или благословил их на успех.

Балак и сам убедился в силе Билама несколько лет назад, когда последний предсказал, что он станет царем, и предсказание это сбылось. Поскольку царь Балак был самым искусным волшебником из всех жителей Моава, поголовно владевших даром чародейства, то он в большей степени, чем кто-либо другой, мог оценить способность Билама контролировать власть сил нечистоты.

Царь Балак сам обладал особой магической силой. В древние времена жили люди, которые, используя силы нечистоты, могли создавать птиц, открывающих тайны будущего.

Используя специальные вещества (золото для головы птицы, серебро — для клюва, медь — для крыльев и т.д.), в определенные часы суток они соединяли части ее тела и, в конце концов, вставляли в клюв созданного ими существа язык живой птицы.

Они ставили искусственную птицу у окна, чтобы она была на солнце днем и при свете луны ночью, и через семь дней птица начинала издавать звенящие звуки. Затем маг пронзал ее язык золотой иглой, и птица начинала говорить.

Балак лучше других умел создавать этих магических птиц. Его имя, Балак бен Ципор, означает «Балак, который может предсказывать будущее с помощью волшебной птицы».

Тут идет чисто аллегорическое изложение. Объяснить очень сложно! Необходимо несколько занятий с чертежами. Все истории в «Большом комментарии» настолько глубокие, широкие, переходящие в дополнительные ниши по дороге развития человека, народа, что мы в этом утонем. Когда человек развивается, он все это понимает, все проходит, каждый раз сталкиваясь с чем-то новым.

Есть души, настолько широкие, что могут войти во все эти состояния и их описать.

Надо понимать, что тут не рассказывается о магах, так называемых, которые крутят людьми, творят чудеса и прочее. Речь идет о силах природы, о силах человека, их он проводит через левую и правую системы, которые питают друг друга.

Невозможен эгоизм без альтруизма и альтруизм без эгоизма, потому что в человеке есть только эгоизм, и только над ним он строит альтруизм, инвертируя и инвестируя получение в отдачу. На самом деле это и есть подъем.

Все, о чем написано в «Большом комментарии», скрывает под собой огромную глубину.

Птица Балака раскрывала ему никому неведомые секреты. Среди прочего она поведала Балаку, что он одержит победу над евреями, но, в конце концов, попадет к ним в руки.

Однажды Балак проделал все необходимые действия, чтобы птица заговорила.

Он кланялся ей, воскурял ей фимиам, но птица неожиданно улетела, что очень огорчило Балака. Чуть позже она возвратилась, но за ней появилось и яростное пламя, опалившее ей хвост. Все это предвещало, что власть «Шехины» в конечном итоге победит его силу нечистоты.

Власть Шхины – это власть Творца. Не сможет Балак победить в конечном итоге, потому что самая высшая точка – это всеобщая связь и любовь. Только в таком виде можно быть подобным Творцу. Но до самой последней ступени, даже до входа на нее, у Балака есть силы. А Билам стоит еще выше.

О чем говорят чудеса левой линии?

Это не чудеса. Это эгоизм, который питается от Творца, потому что Он его создал. Только из проявлений эгоизма и его исправления создается духовное здание, духовный мир – на самом деле его нет! Ты его создаешь из своего эгоизма и из света, который притягиваешь свыше.

Воздействие света на эгоизм строит всевозможные фигуры и связи. Человек представляет себе это, как формы взаимодействия между двумя полярными силами.

Чем больше ты притягиваешь Творца и желаешь быть подобным Ему, тем в большей мере в тебе рождается и развивается эгоизм. Только его правильное проявление может быть подобно Творцу, но все равно внутри он остается эгоизмом. Сказано: «Тот, кто выше своего товарища, более эгоистичен». Поэтому по мере духовного роста проблемы возрастают.

У ВСЕХ ПРЕТЕНЗИИ К ТВОРЦУ

В письменной Торе написано:

/7/ И ПОШЛИ СТАРЕЙШИНЫ МОАВА И СТАРЕЙШИНЫ МИДЬЯНА С ПРИСПОСОБЛЕНИЯМИ ДЛЯ КОЛДОВСТВА В РУКАХ ИХ, И ПРИШЛИ К БИЛЬАМУ, И ПЕРЕДАЛИ ЕМУ СЛОВА БАЛАКА. /8/ И СКАЗАЛ ОН ИМ: «ПЕРЕНОЧУЙТЕ ЗДЕСЬ ЭТУ НОЧЬ, И ДАМ Я ВАМ ОТВЕТ, КАК ГОВОРИТЬ БУДЕТ МНЕ БОГ».

И ОСТАЛИСЬ КНЯЗЬЯ МОАВА У БИЛЬАМА. /9/ И ЯВИЛСЯ ВСЕСИЛЬНЫЙ К БИЛЬАМУ, И СКАЗАЛ: «КТО ЭТИ ЛЮДИ У ТЕБЯ?». /10/ И СКАЗАЛ БИЛЬАМ

ВСЕСИЛЬНОМУ: «БАЛАК, СЫН ЦИПОРА, ЦАРЬ МОАВА, ПРИСЛАЛ сказать МНЕ: /11/ ВОТ, НАРОД, ВЫШЕДШИЙ ИЗ ЕГИПТА, ПОКРЫЛ ЛИК ЗЕМЛИ, А ТЕПЕРЬ ПОЙДИ И ПРОКЛЯНИ МНЕ ЕГО! МОЖЕТ БЫТЬ, СМОГУ СРАЗИТЬСЯ С НИМ И ИЗГНАТЬ ЕГО».

Земля – это *рацон*. Народ покрывает землю, то есть свое эгоистическое желание и готов переварить его в себе, чтобы сделать из него чисто альтруистическое свойство.

/12/ И СКАЗАЛ ВСЕСИЛЬНЫЙ БИЛЬАМУ: «НЕ ХОДИ С НИМИ, НЕ ПРОКЛИНАЙ НАРОДА ЭТОГО, ИБО БЛАГОСЛОВЕН ОН».

Билам находится на уровне Творца, разговаривает с Ним?

Неверно говорить, что он находится на уровне Творца. Творец – это единственная Высшая сила, которая всем управляет. Все остальное – силы человека, свойства, которыми он обязан манипулировать, чтобы сделать из себя подобие Творцу.

У Билама есть абсолютная связь с Творцом, и он следует Его указаниям. Иначе быть не может. Билам находится на уровне пророчества. Причем не сказано: «И был голос мне», а написано: «Явился мне!», то есть речь идет не об уровне бины (слух, как у Моше), а об уровне хохма (зрение). У Билама – явление Творца в постижении, это высшая пророческая ступень.

Билам – ненавистник Израиля?

Вот это проблема. А что можно сказать про Итро? Итро – это дед Билама, то есть ступень выше него.

Итро – это сила, не находящаяся в Израиле, но имеющая контакт и с Творцом, и с Израилем, и с фараоном. Итро понимает цель творения и для чего он существует в этой системе. Целая глава в Торе посвящена Итро.

А если говорить о Моше, его сыновьях? Чем он управляет, с чем идет вперед? Откуда вся мудрость Моше? От Итро! Нам неоткуда больше научиться – только из этой системы. Свет приходит на мудрость и позволяет правильно реализовать ее.

Есть эгоистическая сила, над ней – альтруистическая, и в соединении этих двух сил заключается развитие?

Человек состоит из правой и левой линии. С помощью этих противоположных сил, путем правильного их соединения он начинает строить себя. Так в электрической схеме взаимодействуют плюс и минус, так построен атом и его ядро, – в чем бы то ни было, во всей природе, в нашей внутренней и внешней физической форме лежит правильное взаимодействие двух противоположных свойств.

Мудрость каббалы заключается в понимании, как правильно сопоставить их между собой и как существовать между ними. Между двумя противоположными линиями человек раскрывает в себе Творца – систему и силу, которая находится над ними.

В главе «Балак» мы проходим очень интересный фрагмент духовного возвышения человека, когда он начинает все больше и больше осознавать систему мироздания, систему управления.

Балак – это мощь, стоящая против Израиля, против Моше?

Балак – это великий пророк. И Билам – великий пророк. В исторической картине даже можно представить себе, что они – люди, которые сыграли очень большую роль. Конечно, никакой роли сами по себе они не играют, потому что у них нет свободы воли.

Итак, Балак стоит против Моше, то есть находится на его уровне абсолютно и в то же время призывает Билама, чтобы он проклял Израиль.

Написано в «Большом комментарии»:
Обычно Билам мало интересовался объектами своих проклятий.
Он работал исключительно за деньги и, если соглашение сулило выгоду, мог проклясть того, кого прежде благословлял, и наоборот.

Так в наше время работают политики. Билам делает то, что выгодно в данный момент, не обращая внимания на эмоции.

Но все-таки Билам стоит как бы напротив Творца, у него есть ощущение Хозяина.

Моше тоже не раз стоял против Творца. Бил посохом в скалу и говорил: «Забери меня, оставь мой народ», – у него было много претензий к Творцу. И у Билама то же самое.

Они оба находятся в состоянии, когда действительно имеют возможность обратиться с призывом, с просьбой, даже с принуждением к Творцу.

КРАЖА ОВЕЦ И КРАЖА ПЕРВОРОДСТВА

«Большой комментарий» продолжает:

Он работал исключительно за деньги и, если соглашение сулило выгоду, мог проклясть того, кого прежде благословлял, и наоборот. Однако предложение Балака затронуло личные интересы Билама: ничего на свете не желал он так страстно, как нанести вред евреям. Билам был внуком Лавана. Он поверил клевете сынов Лавана, говоривших: «Яаков ограбил нашего отца и лишил его всего».

На самом деле Яаков украл первородство, которое должен был получить Эйсав, родившийся первым. До сегодняшнего дня это и другие подобные происшествия являются причиной ненависти всех народов к евреям.

У мусульман, в самом истоке ислама, в этом отношении претензий к Израилю нет и не было. Несмотря на то, что Авраам отослал от себя наложницу Агарь, родившую ему сына Ишмаэля, это воспринимается ими, как действие великого пророка, который указал так сделать. Авраам (Ибрагим для них) – это отец.

Никто не имеет претензий к Аврааму. Не так обстоит дело с историей Яакова и Эйсава.

Бааль Сулам пишет, что теологи переняли от каббалы все, что в ней написано. Каббала проявилась миру через распространение Книги Зоар вдовой рабби Моше дэ Леона в XIII веке, – и с тех пор теология обрела силу. Теологи начали обнаруживать там слова, определения сил, названий, наименований и создали из этого свою картину построения мира, которая отвечает потребностям их религии.

Билам был внуком Лавана. Он поверил клевете сынов Лавана, говоривших: «Яаков ограбил нашего отца и лишил его всего, а потому всей душой возненавидел потомков Яакова.

Представь, что тебе положено наследство, и кто-то забирает его у тебя. Твои внуки сидят в нищете, а потомки того, кто украл твое наследство, процветают и наслаждаются жизнью.

Действительно, во всех поколениях были огромные страдания. И тут явно видна рука Божья: дается время и место погромов, – народы мира выполняют. Нет указания – они ничего не делают против евреев. Логически они должны бы подчистую истребить нас. Ведь по сей день мы остаемся основой их несчастья, источником всех страданий.

Но перед нами стоит историческая задача – раскрыть каббалу и пустить ее в мир. Оттуда все идет.

По своему уровню Билам равен Моше. Поэтому надо понять его. Смотрите, что происходит с ним и с теми народами, которым он покровительствует, связывает их с Творцом. В каком состоянии они находятся по сравнению с народом Израиля?! И сейчас он вдобавок еще и благословляет Израиль. Вместо проклятия – благословляет!

Если обнажить все эти противоречия, то получается, что в истории развития цивилизаций на протяжении тысяч лет не было большей трагедии, чем история с Яаковом и Эйсавом! Это далеко не простая вещь. Но она – основа многовекового конфликта

Всё станет яснее, когда каббала начнет раскрываться народам мира. Они, с одной стороны, будут в претензии к евреям, а с другой, эти претензии помогут им понять всё, что произошло, почему история именно так была закручена сверху. Для чего был нужен обман продажи первородства? Все эти вековые переплетения, обманные, якобы, действия евреев против христиан – всё со временем должно проясниться.

Что означает обман во внутренней работе человека?

Речь идет об обмане своего эгоизма. Ничего другого нет. Это такая сила, против которой ты ничего не можешь сделать. Приходит время к тому, что весь мир, все народы мира объединятся против нас. Абсолютно все встанут против Израиля – такого маленького, что даже на карте его не видно. В Западной Европе, например, его уже не указывают на географических картах. Так проявляется подъем эгоизма. И как ты пойдешь на него, если против тебя весь мир?! Что ты можешь?

Достаточно спустить сюда одну атомную бомбу, и ничего от нас не останется. С евреями будет покончено, и весь мир вздохнет с облегчением. На самом деле вздохнет!

Что мешает миру сделать это?

Высшее управление Творца и наше высшее предназначение.

Хотя народы мира не ощущают этого в явном виде, но подсознательно чувствуют, что не могут они себе позволить уничтожить евреев. Если есть такое указание, как во времена крестовых походов, или средневекового изгнания, или в период Гитлера, тогда начинаются массовые гонения на евреев. А если четкого указания нет, то есть народ Израиля находится в движении к своему исправлению, тогда у них руки связаны.

И здесь мы должны прийти к состоянию, когда весь мир действительно будет абсолютно настроен против нас! Это и есть война Гога и Магога.

Первый раз в истории человечества проявится в открытом виде духовная миссия евреев, когда через борьбу между правой и левой линией Творец раскроется как средняя линия. Это и будет критической точкой.

Борьба между правой и левой линией и есть противостояние двух сил – Билама и Моше.

СМЕРДЯЩИЙ НИЛ

«Большой комментарий» пишет:

Когда Билам был советником фараона в Египте, он посоветовал властелину египтян искупаться в крови еврейских детей. Он также настоял на том, чтобы фараон приказал бросить в Нил всех новорожденных еврейских мальчиков. Особенно враждебно Билам относился к Моше, так как понимал, что тот не уступает ему в мудрости.

Что значит – «искупаться в крови еврейских детей»?

Об этом много написано в Книге Зоар, есть в книге «Талмуд Эсер Сфирот» («Учение десяти сфирот»).

Что значит кровь? Свою живительную силу эгоизм должен получать от Творца. Как кровь является оживляющей силой нашего организма, так высший свет – это тоже кровь, духовная сила организма (*«дам – зэ а-нефеш»*). Правая линия – белая, левая – красная.

Левая линия, которая олицетворяет собой Билама и все народы мира, советует властелину египтян выступить против Израиля (правой линии), которая потом, в связи с Творцом, станет средней.

На самом деле фараон – это просто глупый эгоизм, ничего в нем нет. Главное для него – надеть золотую шапку да набить пирамиду всем, что ему надо иметь в загробном мире. Ему вполне достаточно нашего мира с его золотом.

Билама это не устраивает. Такие высшие силы, как Билам, в какой-то мере являются надэгоистическими, поэтому он может говорить с Творцом.

Хамор Билама, то есть *хомер* – его материя, его суть, исходит из того же высшего источника, что и Моше. Можно сказать, что они движутся против друг друга: Моше – от света, а Билам – от желания.

Они должны совместиться, совпасть, – это может произойти только в серьезной битве Гога и Магога. Тогда Билам и всё, что под ним, должно быть покорено, или убито. Имеется в виду эгоизм, который отмирает в своем намерении ради себя, то есть не может больше не только использовать его, но даже находиться в этом намерении.

Что означает совет Билама фараону искупаться в крови еврейских детей?

Эгоизм должен начать получать оживляющую силу от Творца, которая предназначена, так называемым, «еврейским детям», то есть путь света должен быть повернут от них к Биламу и к фараону.

Говорится, «бросить в Нил всех новорожденных еврейских мальчиков». Мальчики – это самое главное: сила преодоления эгоизма – мужская сторона.

Египет олицетворяет собой весь эгоизм, а Нил – его оживляющая сила. Нил наполняется кровью – то есть приходит свойство *дин* – суда, при котором эгоизм уже не может существовать. И тогда всё умирает в Ниле. Начинает смердеть вся река.

Получается, что эгоистическая живительная сила наполняется свойством суда. Нет ничего оживляющего сверху. Белого света нет, уходит свойство бины, и на этом Египет кончается.

И дальше из «Большого комментария»:

Особенно враждебно Билам относился к Моше, так как понимал, что тот не уступает ему в мудрости.

Билам и Моше по своему уровню одинаковые, то есть считаются братьями относительно общего отца.

У них одинаковая сила, одинаковые возможности, всё одинаковое, разница только в том, что у Билама нет свойства отдачи (свойства бины), которое Моше приносит в мир.

Теперь вернемся к Яакову. Что Яаков украл на самом деле и каким образом Моше пользуется этой кражей? Что Билам хотел бы забрать у Моше и вручить тем народам, которые стоят за ним и пока еще населяют Землю Израиля?

Речь идет о благословении. Забрать его невозможно, оно дается. Благословение указывает, что проявится в конце.

Самое главное – не то, что происходит сейчас, а кто и что остается в конце. Остается Моше, остается народ Израиля, потому что в них есть сила соединения с Творцом. Моше может преобразовать эгоизм в свойство отдачи и любви. И всё, что не подходит под исправление, исчезает, Билам пропадает в никуда.

ГЛАВА «БАЛАК»

ОСЕДЛАТЬ ОСЛИЦУ, ПОСТРОИТЬ ВИСЕЛИЦУ...

Ненавистники Израиля Балак и Билам одновременно являются посланниками Творца!

Билам, когда впервые Балак послал своих князей к нему, сказал, что услышал он волю Творца, который не позволил ему идти с ними.

И еще раз Балак посылает к Биламу многочисленных князей…

/16/ И ПРИШЛИ ОНИ К БИЛЬАМУ, И СКАЗАЛИ ЕМУ: «ТАК СКАЗАЛ БАЛАК, СЫН ЦИПОРА: ПРОШУ, НЕ ОТКАЖИСЬ ПРИЙТИ КО МНЕ, /17/ ИБО ВЕЛИКИЕ ПОЧЕСТИ ОКАЖУ Я ТЕБЕ, И ВСЕ, ЧТО СКАЖЕШЬ МНЕ, СДЕЛАЮ! ПОЙДИ, ПРОШУ, И ПРОКЛЯНИ МНЕ НАРОД ЭТОТ!». /18/ И ОТВЕЧАЛ БИЛЬАМ, И СКАЗАЛ РАБАМ БАЛАКА: «ЕСЛИ ДАСТ МНЕ БАЛАК ПОЛНЫЙ СВОЙ ДОМ СЕРЕБРА И ЗОЛОТА, НЕ СМОГУ Я ПРЕСТУПИТЬ ПОВЕЛЕНИЯ БОГА, ВСЕСИЛЬНОГО МОЕГО, НИ В МАЛОМ, НИ В ВЕЛИКОМ.

Эгоизм создан для того, чтобы его исправлять, а не пользоваться им. Поэтому его можно благословлять только тогда, когда он подминает себя под намерение ради Творца – ради отдачи и любви. Невозможно использовать эгоизм. В каббале «нельзя» или «запрещено» означает невозможно.

Тут явно видно, что Билам понимает, что весь эгоизм, которым он владеет и который является его природой, дан только для того, чтобы служить под Израилем, то есть под намерением ради отдачи и любви, ради Творца. И поэтому бесполезно пытаться что-то сделать против этого народа.

Можно причинить человечеству огромные страдания, совершить немыслимые катастрофы, такие как Шоа, которые мы уже прошли в прошлом, но в исторической перспективе это всё – бесполезные процессы.

Эгоизм создан специально, чтобы строить над ним следующую ступень. Билам не может переступить повеления Творца и отказывается проклясть Израиль.

Отказывается. Но дальше говорит:

/19/ А ТЕПЕРЬ ПРОШУ, ОСТАНЬТЕСЬ И ВЫ НА ЭТУ НОЧЬ, И УЗНАЮ Я, ЧТО ЕЩЕ ГОВОРИТЬ БУДЕТ БОГ СО МНОЮ».

/20/ И ЯВИЛСЯ ВСЕСИЛЬНЫЙ К БИЛЬАМУ НОЧЬЮ, И СКАЗАЛ ЕМУ: «ЕСЛИ ЗВАТЬ ТЕБЯ ПРИШЛИ ЛЮДИ ЭТИ, ВСТАНЬ, ИДИ С НИМИ, НО ТОЛЬКО ТО, ЧТО Я ГОВОРИТЬ БУДУ ТЕБЕ, ТО ДЕЛАЙ».

Здесь эгоизм не просто отказывается от участия в исправлении, что называется цимцум и свет хасадим. Сейчас Билам (эгоизм) включается в этот процесс и благословляет отдачу. То есть желания получать работают уже как желания отдавать: *лекабэль аль менат леашпиа* – получение ради отдачи.

Но почему Билам сказал: «Останьтесь, я все-таки еще послушаю, что будет говорить Бог»?

Потому что тут включается непрямое действие эгоизма, он действует уже против себя.

Есть отдача ради отдачи – свойство бины, которое строится над эгоизмом. А в создании следующей ступени – получение ради отдачи – уже принимает участие эгоизм.

Можно понять так, что первая реакция эгоизма – это полный цимцум (сокращение), он говорит: «У меня ничего нет»?

Это называется малое состояние (*катнут*), с которого все начинается. То есть у него нет разрешения Творца. Но потом Билам говорит: «Нет, все-таки останьтесь, и я послушаю, что Он мне скажет еще». Это значит, что он начинает работу с эгоизмом.

И дальше в Торе написано:

/21/ И ВСТАЛ БИЛЬАМ ПОУТРУ, И ОСЕДЛАЛ ОСЛИЦУ СВОЮ, И ПОШЕЛ С КНЯЗЬЯМИ МОАВА. /22/ И ВОСПЫЛАЛ ГНЕВ ВСЕСИЛЬНОГО ЗА ТО, ЧТО ОН ПОШЕЛ…

Оседлал ослицу – имеется в виду: взял весь свой эгоизм, весь свой материал. Осел на иврите – *хамор*, от слова *хомер* – материал всей природы. Тем более, тут речь идет об ослице: женская часть, то есть нуква включает в себя все недостатки, все желания, всё, что есть в нашей эгоистической природе.

Но «воспылал гнев Всесильного», то есть против этого есть *диним* (свойства суда), очень жесткие условия. Если ты начинаешь пользоваться своим эгоизмом, то идешь по краю, по лезвию бритвы.

И ночью был Биламу голос Творца: «Встань и иди с этими людьми, но делай только то, что Я говорить буду тебе».

Творец говорит Биламу: используй свой эгоизм и ослицу свою, естественно. Но работу со своим эгоизмом будешь благословлять Моими благословениями. Будешь использовать то, что Я буду говорить, то есть намерения на отдачу будут участвовать в этой работе.

Не получилось у Билама себя вставить. Ведь он хотел получать ради себя. Всегда так происходит, как мы видим. Например, в случае с Аманом. Сначала ему дают возможность участвовать во всех действиях своего эгоизма: построить виселицу, заиметь себе коня и царские одежды, а потом вдруг все меняется!

В самом начале использования эгоизма кажется, что сейчас я начинаю в себя получать, выигрывать сам. Человечество всё время думает: «Вот следующий этап! Сейчас возьмемся, и будет у нас всё, что пожелаем». Но потом всё уходит в ничто, потому что программа творения определяет использование эгоизма только ради движения к альтруизму.

С ОДНОЙ СТОРОНЫ – ЗАБОР И С ДРУГОЙ СТОРОНЫ – ЗАБОР

Дальше начинается самая загадочная часть главы «Балак». Говорится о Биламе:

И СТАЛ АНГЕЛ БОГА НА ДОРОГЕ В ПОМЕХУ ЕМУ, А ОН ЕХАЛ НА ОСЛИЦЕ СВОЕЙ, И ДВА ОТРОКА ЕГО С НИМ. /23/ И УВИДЕЛА ОСЛИЦА АНГЕЛА БОГА, СТОЯЩЕГО НА ДОРОГЕ С ОБНАЖЕННЫМ МЕЧОМ В РУКЕ ЕГО, И СВЕРНУЛА ОСЛИЦА С ДОРОГИ, И ПОШЛА ПО ПОЛЮ.

И УДАРИЛ БИЛЬАМ ОСЛИЦУ, ЧТОБЫ ВЕРНУТЬ ЕЕ НА ДОРОГУ. /24/ И СТАЛ АНГЕЛ БОГА НА ТРОПИНКЕ, между ВИНОГРАДНИКАМИ – ЗАБОР С ОДНОЙ СТОРОНЫ И ЗАБОР – С ДРУГОЙ. /25/ И УВИДЕЛА ОСЛИЦА АНГЕЛА БОГА, И ПРИЖАЛАСЬ К СТЕНЕ, И

Глава «Балак»

ПРИЖАЛА НОГУ БИЛЬАМА К СТЕНЕ, И ОН СНОВА УДАРИЛ ЕЕ.

/26/ А АНГЕЛ БОГА ПРОШЕЛ ДАЛЬШЕ И СТАЛ НА ТЕСНОМ МЕСТЕ, ГДЕ НЕ БЫЛО ПУТИ, ЧТОБЫ СВЕРНУТЬ ВПРАВО ИЛИ ВЛЕВО. /27/ И УВИДЕЛА ОСЛИЦА АНГЕЛА БОГА, И ЛЕГЛА ОНА ПОД БИЛЬАМОМ; И ВОСПЫЛАЛ ГНЕВ БИЛЬАМА, И УДАРИЛ ОН ОСЛИЦУ ПАЛКОЙ.

Сначала было поле – есть, куда убежать. Потом пространство сужается – появляется тропинка, а дальше – тесное место и нет пути. Что это означает?

Строгость исполнения законов – диним. Сначала вообще не чувствовалось ограничения. Поле символизирует широту применения эгоизма во всех случаях. Постепенно, по мере приближения к его реализации, поневоле он начинает вести тебя к цели творения.

Поначалу тебя эгоистически завлекают, тащат вперед: немножко, еще немножко, и ты станешь большим, всё будет твоё и ради тебя– то, к чему и стремился Балак, поэтому он продолжает идти со своей ослицей до момента, когда начинается действительная работа с эгоизмом. Тут начинается сужение – и это нельзя, и то нельзя.

Получается поэтапное использование эгоизма: шореш, алеф, бэт, гимель, далет – ступеньки, которые всё время сужаются. Чем ближе эгоизм к реализации, тем сильнее сжимаются условия, и в итоге, эгоизм ложится под тебя, то есть становится основой. И ты не только можешь, но и обязан совершать свои действия над ним, то есть работать с ним в противоположном от него состоянии.

Эгоизм готов к использованию ради отдачи, причем совершенно не в том ключе, в котором предполагал действовать изначально.

Сужение условий моего как бы свободного продвижения и есть указание, куда идти? Важно вовремя услышать его?

Да. Дело в том, что даже если мы не понимаем и не слышим, то все равно услышим. Нас направляют страдания, которых становится всё больше.

Мы видим, что происходит с человечеством, – хочешь не хочешь, а благодаря страданиям оно умнеет. Правда, это идет очень медленно и неприятно, но, в общем, продвижение очевидно. Конечно, здесь – путь страданий.

Если бы Билам услышал, что раньше говорил Творец, то мог бы избежать страданий?

Нет, всё равно невозможно избежать страданий. Бааль Сулам об этом пишет: есть идеальный правильный путь и идеальный неправильный путь. Настоящий путь лежит между ними. Он называется «путь земли» (*дэрэх эрец*).

Написано, ангел стал на дороге Билама.

Ангелом называются законы, условия, которые существуют в природе и преступить которые нельзя. Любой закон природы, любая сила природы называется ангелом.

Например, можно сказать про силу земного притяжения: сидит в земле ангел, и всё, что находится в воздухе, хватает и притягивает к земле. Все, что окружает нас, – это ангелы, неживые, растительные, животные силы.

Есть всего лишь один закон – закон отдачи, любви, внутри которого мы находимся, а всё остальное – его ангелы. Частные силы этого закона могут быть хорошими или плохими – это неважно, потому что всё должно находиться в равновесии, и одно невозможно без другого.

Мы, как сотворенные создания, не можем чувствовать только одно явление. Наше ощущение способно воспринимать одно относительно другого, ему противоположного: свет-тьма, сладкое-горькое. Вкусы, давления, всевозможные проявления чего бы то ни было мы должны отмерять от какого-то параметра.

Изначально мы существуем как стоящие против Творца. Хотя Он и не виден, скрыт от нас, но все равно мы всё измеряем относительно Него, – так устроена природа. И поэтому именно на этом противостоянии и ощущаем себя существующими.

Можно сказать, что перед Биламом стоит ангел милосердия?

Здесь показывается, что можно работать таким образом. То есть упрямиться правильным упрямством, которое не приводит к страшным событиям.

Но, как написано, если всё-таки мы действуем не так, как сказано в Торе, то уже начинается убеждение другого порядка.

СБРОСИТЬ ТВОРЦА И ЗАНЯТЬ ЕГО МЕСТО

/28/ И ОТВЕРЗ БОГ УСТА ОСЛИЦЫ, И СКАЗАЛА ОНА БИЛЬАМУ...

Что значит – заговорила ослица?

Слово ослица (*хамор*) происходит от *хомер* – материал эгоистической природы.

Заговорила ослица – это означает, что она поднялась до уровня говорящий, то есть до уровня самого Билама.

Причем, если на уровне человека можно ошибаться, например, как Билам, потому что ему не виден Творец; то от самой природы Творец не скрыт. В ней существуют законы – это и есть проявления Творца, большего не требуется.

Неживая, растительная, животная природа не ощущают необходимости в дополнительном прояснении. В них действует Творец как сила необходимая, непосредственная, и поэтому они не сопротивляются Творцу.

На человеческом уровне возникают вопросы, сомнения, ошибки, догадки – все то, чего нет в неживой, растительной, животной природе. Поэтому человек всегда действует путем сомнений и ошибок: ошибается, потом исправляется, ошибается и исправляется.

Ослица – наш неживой, растительный и животный материал, имеет совершенно ясное представление о том, как устроена природа. Поэтому никаких проблем с этим у нее нет. Непосредственные законы, инстинкты давят на всё и управляют всем: положительная и отрицательная силы уравновешиваются между собой, и приходит непосредственное инстинктивное решение, что будет происходить дальше.

На уровне «человек», напротив, всегда возникают сомнения, проблемы, и их необходимо преодолевать.

Биламова ослица намного мудрее самого Билама, потому что на ее уровне в ней раскрывается Творец, чего не происходит с ее хозяином. Выходит, на животном уровне Творец раскрывается, а на человеческом – нет.

/28/ И ОТВЕРЗ БОГ УСТА ОСЛИЦЫ, И СКАЗАЛА ОНА БИЛЬЯМУ: «ЧТО СДЕЛАЛА Я ТЕБЕ, ЧТО ТЫ БИЛ МЕНЯ ТРИ РАЗА?». /29/ И СКАЗАЛ БИЛЬЯМ ОСЛИЦЕ: «ВЕДЬ ИЗДЕВАЛАСЬ ТЫ НАДО МНОЮ! БУДЬ В РУКЕ МОЕЙ МЕЧ, ТОТЧАС ЖЕ УБИЛ БЫ Я ТЕБЯ!». /30/ И СКАЗАЛА ОСЛИЦА БИЛЬЯМУ: «НО ВЕДЬ Я ЖЕ ОСЛИЦА ТВОЯ, НА КОТОРОЙ ЕЗДИЛ ТЫ ИЗДАВНА И ДО СЕГО ДНЯ! РАЗВЕ БЫЛО У МЕНЯ ОБЫКНОВЕНИЕ ТАК ПОСТУПАТЬ С ТОБОЮ?». И СКАЗАЛ ОН: «НЕТ».

До тех пор, пока Билам не решил использовать весь свой эгоистический материал ради себя, к чему его вынуждает Балак, то у него не было проблем – жил себе спокойно. Проблема началась, когда пришло время использовать эгоизм вопреки цели творения, – тут уже надо решать, что делать.

В современном мире такие проблемы возникают у всех. Это и есть источник нашего всеобщего вселенского кризиса.

Мы создаем всевозможные орудия труда, устройства, электронику, средства связи, строим дома, одеваем себя, то есть считаем, что улучшаем наш мир. Но ничего благословенного в этом нет.

Мы действуем в соответствии со своим эгоизмом. И постепенно нас ведут к пониманию, что всё – зря, наши действия – это всего лишь неправильная реализация эгоизма.

Действуя вопреки цели природы, мы приближаемся к ней.

Тогда что здесь произошло? Если эгоизм всегда действует вопреки цели природы, то почему ослица остановилась и заговорила?

Потому что здесь эгоизм находится на человеческом уровне.

Существует шесть уровней желания: пища, секс, семья, богатство, слава-власть, знания. И еще один уровень – устремление к Творцу: стать таким, как Он, стать вместо Него, сбросить Его с пьедестала, – это желание эгоизма.

Основоположник этого желания – Нимрод, потом идет Балак, за ним Аман, то есть все, кто хотел быть вместо Творца.

Вместо Творца – означает использовать эгоизм в полную мощь ради его наполнения. В природе ничего нет, кроме эгоизма. Значит, если его наполнять, то природа будет существовать вечно и совершенно.

Но существует более высокая задача – использовать эгоизм ради отдачи. Не внутрь эгоизма заключать всю природу и человечество, нашу историю и все миры, а вывернуть эгоизм наизнанку и использовать его в открытом пространстве, в бесконечности, вечности и совершенстве. Эту задачу сам эгоизм не чувствует. И поэтому по сегодняшний день, даже если мы пытаемся что-то рассказать людям, они не понимают, о чем речь.

Есть немногие в человечестве, пару тысяч человек в наше время, раньше были вообще единицы, у которых кроме желаний к пище, сексу, семье, богатству, власти, славе, знанию, существует еще стремление выше этого. Они хотят постичь вселенский закон, понять, какой он, и работать, существовать на его уровне, то есть во всеобщей гармонии и совершенстве. Такие люди называются *Исраэль* (*Исра-эль*, прямо к Творцу) – устремленные к этой реализации.

Когда возникает вопрос, как использовать эгоизм не внутри себя, как хотели Билам и Балак, а снаружи, тут и появляется ослица со своими вопросами: «Как ты намерен меня использовать? Что ты хочешь от меня?»

Все было нормально на уровне работы с шестью основными человеческими желаниями: ты мной пользовался, пахал, ездил на мне. Сейчас ты уже не можешь использовать меня. Только в обратную сторону! Дальше я не могу идти и что-то делать – тут эгоизм бессилен.

ДИАЛОГ С ОСЛИЦЕЙ

Вот что пишется в «Большом комментарии»:

Присутствовавшие при всем этом спутники Билама, знатные моавитяне, от удивления потеряли дар речи.

Потому что никто кроме Билама не понимает, в чем дело. Он единственный был на уровне Моше, то есть выше всех остальных уровней желаний.

Они никогда не видели ничего более странного. Особенно удивительно было то, что слова ослицы были осмысленными.

«А ведь и правда, – рассмеялись они. – Взгляните на этого человека! Он заявляет, что с помощью одних лишь слов может погубить целый народ, и тут же пытается

отыскать меч, чтобы убить ослицу!» Эта шутка нанесла гордыне Билама сокрушительный удар.

«Зачем ты едешь на ослице, которая тебя не слушается?» – спросили мага его спутники.

«Это не моя ослица, я ее одолжил», – отвечал Билам.

«Неправда, – возразило животное, – я принадлежу тебе».

«Кроме всего прочего, – продолжал Билам, – она привыкла перевозить грузы, а не людей».

«Вовсе нет, – возразила ослица, – я привыкла перевозить тебя».

«Но тогда ты был на другом уровне». Раньше Билам был на уровне шести желаний материального мира. Появилось более высокое желание. И сейчас он исследует эгоизм: каким образом заставить его работать на себя, то есть подчинить себе тот уровень, который должен быть направлен на Творца? И раскрывает, что это невозможно.

«Вовсе нет, – возразила ослица, – я привыкла перевозить тебя».

«Возможно, что однажды это и было», – не поддавался Билам.

«Ты постоянно ездил на мне днем и пользовался мною для своих низких целей даже по ночам, – поправила его ослица. – Разве хоть когда-нибудь я вела себя так, как сейчас?»

«Нет, такого, действительно, не было», – вынужден был признать смущенный Билам.

Уровень, какого раньше не было на самом деле, – это работа на Творца?

Надо понимать, что сказочные, на первый взгляд, описания «Большого комментария» несут глубокий аллегорический смысл.

Речь идет об уровне постижения Творца. Моше и Билам находятся на равном уровне: Билам – с левой стороны, Моше – с правой.

Уровень Билама – это человек, с которым разговаривает Творец, тот, который ощущает и понимает всё, что происходит внутри материала.

Сейчас Билам поднимается на уровень, где может существовать только свойство отдачи, поскольку все свойства получения он уже прошел. Он видит, что другого применения эгоизму нет, то есть дошел до раскрытия настоящего исправления.

Билам понимает, что по-настоящему приближается к Творцу, что это всё – силы, которые существуют внутри природы, с ними мы работаем, они управляют нами!

Человек, который поднимается до такого уровня, пропитывается движениями Билама, Балака, Моше, ослицы, Творца. Постоянно в нем возникают и внутренне работают все эти сомнения.

Написано в письменной Торе:

/32/ И СКАЗАЛ ЕМУ АНГЕЛ БОГА: «ЗА ЧТО БИЛ ТЫ ОСЛИЦУ ТВОЮ УЖЕ ТРИ РАЗА? ВЕДЬ ЭТО Я ВЫШЕЛ ПОМЕХОЮ, ИБО КРУТА БЫЛА ДОРОГА ПЕРЕДО МНОЙ. /33/ И УВИДЕЛА МЕНЯ ОСЛИЦА, И СВЕРНУЛА ОТ МЕНЯ ТРИ РАЗА; ЕСЛИ БЫ НЕ СВЕРНУЛА ОНА ОТ МЕНЯ, ТО Я ТОТЧАС ЖЕ УБИЛ БЫ ТЕБЯ, А ЕЕ ОСТАВИЛ В ЖИВЫХ».

Всегда желание левой стороны – использовать эгоизм ради себя, то есть чтобы Творец служил мне, как у

Пушкина в «Сказке о рыбаке и рыбке» – чтобы золотая рыбка была б у меня на посылках.

Остановиться в своем желании невозможно, даже если весь мир лежит у твоих ног, даже если ты сам будешь вместо Творца.

/34/ И СКАЗАЛ БИЛЬАМ АНГЕЛУ БОГА: «СОГРЕШИЛ Я, ИБО НЕ ЗНАЛ Я, ЧТО ТЫ СТОИШЬ ПЕРЕДО МНОЙ НА ДОРОГЕ! ТЕПЕРЬ ЖЕ, ЕСЛИ ТЕБЕ ЭТО НЕУГОДНО, ТО ВОЗВРАЩУСЬ Я ОБРАТНО».

Здесь и находится переворотная точка. В эгоизме проявляется такая сила, которая называется «ангел, стоящий перед ослицей», что дальше невозможно использовать эгоизм ради себя и надо его инверсировать, преобразовывать в альтруизм.

/35/ И СКАЗАЛ АНГЕЛ БОГА БИЛЬАМУ: «ИДИ С ЭТИМИ ЛЮДЬМИ, НО ТОЛЬКО ТО, ЧТО Я ГОВОРИТЬ БУДУ ТЕБЕ, ТО ГОВОРИ».

Происходит настоящее правильное действие – весь эгоизм подчиняется, подминает себя под намерение отдачи и любви.

В самом начале Билам не видит ангела Бога, а ослица видит. Почему?

В материале: неживом, растительном и животном законы творения работают в полном раскрытии, инстинктивно направляя его к связи с Творцом. Как только в человеке начинается подъем над неживой, растительной и животной природой, он ничего не видит. Поэтому все время ошибается, делает неправильно, потом пытается исправиться. Животные – нет.

Более того, чем выше мы развиваемся над животным уровнем, тем больше будем ошибаться себе во вред. Поэтому нам дана методика правильного применения того довеска эгоизма, который называется «человек в нас» и находится выше животного уровня. И мы должны научиться перерабатывать его на использование в подобие Творцу.

Ангел сказал: «Если бы не свернула ослица от меня, то я тотчас бы убил тебя, а ее оставил в живых»…

Ослица, этот материал, направляет нас правильно к цели, нам надо только исследовать его и слушаться. То есть прислушиваться к нашим внутренним инстинктам, а не к всевозможным философским соображениям, которые тут возникают.

Сейчас мы упомянули рыбака и рыбку. Можно взять сказки любых народов и просмотреть с точки зрения каббалы. В идеальном виде в них ощущается инстинктивная мудрость, потому что это опыт, накопленный поколениями. Изучая обычный материал: неживой, растительный, животный – берешь оттуда этические нормы, чтобы преподнести их человеку в правильном виде на его уровне, показать, где он ошибается, где – нет.

Даже, казалось бы, в самой простой сказке про репку можно найти духовные корни. Ты должен использовать все силы. До тех пор, пока не достигнешь конца, ничего не можешь сделать. Тогда только получается переворот, переход на другой уровень.

ВСЕ АНГЕЛЫ В ОДНОЙ УПРЯЖКЕ

Билам, по просьбе Балака, шел проклясть Исраэль, но на его пути встал ангел. И ослица, на которой ехал Билам, вдруг заговорила. И сказано так:

/34/ И СКАЗАЛ БИЛЬАМ АНГЕЛУ БОГА: «СОГРЕШИЛ Я, ИБО НЕ ЗНАЛ Я, ЧТО ТЫ СТОИШЬ ПЕРЕДО МНОЙ НА ДОРОГЕ! ТЕПЕРЬ ЖЕ, ЕСЛИ ТЕБЕ ЭТО НЕУГОДНО, ТО ВОЗВРАЩУСЬ Я ОБРАТНО». /35/ И СКАЗАЛ АНГЕЛ БОГА БИЛЬАМУ: «ИДИ С ЭТИМИ ЛЮДЬМИ, НО ТОЛЬКО ТО, ЧТО Я ГОВОРИТЬ БУДУ ТЕБЕ, ТО ГОВОРИ».

Ну, конечно, это же сила Творца. Ангел – указание Творца, Его сила. И Билам, который как бы ненавидит Израиль, – тоже сила Творца.

Здесь идет сравнение сил: по какому пути пойдет дальше развитие – по правой линии или по левой. Единственное, что может увести путь развития вправо, – это народ, когда он объединяется. Он двигается по более благожелательной траектории, но не более того.

Если Билам – тоже ангел, то почему в «Большом комментарии» написано, что он ненавидит Израиль, хочет его проклясть?

Такой ангел! Ангел – это сила. Или проклясть, или благословить. Злые силы – тоже ангелы. Все находятся в одной и той же системе для того, чтобы уравновесить ее, чтобы на каждом этапе развития дать людям, народам, всему человечеству точку, в которой можно принимать решение самостоятельно. Ради этого и создана вся система.

Все, что происходит, имеет одну цель – дать человеку возможность поступать независимо, выбрать самому, то есть становиться все более подобным Творцу.

Вот и этот ангел – Билам – стремится загнать Израиль в состояние, в котором под влиянием жесткого воздействия он сам будет вынужден выбрать путь. Иначе ничего не получится.

Если правая сила вмешивается в действия левой силы, то тут уже другое состояние системы, равновесие смещается в другую сторону. Поэтому Билам и говорит ангелу: «Если *хочешь, то* я вернусь *обратно*».

Получается, что когда левый ангел встречается с правым, то правый ему указывает: «Иди и будешь говорить то, что я скажу тебе», – то есть будешь подчиняться мне.

Что происходит дальше? Дошел Билам до Балака и говорит:

/38/ И СКАЗАЛ БИЛЬАМ БАЛАКУ: «ВОТ, ПРИШЕЛ Я К ТЕБЕ ТЕПЕРЬ. МОГУ ЛИ Я ЧТО-НИБУДЬ ГОВОРИТЬ? ТО, ЧТО ВСЕСИЛЬНЫЙ ВЛОЖИТ В УСТА МОИ, ТО МОГУ Я ГОВОРИТЬ».

/39/ И ПОШЕЛ БИЛЬАМ С БАЛАКОМ, И ПРИШЛИ ОНИ В КИРЬЯТ-ХУЦОТ. /40/ И ЗАРЕЗАЛ БАЛАК СКОТ КРУПНЫЙ И МЕЛКИЙ, И ПОСЛАЛ БИЛЬАМУ И КНЯЗЬЯМ, КОТОРЫЕ С НИМ. /41/ И БЫЛО ПОУТРУ, ВЗЯЛ *БАЛАК БИЛЬАМА И ВОЗВЕЛ ЕГО, И ТОТ УВИДЕЛ ОТТУДА КРАЙ НАРОДА*.

Очень интересное дополнение есть в «Большом комментарии»:
Балак лучше знал, где следует произнести проклятие. Он поднялся с Биламом на гору, с которой тот мог видеть колено Дана, изгнанное из-под сени Облаков Славы в наказание за поклонение идолам.

Колено Дана имело склонность к идолопоклонству еще со времени Исхода.

Колено Дана было близко к эгоистическому желанию. *Дан* происходит от слова *дин* – суд. И поэтому оно – самое крайнее колено.

Во времена Судей люди этого колена воздвигли на своей территории изваяния, изображающие идолов.

Увидев колено, повинное в грехе, Билам возрадовался, ибо верил, что на это колено его проклятие несомненно воздействует.

Все-таки Творец проклянет этот народ?

Да. Главное для них – как-то зацепиться за народ.

И говорится:

Колдун (Билам) дал Балаку указание соорудить на этом месте семь алтарей, на каждом из которых в жертву Богу будут принесены бык и баран.

Билам надеялся, что благодаря жертвам он сможет снискать себе расположение Всесильного.

И таким образом проклясть Исраэль. Они идут от легкого к тяжелому, начинают там, где можно найти пробел в свойстве отдачи?

Эгоизм не может не только отдавать, но и не согласен подчиняться свойству отдачи. Ведь речь идет не о том, чтобы просто оставить какую-то добычу.

Свойство отдачи – единственно справедливое, верное, правильное для завоевания высшей ступени, Высшего мира. Все эгоистические свойства обязаны пройти исправление, перековку, переделать себя на альтруистическое действие, то есть делать всё ради отдачи.

Возникает огромная, мощная сила отдачи, когда эгоизм перестраивается, то есть начинает работать в обратную сторону.

Но остается вопрос – действительно ли это единственный путь? Поэтому все время в человеке воюют между собой две силы: эгоистическая и альтруистическая. Они находятся в постоянном движении, в сильной разборке на каждом этапе до конца пути.

Сейчас вступают в строй очень серьезные ступени развития, потому что никогда раньше эгоистическая сила получения не участвовала в исправлении. Раньше это была отдача ради отдачи – легкая сила, которая готова немножко отдавать и немножко получать.

В каббале это называется «гальгальта вэ-эйнаим» – легкие желания, которые могут правильно соотноситься друг с другом.

На данном этапе выявление правильного пути и его реализация лежат на тяжелых эгоистических желаниях (Билам и Балак). И поэтому здесь речь идет или о благословении, или о проклятии.

НАСТОЯЩИЕ АНТИСЕМИТЫ И ИХ МИССИЯ

В чем заключается задача Исраэля по отношению к этим эгоистическим силам?

Привести себя к состоянию, когда Творец облачается в народ Израиля и благословляет его идти добрым путем вместо злого.

В том и другом случае результат – один и тот же, но разница в пути огромнейшая! Или сотни лет ужасного развития с проблемами тяжелее Холокоста. Или ты показываешь пример всем, двигаясь путем легкого, спокойного объединения, в результате которого во всех действиях этого мира прямо проявляется высший свет.

Можно проводить ассоциации, допустим, Билама, Балака – ангелов левой линии с Холокостом?

Да, можно отчасти. Настоящие антисемиты на самом деле понимают систему управления. Они ощущают, что у евреев есть особая связь с силами управления нашим миром. Они понимают и миссию евреев, и свою миссию, от которой не могут уйти, то есть находятся именно в таком состоянии, как Балак и Билам. Они осознают весь процесс и не могут поступать по-другому. Если есть указание – выполняют, если нет живут по правилу «такими мы созданы!».

Тут имеется некоторое отличие. Там все-таки есть движение народа Израиля к Эрец Исраэль. А в теперешних евреях этого нет. Живут, как весь мир…

Земля Израиля – это состояние, когда весь народ Израиля связан между собой четкими, теплыми, крепкими узами дружбы и любви, взаимности, дополнения, – представляет собой одну систему.

Если в народе есть такое намерение, то проклясть его невозможно. Более того, в этом случае все отрицательные силы тоже работают на него.

Поэтому сегодня все наши призывы к народу Израиля заключаются в том, чтоб он стал единым, как тот, который шел к Эрец Исраэль.

Дальше говорится:

/1/ И СКАЗАЛ БИЛЬАМ БАЛАКУ: «ПОСТРОЙ МНЕ ЗДЕСЬ СЕМЬ ЖЕРТВЕННИКОВ И ПРИГОТОВЬ МНЕ

ЗДЕСЬ СЕМЬ БЫКОВ И СЕМЬ БАРАНОВ». /2/ И СДЕЛАЛ БАЛАК, КАК ГОВОРИЛ БИЛЬАМ, И ВОЗНЕСЛИ БАЛАК И БИЛЬАМ ПО БЫКУ И ПО БАРАНУ НА ЖЕРТВЕННИКЕ. /3/ И СКАЗАЛ БИЛЬАМ БАЛАКУ: «СТАНЬ У ЖЕРТВЫ ВСЕСОЖЖЕНИЯ ТВОЕГО, А Я ПОЙДУ. МОЖЕТ БЫТЬ, встретится мне Бог, И ТО, ЧТО ОН УКАЖЕТ МНЕ, СКАЖУ Я ТЕБЕ».

Что значит «жертва всесожжения»? Берут малхут – самые грубые желания (здесь быки и бараны) – и начинают их поднимать, то есть сжигать (сила суда).

В принципе, их даже не сжигают, а приготавливают на огне и потом съедают. Это и называется «жертва» – человек берет свою животную часть – барана в себе – и, сжигая ее, использует в качестве пищи для человека в себе, то есть поднимает при этом духовное в себе.

В материальном виде жертвоприношения проводились в Храме таким образом. Брали скотину, резали ее, мясо готовили на углях, посыпали солью и съедали с определенным намерением.

Как это работает в духовном подъеме? Животное, которое в тебе, готовишь в пищу для следующего уровня, который тоже находится в тебе, – уровень человека. Свои желания ты поднимаешь с намерения «ради себя» (животное) на уровень «Адам» (человек), который желает быть подобным Творцу.

Другими словами, жертвоприношение – это состояние, в котором ты приносишь в жертву свой эгоизм, то есть поднимаешь его на уровень свойства отдачи.

Ты приносишь жертвоприношение, и этим поднимаешься на следующий уровень. Поэтому Билам говорит: «Поднимусь и узнаю, что скажет мне Творец».

Балак и Билам, в принципе, дополняют друг друга, они оба с левой стороны. Различие в том, что один – заказчик, а второй – исполнитель. Они – ангелы. Их жертвоприношение тоже олицетворяет подъем от животного состояния к человеческому.

Очень интересно сказано в «Большом комментарии»: Хотя Билам и Балак приносили свои жертвы отнюдь не с чистыми, а скорее, с тайными греховными намерениями, тем не менее, Творец все же наградил их: впоследствии Балак стал предком Рут, обращенной моавитянки и прародительницы царской династии (царя) Давида. Как это происходит, что величайшие грешники являются основоположниками еврейского царского дома?

Иначе быть не может. Ведь если это царский дом, то в нем должны быть самые огромные низкие желания, которые нуждаются в исправлении.

Царь – это *мелех*, малхут. От женской части он имеет очень сильное подспорье. Правнуком моавитянки Рут, предком которой был Балак, является царь Давид.

Вообще евреи – не народ, это возникновение нового свойства. Поэтому тут нет никакого противоречия. Через Рут добавляется очень сильное исправление в продвижении к цели творения. Самые низкие желания переворачиваются на отдачу и становятся самыми высокими.

ГЛАВА «БАЛАК»

НАРОД ЭТОТ НЕ ЧИСЛИТСЯ МЕЖДУ НАРОДАМИ

/4/ И ЯВИЛСЯ ВСЕСИЛЬНЫЙ БИЛАМУ, И СКАЗАЛ ОН ЕМУ: «СЕМЬ ЖЕРТВЕННИКОВ СООРУДИЛ Я И ВОЗНЕС ПО БЫКУ И ПО БАРАНУ НА каждом ЖЕРТВЕННИКЕ...».

/5/ И ВЛОЖИЛ БОГ СЛОВО В УСТА БИЛАМА, И СКАЗАЛ: «ВОЗВРАТИСЬ К БАЛАКУ И ТАК ГОВОРИ». /6/ И ВОЗВРАТИЛСЯ ОН К НЕМУ, И ВОТ, СТОИТ ОН У ЖЕРТВЫ ВСЕСОЖЖЕНИЯ СВОЕГО, ОН И ВСЕ КНЯЗЬЯ МОАВА.

/7/ И ПРОИЗНЕС ОН (Билам) ПРИТЧУ СВОЮ, И СКАЗАЛ: «ИЗ АРАМА ПРИВЕЛ МЕНЯ БАЛАК, ЦАРЬ МОАВА, ОТ ГОР ВОСТОЧНЫХ: ПОЙДИ И ПРОКЛЯНИ МНЕ ЯАКОВА И ПОЙДИ И ПРИЗОВИ ГНЕВ НА ИЗРАИЛЬ! /8/ КАК ПРОКЛИНАТЬ МНЕ ТОГО, КОГО ВСЕСИЛЬНЫЙ НЕ ПРОКЛИНАЕТ? И КАК ГНЕВАТЬСЯ МНЕ, ЕСЛИ НЕ ГНЕВАЕТСЯ БОГ? /9/ ВОТ, С ВЕРШИНЫ СКАЛ ВИЖУ Я ЕГО И С ХОЛМОВ СМОТРЮ НА НЕГО: ВОТ, НАРОД ЭТОТ ОТДЕЛЬНО ЖИВЕТ И МЕЖДУ НАРОДАМИ НЕ ЧИСЛИТСЯ. /10/ КТО ИСЧИСЛИТ ПРАХ ЯАКОВА И ПЕРЕСЧИТАЕТ ПЫЛЬ ИЗРАИЛЯ? ДА УМРЕТ ДУША МОЯ СМЕРТЬЮ ПРАВЕДНИКОВ, И ПУСТЬ БУДЕТ КОНЧИНА МОЯ, КАК ЕГО!».

Мы уже говорили о свойстве в общем эгоистическом желании, которое может работать в альтруистическом ключе. Это действительно большое чудо.

Чудо заключается в том, что эгоизм можно переделать на отдачу. Это свойство и называется народ Израиля.

/9/ ВОТ, С ВЕРШИНЫ СКАЛ ВИЖУ Я ЕГО И С ХОЛМОВ СМОТРЮ НА НЕГО: ВОТ, НАРОД ЭТОТ ОТДЕЛЬНО ЖИВЕТ И МЕЖДУ НАРОДАМИ НЕ ЧИСЛИТСЯ.

Билам стоит на очень высоком уровне, равном Моше. Народ находится на более низком уровне относительно Билама, даже, несмотря на то, что движется в Эрец Исраэль.

Написано, «между народами не числится», потому что работает не на эгоизм, а на отдачу. Это единственное свойство, которое выходит из эгоизма, поднимается над собой и направлено к Творцу. В будущем оно должно потянуть за собой все остальные эгоистические желания.

Не числится между народами, потому что собрался не по физическому, а по идеологическому признаку. С тех пор, со времени получения Торы у горы Синай, так и существует. Нарушить эту внутреннюю связь он не может: она закрыта от него.

Между евреями существует чисто идеологическое, духовное скрепление, в то время, как между остальными народами связь – земная, то есть исходит из одного рода.

В будущем, когда соберутся все колена, включая десять потерянных, будет большое количество народов: от пакистанцев и японцев, например, до малайцев. Все это разнообразие исходит из того, что связь должна проявиться выше земных отличий.

Билам поднялся на следующую ступень и посмотрел сверху на народ Израиля. Только поднявшись на эту ступень, можно было услышать от Творца, что это Его народ, который нельзя проклинать, и он – народ отдельный?

Конечно! Иначе невозможно увидеть, невозможно понять.

В наше время любой может сказать, что евреи – особый народ. Действительно, это уже понятно по историческому развитию, по тому, что произошло с евреями. Но откуда все идет? Людям это не понятно.

/11/ И СКАЗАЛ БАЛАК БИЛАМУ: «ЧТО ТЫ СДЕЛАЛ СО МНОЮ? ПРОКЛЯСТЬ ВРАГОВ МОИХ ПРИВЕЛ Я ТЕБЯ, А ТЫ БЛАГОСЛОВЛЯЕШЬ!». /12/ НО ОТВЕЧАЛ ТОТ И СКАЗАЛ: «ВЕДЬ ТО, ЧТО ВЛАГАЕТ В УСТА МОИ БОГ, ДОЛЖЕН Я В ТОЧНОСТИ ГОВОРИТЬ».

/13/ И СКАЗАЛ ЕМУ БАЛАК: «ПОЙДИ, ПРОШУ, СО МНОЮ НА ДРУГОЕ МЕСТО, С КОТОРОГО УВИДИШЬ ТЫ ЕГО, НО ЛИШЬ КРАЙ ЕГО ТЫ УВИДИШЬ, А ВСЕГО ЕГО НЕ УВИДИШЬ. И ПРОКЛЯНИ ЕГО МНЕ ОТТУДА!».

Все равно Балак не отстает от Билама. У него же есть семь жертвенников, пускай хоть с одного проклянет.

Семь жертвенников направлены против семи основных клипот. И если Балак зацепится хотя бы за край желания к Творцу, то через него можно перетянуть потом все остальное.

Важно ему найти изъян в желании отдачи. Тогда это будет уже большая победа: *еника* для клипот – питание для клипот. Свет от высших сосудов пойдет к Балаку, за счет чего он и сможет существовать.

Что значит проклясть? Желание притянуть народ Израиля к себе, раскрыть возможность питаться через него высшим светом, получать от него высшую энергию. Балаку необходим народ Израиля, потому что тот имеет связь с Творцом. Уничтожать его нельзя, иначе не будет этой трубочки. Подчинить – вот единственное, что надо.

Что значит чистая работа на Творца?

Надо проверить себя: или мы работаем без оглядки, только на отдачу, на любовь, на связь с другими и на объединение всего человечества, или мы стремимся все-таки получить что-то себе, то есть присутствует пусть маленькая, но эгоистическая посторонняя цель. Через нее к свойству отдачи могут присосаться любые нечистые желания и силы. Тогда получается, что идешь к Творцу ради выгоды. На этом все духовное абсолютно пропадает и невозможно достичь никакого результата.

Это очень коварное действие наших внутренних желаний, подчас абсолютно не замечаемое. Нам кажется, что мы работаем на отдачу и любовь, имеем благие намерения, – на самом деле все уходит в землю.

Можно ли проверить наличие посторонней цели?

Нет, сам человек никогда не сможет себя проверить. Только лишь через полную отдачу своему обществу, в котором он теряется и растворяется.

Есть группа, через нее проверяется связь между товарищами: ты полностью отдаешь им всё и подчиняешь себя им, работаешь только на них, а они на тебя. Там между вами вырабатывается такое чувство, такой инструмент, с помощью которого можешь проверить на самом деле, нет ли какой-то утечки.

Другого пути не существует, по крайней мере, на определенных ступенях подъема. Человек никогда не сможет себя обвинить. В своих глазах он является праведником, то есть всегда будет обманывать сам себя. Без взаимного поручительства тут не обойтись.

ХОЧУ СЛУЖИТЬ ТВОРЦУ! ИЗ ЭГОИЗМА

Двенадцать колен под предводительством Моше направляются к Эрец Исраэль, и никто не может остановить этот народ.

В Торе, когда Моше умирает, сказано: «И не было более в народе Израиля такого пророка, как Моше». А в Талмуде спрашивают: «Почему в народе Израиля?» И добавляют: «Потому что в народе Израиля не было, а среди народов мира был». И это Билам. Всегда должно присутствовать равновесие между двумя силами – левой и правой.

Балак и Билам, который находится на уровне Моше, пытаются навредить Израилю. Балак усиленно направляет Билама проклясть Израиль. И поднимает его на гору, которая называется Бааль. С высоты горы Бааль он говорит: «Здесь есть слабое место – колено Дана, давай отсюда проникнем, и свет от этой святости начнем тянуть для клипы».

Но не получилось. Творец вложил в уста Билама благословение вместо проклятья.

И все равно продолжает Балак свою миссию, то есть пытается прорваться к Творцу с помощью Билама.

/14/ И ВЗЯЛ ОН ЕГО НА ПОЛЕ НАБЛЮДАТЕЛЕЙ, НА ВЕРШИНУ ПИСГИ И ПОСТРОИЛ СЕМЬ ЖЕРТВЕННИКОВ, И ВОЗНЕС ПО БЫКУ И ПО БАРАНУ НА каждом ЖЕРТВЕННИКЕ.

Писга – в переводе означает «вершина». Балак хочет, чтобы с этого места Билам проклял Израиль?

Да. Что значит – «вознес на жертвенник»? Речь идет об этапах приближения к Творцу. Жертва – на иврите *курбан*, а слово *курбан* происходит от *каров* (сближение).

Какие только действия ни производят Балак и Билам, чтобы приблизиться к Творцу. Но все их усилия безрезультатны, потому что связь с Творцом они ищут по эгоистической линии. От всего сердца они готовы действовать в рамках своей эгоистической природы, в которой Он их создал, хотят развивать ее в себе, делать в ней все необходимое, чтобы соединиться с Ним.

Я хочу быть под Тобой, я хочу прислуживать Тебе, быть под Высшей силой, как бы говорят они, но при этом оставаться внутри своего эгоизма. И невозможно ничего с этим сделать.

Тут говорится о силе, о целой эгоистической системе, которая желает принадлежать Творцу и не понимает, почему не может соединиться с Ним. Это трагедия – вселенская, надчеловеческая. Почему свойство отдачи может быть связано с Творцом, а свойство получения – нет?!

Две силы существуют в природе. Одна – сила Творца, свойство отдачи, искорка которого проявляется в народе Израиля еще со времен Древнего Вавилона. **Причем свойство это не создавалось искусственно на протяжении веков, не завоевывалось, а было заложено изначально.**

Остальная часть народов мира не понимает: «Почему мы не можем быть связаны с Тобой нашим желанием, которое Ты сам создал в нас? Мы готовы – скажи только, что делать!».

Балак осуществляет семь великих действий, семь жертвоприношений (приближений к Творцу), то есть на всего себя. Он готов пожертвовать всем, чтобы быть рядом с Творцом.

Исходя из этого, Билам и Балак являются чуть ли не праведниками? Вроде бы, Балак действительно хочет быть отдающим?

Билам называется пророком, потому что разговаривает с Творцом, находится на одном уровне с Моше. Но оба – и Билам, и Балак – не понимают, почему со своими свойствами они не могут быть связаны с Творцом, а народ Израиля может.

Тут нет правых и неправых. Существуют две линии, и никто не разберется в них, кроме Творца.

Только Творец дает свое решение – сначала исправляется и приближается ко Мне народ Израиля. Но перед этим он должен пройти много этапов своего разрушения и погружения в эгоизм (в Билама и Балака, в данном случае). Потом он сможет выйти из него, исправить себя вместе с частью огромного эгоистического желания и затем уже исправить остальное человечество.

ПАРАДОКС БУРИДАНОВА ОСЛА

Существуют система и методика, очень длительный путь исправления, который человеку не дано предугадать. Похоже на положение Буриданова осла: стоит между двумя равноценными охапками сена и не знает, к какой из них свернуть.

Более того, нельзя выполнить всю программу творения только с отдающими свойствами Моше – ведь у него нет достаточного эгоизма. Так же невозможно реализовать ее и свойствами Билама и Балака, потому что тут не хватает свойства отдачи. Как соединить эти две противоположности – плюс и минус, которые взаимно уничтожают друг друга? Как с этого момента и далее идти вперед?

Обе силы желают быть полностью связанными с Торцом. Но полностью – это значит, по свойству быть такими же, как Он. Народ Израиля очень маленький, он не может этого сделать, у него нет эгоизма. А у народов мира есть только эгоизм и нет свойства отдачи. Вот и получается, что ни от тех, ни от других пользы пока нет.

Здесь Билам начинает осознавать, чего именно ему не хватает. Но каким образом к этому прийти, он еще не знает. Поэтому он благословляет народ Израиля. Его благословение и станет проявлением тайной зависти народов мира к народу Израиля на протяжении всей истории.

Но в то же время Израиль и народы мира не могут друг без друга. И те, и другие осознают это?

Да. Подъем к Творцу может происходить только над эгоистическими восхождениями, над эгоизмом. Значит, тут должен присутствовать Билам, но сам подъем должен осуществляться с помощью Моше. Как соединить между собой эти противоположные силы?

Соединение происходит путем взрыва – через так называемое «разбиение сосудов» (*швира*). После этого уже можно постепенно выяснять, как одно проявляется из другого, в каком порядке их рассортировать, чтобы, используя одно, исправлять другое. Здесь закладывается всё исправление, указанное в Торе.

Каин, Эйсав, другие – меняются имена, но все время движение идет по левой линии рядом с народом Израиля. Он крепчает, а рядом с ним враги его становятся все больше и больше. Они могут идти только вместе?

Да, они идут параллельно. И враги ощущают, что уничтожить Израиль невозможно, хотя постоянно пытаются это делать.

Это всё – действия высшей силы. Отсюда исходят совершенно нерациональные действия. Например, огромные средства немцы вкладывали в уничтожение евреев вместо того, чтобы пустить их на войну. Это же огромные суммы! Вместо того, чтобы гнать танки на фронт и завоевывать территории, они эшелонами отправляли евреев в концлагеря.

Полная ликвидация евреев определялась наивысшей задачей в Третьем Рейхе. Тут мы явно видим, что работает здесь отнюдь не логика.

НЕТ КОЛДОВСТВА ПРОТИВ ИЗРАИЛЯ

Итак, Балак ведет Билама на вторую гору. И выставляют они семь жертвенников. Написано в «Большом комментарии»:

Тогда Балак сказал Биламу: «Позволь мне отвести тебя на другую гору. Благодаря моим магическим силам мне дано предвидеть, что однажды евреи испытают там тяжелую потерю. Быть может, эта беда будет вызвана твоим проклятием!»
Балак привел Билама на гору, на которой было предназначено умереть Моше.

«Думай о нечестивцах этого народа, — посоветовал Биламу Балак, — а не о праведниках. Возможно, ты и сможешь навредить им».

Что значит – смерть праведника на горе? Например, на горе умирает Моше, видя перед собой Эрец Исраэль.

Свойство бины должно раствориться в желании, полностью отдаться ему, чтобы оно начало исправляться. Это и есть свойство Моше: чистое свойство бины (отдачи) умирает, то есть закончило свою работу.

В Торе говорится о силах и свойствах, а не о людях и их телах. Всё описанное – силы природы.

Моше умирает, то есть эта сила природы заканчивает существование в своем отдельном виде. На этом уровне она полностью растворяется и затем начинает прорастать уже в совместной работе эгоизма и альтруизма.

Моше доходит до своей полной реализации. А народ поднимается к состоянию, когда впереди уже видна Земля Израиля. Тут есть сочетание бины и малхут: Моше – свойство бины и народ Израиля – свойство малхут. Пока еще не народ, но, войдя в Землю Израиля, он приобретает свойства малхут – становится народом.

Написано в главе «Балак»:

/15/ И СКАЗАЛ ОН (Билам) БАЛАКУ: «СТАНЬ ТУТ, У ЖЕРТВЫ ВСЕСОЖЖЕНИЯ ТВОЕГО, А Я ПОЙДУ НАВСТРЕЧУ ТУДА…». /16/ И ЯВИЛСЯ БОГ БИЛЬЯМУ, И ВЛОЖИЛ СЛОВО В УСТА ЕГО…

/18/ И ПРОИЗНЕС ОН ПРИТЧУ СВОЮ, И СКАЗАЛ: «ВСТАНЬ, БАЛАК, И СЛУШАЙ, ВНИМАЙ МНЕ, СЫН ЦИПОРА! /19/ НЕ ЧЕЛОВЕК ВСЕСИЛЬНЫЙ, ЧТОБЫ ЛГАТЬ, И НЕ СЫН ЧЕЛОВЕЧЕСКИЙ, ЧТОБЫ

ПЕРЕДУМЫВАТЬ. НЕУЖЕЛИ СКАЖЕТ ОН И НЕ СДЕЛАЕТ, БУДЕТ ГОВОРИТЬ И НЕ ИСПОЛНИТ?

/20/ ВОТ, ПОЛУЧИЛ Я повеление БЛАГОСЛОВИТЬ их, И БЛАГОСЛОВЕНИЕ НЕ ОТМЕНИТЬ МНЕ. /21/ НЕ УВИДЕЛ ПРОВИННОСТИ В ЯАКОВЕ И НЕ ВИДЕЛ ЗЛА В ИЗРАИЛЕ; БОГ, ВСЕСИЛЬНЫЙ ЕГО, С НИМ И ЦАРСКИЙ ТРУБНЫЙ ЗВУК У НЕГО.

/22/ ВСЕСИЛЬНЫЙ ВЫВЕЛ ИХ ИЗ ЕГИПТА; МОГУЧ ОН КАК ДИКИЙ БЫК. /23/ ИБО НЕТ ВОРОЖБЫ ПРОТИВ ЯАКОВА И КОЛДОВСТВА ПРОТИВ ИЗРАИЛЯ...».

Нет колдовства против Израиля, потому что это чистое свойство бины, которое невозможно испортить. Если народ поднимается до этого уровня, то находится в свойстве отдачи и ничем нельзя тут навредить, потому что нет никакой связи со свойством получения.

Если отсутствует связь с получением, как можно подействовать на народ? Ничем не ухватишься за него. Он находится вне всех бед, по большому счету.

Сейчас в мире существует тенденция тут и там подкапываться под значимых людей. Ищут, где он мог эгоистически зацепиться – украсть, например. А если действительно он не нарушал закон?! Что с ним сможешь сделать? Ничего.

Сегодня судьям платят высокие зарплаты и дают разные льготы, чтобы они взяток не брали. Раньше в Земле Израиля судить мог только тот, кто имел лишь самое необходимое. Интересно, мы сможем снова подняться до этого состояния?

Тогда выбирали судей, конечно, по-другому.

Что касается современного мира, думаю, что человечество к этому идет. Постепенно происходит трансформация внутреннего желания, – люди теряют интерес к тому, чтобы все время что-то добывать, устают носиться в погоне за материальными благами.

Возникает усталость, разочарование, когда достигаешь, чего желал, а оно тебя не наполняет. Постоянные разочарования постепенно накапливаются в человечестве и воспринимаются друг от друга.

Возникает следующее поколение, которому не надо это все переживать, априори оно уже понимает, что нет смысла в этих мнимых достижениях. Ничего не стоят богатство, слава, власть и прочие наслаждения прекрасной материальной и светской жизни. Ничто не дает счастья, потому что изжило, утомило и показало свою ограниченность и ничтожность.

Именно тогда и возникает вопрос о смысле жизни. Если невозможно наполнить себя в материальном или в духовном: культура, наука и прочее – то в чем содержится смысл жизни? Зачем нужна жизнь? К этому тупику подходит все человечество.

Но тупик – это всегда состояние, из которого рождается следующий подъем.

ВЕДЬ МЫ ТАКИЕ ТАЛАНТЛИВЫЕ…

И написано дальше:

/23/ ИБО НЕТ ВОРОЖБЫ ПРОТИВ ЯАКОВА И КОЛДОВСТВА ПРОТИВ ИЗРАИЛЯ; В СВОЕ ВРЕМЯ РАССКАЗАНО БУДЕТ ЯАКОВУ И ИЗРАИЛЮ О ТОМ, ЧТО

ГЛАВА «БАЛАК»

СОВЕРШАЛ ВСЕСИЛЬНЫЙ. /24/ НАРОД ЭТОТ КАК ЛЕВ ПОДНИМАЕТСЯ И КАК ЛЕВ ВОЗВЫШАЕТСЯ, НЕ ЛЯЖЕТ, ПОКА НЕ СЪЕСТ ДОБЫЧИ И КРОВИ УБИТЫХ НЕ НАПЬЕТСЯ.

Народ Израиля ощущает заложенную в нем программу предназначения – исправление эгоизма. Поэтому он обязан действовать – исправлять и работать на это.

Все время он должен идти впереди человечества. Его судьба – тащить за собой народы двумя путями. Или его постоянно будут гнать вперед страданиями, или народ сам будет устремляться вперед, ощущая необходимость выполнить замысел творения.

Почему дается сравнение «как лев поднимается и как лев возвышается»?

Народ Израиля должен быть, как пламя над костром, – все время устремляться вверх. И в этом гореть.

«Не ляжет, пока не съест добычи и крови убитых не напьется»?

Он обязан исправлять эгоистическое желание в человечестве, то есть эгоистические свойства получения. Он должен реализовать свои свойства бины (отдачи), чтобы исправить все народы мира. Никто другой не может этого сделать.

На самом деле, огромная масса эгоистического желания, которая существует во всех людях, сама по себе инертна. Если бы Израиль не растворился среди народов мира, то половина из них оставались бы на уровне римлян, то есть абсолютными варварами, а другая – переняла бы философию греков. Да и развитие Древней Греции обусловлено тем, что еще во времена пророков греки подхватили немножко от евреев и придумали себе богов, которые живут на Олимпе.

Все народы мира оставались бы на примитивном уровне, если б не упали на них искры изгнанного Израиля. Вспышку развития всему миру дал именно выход евреев в изгнание, когда возник иудаизм и из него – христианство и ислам.

Затем это распространилось по всему миру через всеобщие завоевания, через колонии в Африке, Америке, Австралии, Океании. Так сказано, например, на востоке в буддизме остались посланные Авраамом *матанот*, подарки – маленькие духовные приемы, чтобы дать людям возможность заниматься ими.

Мы были в Японии, в Китае, наблюдали за людьми. На улицах – полное ощущение безопасности. В Китае – вообще чувство, как будто нет никого вокруг. Где тут полтора миллиарда человек? Выходишь на центральную площадь, где, говорят, собираются миллионы людей. Площадь полна народу, а состояние как будто ты один. Очень низкий уровень эгоизма.

Такой маленький эгоизм – следствие занятий духовными практиками, которые дал им Авраам. В конечном итоге все духовные течения начнут правильно воспринимать народ Израиля, призванный возбудить и исправить народы мира. Сами они ничего сделать не могут.

После того, как народ Израиля вберет от них и исправит в себе их эгоистические свойства, исправится все человечество. Масса абсолютна пассивна. Тут даже некого учить. Она получает от Израиля все мгновенно, за один раз. Он является реализатором программы.

Все-таки я возвращаюсь к этой фразе: «Пока не съест добычи и крови убитых не напьется». Это значит – пока не переработает эгоизм?

Да. Не понимаю, почему народом Израиля это до сих пор не воспринимается правильно. Ведь если посмотреть глубже на претензии народов мира к евреям, то видим в них такой призыв, такой крик отчаяния, который обязывает нас немедленно выполнить свою работу. По тому, что писали Генри Форд, Гитлер, другие великие антисемиты, видно, что они понимали, ощущали свое бессилие: «В вас есть огромная сила, вам это предназначено. Мы ничего не можем сделать. Мы ждем».

Им дали это почувствовать свыше, хотя они и играли такую неприглядную роль в истории человечества. Но это роль все-таки высшего предназначения, орудие в руках Творца, которому ничего не оставалось делать кроме того, чтобы таким образом подгонять свой любимый народ к правильной реализации, чтобы он встряхнулся, сделал еще один шаг. Ведь без таких ударов мы не двигаемся. Надо или самим добровольно идти вперед, или история будет жестко подгонять нас сзади.

Почему же мы не слышим призыва? Почему не ощущаем его? Вместо этого все время говорим: «Ненависть идет из зависти. Ведь мы такие талантливые…».

Мы стараемся всё оправдать, находясь на земном уровне. Мы не принимаем во внимание единственность высшей силы, единственность управления – нет никого, кроме Него. Всё, что происходит, мы приписываем различным силам, свойствам, то есть молимся идолам.

Основа нашей религии – «нет никого, кроме Него», есть только Творец. Если Он делает так, значит, так должно быть, – все исходит только от Него. Но люди не могут принять это, потому что эгоизм не позволяет.

Надеюсь, что мы поумнеем и поймем, что всё действие – только за нами. Ничего нельзя ждать от народов мира. Абсолютно пассивная масса, которая будет сидеть и плакать, и ничего не сможет сделать. Об этом и говорит здесь Билам.

Мы, каббалисты, делаем огромную работу и, надеюсь, сумеем сдвинуть камень с колодца, из которого пойдет живая вода.

ИГРА В ЛЮБОВЬ

Глава «Балак» вместила в себя все, в том числе роль народа Израиля. Балак – это то, что стоит против нас сейчас…

Не против нас, а ради нас, за нас. Чтобы вести себя и все человечество вперед, необходимы две силы – положительная и отрицательная. В принципе, они исходят от одного Высшего источника и запускаются свыше или путем страданий, или путем света. Но одно не существует без другого.

Мы не можем без них, потому что все время должны находить силы двигаться вперед. Откуда их брать? Из недостатков, желаний, постижений, раскрытий. А для чего?

В нашем мире нашему эгоизму, нашей природе они не несут ничего хорошего – скорее наоборот. Можно ли продвигаться без внешних понуканий, которые тянут нас вперед насильно или подталкивают страданиями?

Здесь нам поможет свойство, которое называется *арвут* – взаимное поручительство. Мы настраиваем друг друга, заводим друг друга, играем друг перед другом, вместе начинаем возбуждать такие цели, которых на самом деле нет внутри нас.

Природой мы созданы так, что не имеем желания быть вместе во взаимной любви, дружбе, братстве и ради этого стремиться подняться выше себя. Но если механически, искусственно мы нагнетаем в себе это намерение, чтобы вызвать высший свет, то начинает действовать закон подобия. Высший свет светит на нас, меняет нашу природу, и тогда мы идем вперед.

Но намерение мы тоже играем, его же нет в нас на самом деле?

Да, играем. Но эта игра вызывает высший свет. Мы живем в мире постоянного света. Мы в нем находимся.

Как мы можем вызвать на себя его движение?

Можно объяснить это таким примером. Мы берем моток металлической проволоки и начинаем водить его вокруг магнита. Этот моток все время находится в движении и таким образом пересекает электрические поля различной интенсивности, – в результате в нем возникает электрический ток. Именно так устроен простой генератор электрического тока.

Аналогично, если мы возбуждаем себя движениями к себе и наружу, то есть постоянно находимся в подъеме – падении относительно высшего света, то привлекаем на себя его переменное влияние. Не постоянное, потому что мы меняемся, а он – нет. Находясь в состояниях: ближе к единению – разъединение, ближе к единению – разъединение, мы все время меняемся, так как на нас воздействует переменный высший свет.

ЧЕРЕЗ ТЕРНИИ – К СВЕТУ

Как можно измерить, ощутить меру воздействия света?

По прошествии небольшого количества времени человек увидит, что на смену сближениям друг с другом возникает новый слой эгоизма и разъединяет нас. Мы над ним соединяемся, и снова возникает еще больший слой эгоизма и опять разъединяет нас. То, что мы возбуждаем на объединении и на разъединении, на самом деле являются силами нашего развития. Мы крутимся в поле высшего света в большей или меньшей степени подобия ему.

Что заставляет человека двигаться дальше и дальше, если он не чувствует, что наполняется?

Только наши внутренние эгоистические записи (*решимот*), информационные гены, которые проявляются все больше и больше, а мы соединяемся над ними. Если не будем вовремя соединяться, то они будут толкать нас страданиями, накоплениями страданий. Это то, что сегодня видим в человечестве.

Мы должны принести человечеству методику объединения. Осуществить ее просто и легко, потому что она находится здесь среди нас, а мы – внутри высшего света, и привлекаем его на себя согласно самому простому закону индукции.

В этот момент я чувствую себя хорошо?

В любом состоянии, в темноте или при свете, когда я ближе или дальше от Него, я чувствую себя хорошо (даже если в данный момент мне плохо), потому что нахожусь в этой идее и на этом пути. Я наслаждаюсь преодолением препятствий ради великой цели. Процесс претворения идеи дает наслаждение.

Вернемся к Балаку. Здесь есть своя идея – проклясть народ Израиля и, тем самым, сильнее подтолкнуть его к цели.

Балак, как мы помним, пригласил Билама проклясть народ Израиля. Поднял его на две высоты. С высоты, которая называется Бааль, было видно колено Дана – слабая точка Израиля. Оттуда не удалось проклясть Израиль. Тогда он поднял Билама на вершину Писги, где должен умереть Моше – тоже слабая точка. Но и отсюда не получилось.

НАРОД ПОДНИМАЕТСЯ, КАК ЗВЕРЬ

Сейчас идет подготовка к третьей вершине, куда Балак хочет привести Билама, чтобы проклясть народ Израиля. И говорит Билам:

/23/ «ИБО НЕТ ВОРОЖБЫ ПРОТИВ ЯАКОВА И КОЛДОВСТВА ПРОТИВ ИЗРАИЛЯ; В СВОЕ ВРЕМЯ РАССКАЗАНО БУДЕТ ЯАКОВУ И ИЗРАИЛЮ О ТОМ, ЧТО СОВЕРШАЛ ВСЕСИЛЬНЫЙ. /24/ НАРОД ЭТОТ КАК ЛЕВ ПОДНИМАЕТСЯ И КАК ЛЕВ ВОЗВЫШАЕТСЯ, НЕ ЛЯЖЕТ, ПОКА НЕ СЪЕСТ ДОБЫЧИ И КРОВИ УБИТЫХ НЕ НАПЬЕТСЯ». /25/ И СКАЗАЛ БАЛАК БИЛЬАМУ:

«НИ КЛЯСТЬ НЕ КЛЯНИ ЕГО, НИ БЛАГОСЛОВЛЯТЬ НЕ БЛАГОСЛОВЛЯЙ ЕГО!». /26/ И ОТВЕТИЛ БИЛЬАМ, И СКАЗАЛ БАЛАКУ: «ВЕДЬ ГОВОРИЛ ЖЕ Я ТЕБЕ ТАК: ВСЕ, ЧТО ГОВОРИТЬ БУДЕТ БОГ, ТО И СДЕЛАЮ».

Что значит – «нет ворожбы против Яакова и колдовства против Израиля»?

Яаков и Израиль – это средняя линия. Она не относится ни к правой, ни к левой линии и четко направлена на подобие Творцу, что является целью и конечным пунктом развития всей природы.

Благодаря человеку вся неживая, растительная и животная природа возвращается к своему источнику в мир Бесконечности.

Чтобы достигнуть этой цели, необходимо создать все условия и реализовать их. Исходя именно из этого посыла, действуют такие силы как фараон, Билам, Балак и все ненавистники Израиля. Они возникают из необходимости в то время, когда народ Израиля не идет вперед к своей цели. В мере его запаздывания происходит воздействие отрицательного давления, которое вынуждает его продвигаться.

Но если народ движется по направлению к Земле Израиля, то есть к освоению высшего состояния, то проклясть его нельзя. Все проклятья обратятся в благословение. Отрицательная сила будет действовать как положительная и помогать ему в движении.

Когда говорится, «Яаков и Израиль», то имеется в виду средняя линия?

Яаков – это малое состояние, Израиль – большое состояние. Средняя линия включает все силы природы, как положительные, так и отрицательные, суммирует их в себе и потому дает правильное направление.

Эту силу никак нельзя взять – ни колдовством, ни ворожбой. Против средней линии ничего нет. Если бы мы понимали, что нам надо двигаться таким образом, то всех своих противников превратили бы в друзей. Став нашими соратниками, они в свою очередь раскрыли бы этот путь, определили свое правильное участие в движении. В результате весь мир был бы доволен этим процессом.

/24/ НАРОД ЭТОТ КАК ЛЕВ ПОДНИМАЕТСЯ И КАК ЛЕВ ВОЗВЫШАЕТСЯ, НЕ ЛЯЖЕТ, ПОКА НЕ СЪЕСТ ДОБЫЧИ И КРОВИ УБИТЫХ НЕ НАПЬЕТСЯ.

Это определение народа?

Да. Здесь имеется в виду правильное исправление очень тяжелых эгоистических желаний, когда народ поднимается, как зверь, набрасывается на свою добычу, убивает и съедает ее.

Преобразование очень тяжелых эгоистических желаний возможно только в единении между собой. Речь идет о том, что каждый человек не работает сам по себе, а идет на объединение с другими, готов к нему, потому что только так можно прийти к исправлению.

В этом и заключается отношение человека к эгоистическим желаниям. Это и есть победа льва над своими жертвами. Говорится, «так же как лев», – эта фигура поднимается в виде огня, который пожирает свою жертву.

Дальше идет третья гора, на которую Балак поднимает Билама.

/27/ И СКАЗАЛ БАЛАК БИЛЬАМУ: «ПОЙДИ, ПРОШУ, ВОЗЬМУ Я ТЕБЯ НА ДРУГОЕ МЕСТО! МОЖЕТ БЫТЬ, ПОНРАВИТСЯ ОНО ВСЕСИЛЬНОМУ, И ПРОКЛЯНЕШЬ МНЕ ЕГО ОТТУДА». /28/ И ВЗЯЛ БАЛАК БИЛАМА НА ВЕРШИНУ ПЕОРА, ОТКУДА ВИДНА ПУСТЫНЯ.

С горы Пеор видна пустыня. *Пэ* – рот, *ор* – входящий свет. *Пеор* – это как бы чрево света.

В «Большом комментарии» сказано:

Тогда Балак решил сделать еще одну попытку: «В конце концов, — думал он, — я знаю, что непобедимой эта нация не является. В прошлом они были разбиты амалекитянами и хананеями. (Бемидбар 14:15).

Даже если мне и не удастся погубить их окончательно или хотя бы помешать им войти в Ханаан, все равно должен быть какой-то способ причинить им вред».

Всем понятно, что уничтожить нельзя. Можно навредить, приостановить, что-то дурное сделать по дороге, может быть, убить какую-то часть, но полностью погубить их невозможно. Вся проблема антисемитов в том, что они внутренне чувствуют бесполезность своих потуг. Они испытывают страшное ощущение, что не смогут победить Израиль. Но все равно, если нельзя уничтожить, то хотя бы навредить.

К этому двигаются Балак и Билам.

ГЛАВА «БАЛАК»

КАК ПОБЕДИТЬ ТВОРЦА?

Дальше написано:

Балак привел Билама в другое место, где впоследствии евреи поклонялись идолу Баал Пеору. Балак предвидел, что сыны Израиля будут наказаны именно там, но предугадать детали не мог. «Возможно, — думал он, — их наказание и явится результатом проклятия Билама». Балак выявил еще одно слабое место.

Слабое, потому что Пеор – это место, откуда великий свет должен исходить, но пока не может, потому что нет полного исправления.

Здесь и скрывается та возможность ошибиться, которую допустил Адам Ришон (Первый Человек). Он раскрыл всю эгоистическую глубину. И предполагал сделать что-то доброе, хорошее, достичь полного исправления, а на деле оказалось, что провалился в такой огромный эгоизм, о котором даже не подозревал.

Порой кажется, что идешь прямо к цели, ступаешь по ровной прямой дороге и вдруг проваливаешься, как в болото. Перед собой ты видишь камни, пустыню, песок – все нормально, на первый взгляд. Ты становишься, казалось бы, на твердую почву, и вдруг оказывается, что это – вода, заросшая тиной и покрытая слоем всякого мусора.

Если вернуться к Адаму Ришон, Вы все время говорите, что это прегрешение было запланировано, сценарий существовал заранее.

Это неважно. Ошибка в том, что все равно надо идти к победе и не думать о том, что запланировано. Ни в коем случае! Пусть это предопределено, но я сделаю так, чтобы избежать этого. Я не думаю, что у меня будут падения.

Иду на объединение и не думаю, что назавтра проснусь другим, даже если сам Творец мне на это укажет. Здесь и надо победить Его.

/1/ И СКАЗАЛ БИЛЬАМ БАЛАКУ: «ПОСТРОЙ МНЕ ЗДЕСЬ СЕМЬ ЖЕРТВЕННИКОВ И ПРИГОТОВЬ МНЕ ЗДЕСЬ СЕМЬ БЫКОВ И СЕМЬ БАРАНОВ». /2/ И СДЕЛАЛ БАЛАК, КАК ГОВОРИЛ БИЛЬАМ, И ВОЗНЕСЛИ БАЛАК И БИЛЬАМ ПО БЫКУ И ПО БАРАНУ НА каждом ЖЕРТВЕННИКЕ.

Предпринимается попытка расслабить Творца, чтобы Он проклял народ Израиля?

Билам и Балак хотят перетянуть канат на свою сторону, чтобы можно было служить Творцу с помощью эгоизма, не исправляя его.

В чем заключается проблема противостояния между темными и светлыми силами? Темные силы в нас говорят: «Надо найти выход из создавшегося положения. Но мы не можем. Человек не в состоянии ничего сделать. Есть, очевидно, какой-то другой выход. Возможно, через какие-то действия раскрывать Творца, достигать связи с Ним, притягивать Его благословение и на наши эгоистические силы».

Что такое темные силы? Это наша обычная природа, которая предлагает действовать в рамках эгоистических сил: давай попробуем, авось получится.

Тут человек стоит перед большой дилеммой. С одной стороны, науки, реальность, здравый смысл, разум, его окружение — все уверяют его, что он бессилен. И Творец говорит то же самое.

С другой стороны, человек должен идти против всех. И даже против Творца, который ставит перед ним все эти преграды. Он не хочет, не собирается соглашаться со всем, он ищет возможность каким-то образом войти в контакт, в связь с Творцом, подняться к Нему, вообще не исправляя свой эгоизм или исправляя его лишь частично.

Но таким образом невозможно подняться на высокие духовные ступени. Для этого надо быть на уровне великих каббалистов. И тут возникает возможность идти верой выше знания на очень особых условиях.

Билам и Балак своими жертвенниками поднимают молитву к Творцу, чтобы Он дал им возможность пойти своим путем. Они хотят использовать то, что близко им, а не народу Израиля. Это две противоположные идеологии, которые не могут существовать одна без другой.

«НЕ ПУСКАЮ, А ТЫ ИДИ!»

Жертвенники Балака и Билама можно назвать молитвой? Они поднимают МАН?

Конечно. Все они, в том числе и фараон, включающий в себя все отрицательные фигуры, были в связи с Творцом.

Что говорит фараон? «Творец – праведник, а я – злодей. Но я не могу без Него – я стою против Него. И вижу, что с этой природой иначе нельзя, кроме как обратиться к Нему», – фараон также велит и Моше: «Иди и молись Творцу». Надо молиться, надо что-то делать.

«Я не в состоянии, – как бы говорит фараон. – И тебя наказываю таким образом: не пускаю – а теперь иди! Снова не пускаю – а потом иди». Так и возникает привлечение света на те состояния, которые поднимают нас к цели, подобно движению проводника в электрическом поле, о чем мы говорили ранее.

Невозможно приблизиться к Творцу без Билама и Балака. Это очень высокие состояния. К концу «Пятикнижия» они начинают проявляться все ближе и ближе к Творцу, чего раньше не могли. Без их благословения нельзя двигаться дальше.

Если нет Билама и Балака, на основании чего можно продвигаться? Нужно огромное эгоистическое желание, на которое необходимо получить благословение Творца. И это может сделать только Билам, а не Моше. Так все работает.

Многое, из того, что происходит в нашем мире, можно понять из Ваших объяснений.

Дальше написано:
/1/ И УВИДЕЛ БИЛЬАМ, ЧТО УГОДНО БОГУ БЛАГОСЛОВИТЬ ИЗРАИЛЬ, И НЕ ОБРАТИЛСЯ ОН, КАК ПРЕЖДЕ, К ГАДАНИЮ, НО ОБРАТИЛ К ПУСТЫНЕ ЛИЦО СВОЕ. /2/ И ПОДНЯЛ БИЛЬАМ ГЛАЗА СВОИ, И УВИДЕЛ ВСЕ КОЛЕНА ИЗРАИЛЯ, РАЗМЕСТИВШИЕСЯ КАЖДОЕ отдельно, И БЫЛ НА НЕМ ДУХ ВСЕСИЛЬНОГО.

Пустыня, с абсолютно обезвоженной, высушенной почвой, олицетворяет собой желание, не дающее человеку совершенно ничего, никакой возможности существовать. Он стоит на этих желаниях и стремится только к одному – быть связанным со всеми (хотя сейчас эта связь ничего не дает) и приблизиться к Творцу.

Человек может существовать, если поднимается выше сухих, обезвоженных желаний, которые не дают никаких эгоистических наполнений. Отсюда и идет выражение «глас вопиющего в пустыне».

Билам – огромное эгоистическое желание, которого нет у Израиля, – поворачивает свое лицо к пустыне, то есть начинает понимать, что именно здесь должно произойти благословение. Люди стоят на том, что у них нет основания быть в сближении, в единении, в обращении к Творцу. Они идут абсолютной верой, свойством отдачи и взаимной любви.

Поэтому в Биламе возникает, что называется, Божий дух. Высший свет начинает проникать на Израиль через него, и это называется благословением.

Билам – пророк, человек, который находится на уровне раскрытия Творца в себе и таким образом благословляет Израиль. Это высокая духовная сила.

Все грешники в Торе на самом деле являются великими силами. Они подталкивают праведников.

Когда мы обнаружим, что вся система разложена перед нами, и поймем, каким образом она работает, то увидим, что ничего не стояло против нас. Все направлено только на то, чтобы помочь продвигаться вперед.

УПАЛ С ОТКРЫТЫМИ ГЛАЗАМИ

Балак и Билам усиленно пытаются проклясть народ Израиля и никак не могут это сделать. Поднял Балак Билама на последнюю третью высоту, поставили они жертвенник, и снова у них не получается!

Не просто не получается, на самом деле тут они получают серьезнейшее благословение Творца на Израиль, после которого идти уже некуда. Раньше такого не было.

«И поднял Бильам глаза свои, и увидел Израиль, размещенный по племенам своим, и был на нем дух Бога». И начал он благословлять, потому что дух Бога был не только на Израиле, но и на Биламе тоже. Увидел он, что происходит в Израиле.

/3/ И ПРОИЗНЕС ОН ПРИТЧУ СВОЮ, И СКАЗАЛ: «ВОТ РЕЧЬ БИЛЬАМА, СЫНА БЕОРА, И РЕЧЬ МУЖА ПРОЗОРЛИВОГО; /4/ РЕЧЬ СЛЫШАЩЕГО РЕЧИ ВСЕСИЛЬНОГО, ТОГО, КТО ВИДИТ ЯВЛЕНИЕ ВСЕМОГУЩЕГО, ПАДАЕТ С ОТКРЫТЫМИ ГЛАЗАМИ».

«Муж прозорливый, падающий с открытыми глазами», – Билам понимает свое падение, свое состояние, свою миссию.

В нас этого нет! Когда мы падаем из наших хороших состояний, мы чувствуем себя плохо настолько, что как будто не было ничего хорошего. Вышел весь воздух из меня, не вижу смысла жизни, не знаю, что делать, – поскорее бы лечь, закрыть глаза и уснуть или отвлечься чем-нибудь другим.

А Билам падает с открытыми глазами! Он понимает все падения и принимает их для последующего подъема. Это и называется прозорливость – видеть впереди цель, сквозь время, сквозь следующие состояния!

Как сочетается, с одной стороны – падение, с другой – видение цели?

Для этого нужно владеть состояниями, то есть самому находиться в средней линии. Благословение может быть дано только по средней линии.

Билам, великий грешник – левая линия, очень серьезная, которая сейчас облагородилась правой линией.

Поэтому из средней линии он может благословить народ.

Билам находится на уровне Моше и делает то, что тот не мог сделать. У Моше отсутствовала левая линия, потому он не вошёл в Эрец Исраэль – в Землю Израиля.

ГОРА СОМНЕНИЙ, ИЗМЕН И ПРОКЛЯТИЙ

И тут начинается песня Билама:

/5/ КАК ПРЕКРАСНЫ ШАТРЫ ТВОИ, ЯАКОВ, ЖИЛИЩА ТВОИ, ИЗРАИЛЬ! /6/ КАК РУЧЬИ ИЗВИВАЮТСЯ ОНИ, КАК САДЫ ПРИ РЕКЕ, КАК АЛОЭ, ПОСАЖЕННОЕ БОГОМ, КАК КЕДРЫ ПРИ ВОДАХ. /7/ ПЕРЕЛИВАТЬСЯ БУДЕТ ВОДА через край ВЕДЕР ЕГО, И ПОТОМСТВО ЕГО – В ОБИЛЬНЫХ ВОДАХ.

Всё воспевается на уровне воды, потому что речь идёт о свете хасадим (бина). **Он** является источником силы, которая может исправить эгоизм (малхут). Именно этого свойства Моше не хватает Биламу.

/8/ ВСЕСИЛЬНЫЙ ВЫВЕЛ ЕГО ИЗ ЕГИПТА. МОГУЧ ОН КАК ДИКИЙ БЫК, ПОЖРЕТ ОН НАРОДЫ, ВРАГОВ СВОИХ, И КОСТИ ИХ РАЗДРОБИТ, И СТРЕЛАМИ СВОИМИ ПРОНЗИТ ИХ. /9/ ОПУСТИЛСЯ ОН НА КОЛЕНИ, ПРИЛЕГ КАК ЛЕВ – КТО ПОДНИМЕТ ЕГО? ВСЯКИЙ БЛАГОСЛОВЛЯЮЩИЙ ТЕБЯ – БЛАГОСЛОВЕН, А ВСЯКИЙ ПРОКЛИНАЮЩИЙ ТЕБЯ – ПРОКЛЯТ!

«Могуч он, как дикий бык, пожрет он народы, врагов своих и кости их раздробит». То есть все эгоистические желания исправит в себе до самых основ: *ацамот* (кости) – от слова *эцем* (основа).

«Пожрет он народы» – все эгоистические желания впитает в себя и таким образом их исправит. Еда, пища – это исправление, подъем *решимот* (исходных данных) до уровня Творца.

Сеуда (трапеза) считается высоким состоянием у каббалистов. Если правильно ею пользоваться, то на самом деле это – святое занятие. Оно стоит на уровне урока и даже выше. Мы обнаружим это, когда дойдем до такого духовного уровня.

В Храме было принято сидеть, выпивать, закусывать. На самом деле этот процесс символизирует самое высокое духовное состояние: человек употребляет вино (левая линия) и пищу, хлеб (правая линия), то есть поднимает все самые низменные свойства в себе до уровня Творца!

Храм – это единение с Творцом. Храм – это состояние человека, когда свои самые простые, естественные желания он может поднять от малхут до кетэр.

В Храме проводилось не только служение. Тут резали скот, жарили мясо, ели его с хлебом, солью, оливковым маслом, зеленью, приносили плоды. В общем, с утра до вечера продолжался сплошной пир. Зайди туда посторонний, он ничего бы не понял: «Что это у них за религия такая?!».

Не было необходимости в переходной части – в уроках, преподавании?

Нет. Все занятия проводились на местах, по всей стране разъезжали учителя и обучали народ.

И когда человек ощущал в себе необходимость духовного подъема, он брал голубей или барашков, или коров, хлеб, съедобные травы, всевозможные плоды (виноград, яблоки) и с ними поднимался в Храм.

Пища символизирует внешний эквивалент того, что сейчас он может отдать от себя. В Храме выполнялись внешние действия, как знак духовного подъема, как готовность человека подняться на уровень отдачи. Он обязан был употреблять в трапезу часть от того, что приносил, то есть съедать то, что мог использовать на отдачу. А все остальное отдавал коаним, левиим, бедным и так далее. Существовала целая очередь за этим приношением.

За внешними действиями скрывалась огромная внутренняя работа. Внешне Храм выглядел, как скотобойня. Кровь текла рекой, потом смывалась водой… И все это было естественно. Люди видели не забой скота, а действительно ощущали, как при этом возносят себя.

Мы там были? Я имею в виду наши решимот.

Были в изначальном состоянии, но не на том уровне, к которому мы должны прийти. Наша цель – построение Третьего Храма!

Третий Храм – это состояние, когда абсолютно все, включая народ Израиля и народы мира, то есть весь прошлый Вавилон, поднимаются на гору. И на ней духовно возникает Третий Храм.

Будет ли он возведен в материальном виде? Трудно сказать, потому что на стадии Третьего Храма наш мир пропадает, перестает ощущаться нами как существующий. Я не знаю, как это произойдет. Может быть, Третий Храм будет построен в материи, и после этого наш мир исчезнет из наших ощущений, как призрачный. Ведь он так и называется – *олам а-медуме*: *олам* происходит от слова *алама* – несуществующий.

Или вся наша работа будет заключаться только в создании духовного Храма – сосуда мира Бесконечности, включающего в себя абсолютно все души.

Другими словами, мы берем все уровни природы и строим некое состояние. Есть чертеж, понятно, из чего строить, какое должно быть дерево и камни, скрепы, посуда и так далее, – всё, существующее в виде неживой материи. Затем растительной уровень и животный – в Храм человек приносит с собой плоды и скот для жертвоприношения. И, наконец, непосредственный участник строительства сам человек – последний уровень природы.

Когда все сосредоточено в одном целом сосуде, в едином кли, тогда практически теряется необходимость существования в нашем мире – он пропадает, мы все оказываемся на следующем уровне в одном желании. Наше материальное состояние ощущается только в наших эгоистических чувствах, поэтому оно растает. Останутся только альтруистические ощущения.

Описать состояние перехода невозможно. Более того, хорошо, что мы его не знаем, что сомневаемся. Предстоит многое выяснить, чтобы направить работу на отдачу.

К этому состоянию нельзя прийти без благословения всех отрицательных сил, которые примыкают к духовному действию, отдаче и любви. Без их участия мы не можем подниматься. Ведь гора, на которой будет построено это великое, духовное здание, – это гора всех наших сомнений, проклятий, измен, прегрешений.

Слово *ар* (гора) происходит от *ирурим* (сомнения), отсутствие отдачи и веры, движения. Только на отрицании мы строим себя.

Билам благословляет народ Израиля.

/9/ ОПУСТИЛСЯ ОН НА КОЛЕНИ, ПРИЛЕГ КАК ЛЕВ – КТО ПОДНИМЕТ ЕГО? ВСЯКИЙ БЛАГОСЛОВЛЯЮЩИЙ ТЕБЯ – БЛАГОСЛОВЕН, А ВСЯКИЙ ПРОКЛИНАЮЩИЙ ТЕБЯ – ПРОКЛЯТ!

Что значит – «опустился он на колени, прилег как лев»? Кто поднимет его?

Лев – это большое горящее состояние (*гадлут*). Находясь в нем, он принижает себя и готов выполнять всю работу, начиная от самой низкой и до самой высокой, – но только в сторону отдачи.

Лишь Творец может поднять его, потому что в своем даже великом состоянии всё равно он стремится к покорности.

АМАЛЕК ПОГИБАЕТ ПОСЛЕДНИМ

И дальше:

/10/ И РАЗГНЕВАЛСЯ БАЛАК НА БИЛЬАМА, И ВСПЛЕСНУЛ ОН РУКАМИ СВОИМИ. И СКАЗАЛ БАЛАК БИЛАМУ: «ПРОКЛЯСТЬ ВРАГОВ МОИХ ПРИЗВАЛ Я ТЕБЯ, А ТЫ, ВОТ, БЛАГОСЛОВИЛ ТРИ РАЗА! /11/ А ТЕПЕРЬ БЕГИ К СЕБЕ! ДУМАЛ Я почтить тебя, НО ВОТ, БОГ ЛИШИЛ ТЕБЯ ПОЧЕСТЕЙ».

Балак находится на уровне ниже, чем Билам, поэтому не понимает, как можно благословлять врага. Он кричит на Билама, что лишит его своих почестей, которые дали бы Биламу больше, по его мнению. Он не видит, что Билам нашел тут связь с Творцом.

Призыв Балака, его крик идет из боли. Ведь тут говорится о существовании сил, которые не могут подпитываться иначе, чем через Израиль.

Дело не в том, что он потратил на жертвоприношение семь быков. Речь идет об идеологии, о способе существования. В этой подпитке заключается вся жизнь Балака, и он чувствует, что сейчас теряет ее.

/12/ И СКАЗАЛ БИЛАМ БАЛАКУ… /14/ А ТЕПЕРЬ Я ИДУ К НАРОДУ МОЕМУ. ПОЙДЕМ, Я СКАЖУ ТЕБЕ, ЧТО СДЕЛАЕТ НАРОД ЭТОТ ТВОЕМУ НАРОДУ В КОНЦЕ ВРЕМЕН.

/17/ ВИЖУ ЕГО, НО НЕ СЕЙЧАС, ВСМАТРИВАЮСЬ В НЕГО, НО НЕ БЛИЗКО: ВЗОШЛА ЗВЕЗДА ОТ ЯАКОВА И ВОЗНЕССЯ СКИПЕТР ОТ ИЗРАИЛЯ, И СОКРУШИТ ОН ПРЕДЕЛЫ МОАВА, И РАЗГРОМИТ ВСЕХ СЫНОВ ШЕТА. /18/ И БУДЕТ ЭДОМ РАЗГРОМЛЕН, И БУДЕТ РАЗГРОМЛЕН СЕИР – ВРАГИ ЕГО, А ИЗРАИЛЮ БУДЕТ СОПУТСТВОВАТЬ УСПЕХ. /19/ И ВЛАСТВОВАТЬ БУДЕТ потомок ЯАКОВА, И НЕ ОСТАВИТ В ЖИВЫХ НИКОГО ИЗ ЖИТЕЛЕЙ ГОРОДА». /20/ И УВИДЕЛ ОН АМАЛЕКА, И ПРОИЗНЕС ПРИТЧУ СВОЮ, И СКАЗАЛ: «ИЗ НАРОДОВ ПЕРВЫЙ АМАЛЕК, НО КОНЕЦ ЕГО – ГИБЕЛЬ».

Амалек погибает последним. Речь ведется не о физическом уничтожении, а идеологическом – о серии исправлений от самого маленького эгоистического желания до самого большого. Поэтому написано, что никого не останется в живых, то есть на пути.

Семь великих клипот, то есть нечистых эгоистических желаний, властвуют в разных народах мира и в итоге пройдут все свои исправления.

«Будет Эдом разгромлен» означает, что будет исправлен. Билам сейчас видит будущее: что произойдет и как исправятся все эгоистические желания.

Амалеку придается особое значение. Это самая великая эгоистическая сила, которая может быть уничтожена, вернее сказать, исправлена. В отличие от нашего материального мира в природе нет такого понятия как уничтожение – в ней ничего не меняется, не исчезает, а только меняет свою форму.

Амалек, являясь самым огромным эгоистическим желанием во всех людях, может быть исправлен только в последнюю очередь, благодаря предыдущим исправлениям, после эдоминян и прочих народов. Это и станет настоящим кардинальным изменением природы человека. Но пока, до исправления Амалека, идет только устремление к изменению природы. И наше объединение способствует этому.

И ПРЕКРАТИЛСЯ МОР СРЕДИ СЫНОВ ИЗРАИЛЯ

Заканчивается глава и вдруг снова появляется точка переворота! Говорится:

/1/ И ПОСЕЛИЛСЯ ИЗРАИЛЬ В ШИТИМЕ, И НАЧАЛ НАРОД РАСПУТНИЧАТЬ С ДОЧЕРЬМИ МОАВА. /2/ И ЗВАЛИ ОНИ НАРОД ПРИНОСИТЬ ЖЕРТВЫ БОЖЕСТВАМ ИХ, И ЕЛ НАРОД *Израиля*, И КЛАНЯЛСЯ БОЖЕСТВАМ ИХ.

Священный народ. Только что выиграли войну, и мы говорили о них с такой высотой и вдруг после войны –

смотрите, что делается: «и начали распутничать с дочерьми Моава». Что с ними произошло сейчас? С чем связано такое падение?

Это не падение. Это подъем по левой линии, который мы называем падением. Возникает следующее огромное эгоистическое желание, которое показывает им, что они еще не все исправили и в каком состоянии находятся сейчас. Человек стоит перед следующей ступенью – еще не поднялся на нее, но уже видит перед собой эту стену и понимает, что не может никак устоять перед ней.

Тут возникают новые исправления, проблемы, страдания, осознания. Вначале они притягивают человека, он готов им полностью отдаться, забыть все, что было до сих пор, потому что каждое новое желание сильней, чем предыдущее исправление.

Неважно, что в прошлом году я был правильным человеком, примерным семьянином, отличником в школе. Вдруг возникает новое желание, и я уже готов отдаться моавитянке. С каббалистами происходят такие вещи, что в конце жизни с трудом понимаешь, что с тобой сделали.

Это выглядит нелогично с точки зрения, что ты не только не набираешь силу, *а теряешь ее.*

Ты набираешь силу, именно поэтому тебя и толкают еще ниже. Отсюда все эти проверки. Как написано, чтобы подняться на сорок девять ступеней святости, ты должен опуститься на сорок девять ступеней нечистоты. Одно идет против другого, поочередно: левой, правой, левой, правой. Так и идешь.

Дальше:

/3/ И ПРИЛЕПИЛСЯ ИЗРАИЛЬ К БААЛЬ-ПЕОРУ, И РАЗГНЕВАЛСЯ БОГ НА ИЗРАИЛЬ. /4/ И СКАЗАЛ БОГ, ОБРАЩАЯСЬ К МОШЕ: «СОЗОВИ ВСЕХ ГЛАВ НАРОДА И ПОВЕСЬ преступников ВО ИМЯ БОГА ПОД СОЛНЦЕМ, И ОТВРАТИТСЯ ГНЕВ БОГА ОТ ИЗРАИЛЯ». /5/ И СКАЗАЛ МОШЕ СУДЬЯМ ИЗРАИЛЯ: «УБЕЙТЕ КАЖДЫЙ ЛЮДЕЙ СВОИХ, ПРИЛЕПИВШИХСЯ К БААЛЬ-ПЕОРУ!».

«Убей!» – что это значит?

Убей в себе такое желание. Ты должен отрезать от себя твои предыдущие желания, которые прилепились к этому.

Повесить их под солнцем для того, чтобы человек осознал, что все происходит под воздействием света Творца. Есть четыре вида казни эгоизма, которые используются в зависимости от того, на каком уровне он находится: удушение (повешение), побитие камнями, сожжение, поражение мечом.

Заканчивается глава «Балак» так:

/6/ И ВОТ, ОДИН ЧЕЛОВЕК ИЗ СЫНОВ ИЗРАИЛЯ ПРИШЕЛ И ПОДВЕЛ К БРАТЬЯМ СВОИМ МИДЬЯНИТЯНКУ НА ГЛАЗАХ МОШЕ И НА ГЛАЗАХ У ВСЕГО ОБЩЕСТВА СЫНОВ ИЗРАИЛЯ, А ОНИ ПЛАКАЛИ У ВХОДА В ШАТЕР ОТКРОВЕНИЯ. /7/ И УВИДЕЛ ПИНХАС, СЫН ЭЛЬАЗАРА, СЫНА ААРОНА-КОЕНА, И ВСТАЛ ОН ИЗ СРЕДЫ ОБЩЕСТВА, И ВЗЯЛ КОПЬЕ В РУКУ СВОЮ, /8/ И ПОШЕЛ ЗА ИЗРАИЛЬТЯНИНОМ В ШАТЕР, И ПРОНЗИЛ ИХ ОБОИХ, ИЗРАИЛЬТЯНИНА И ЖЕНЩИНУ ТУ, В ЧРЕВО ЕЕ. И ПРЕКРАТИЛСЯ МОР СРЕДИ СЫНОВ ИЗРАИЛЯ. /9/ И БЫЛО УМЕРШИХ ОТ МОРА ДВАДЦАТЬ ЧЕТЫРЕ ТЫСЯЧИ.

Что тут происходит?

Это вид исправления в человеке, с помощью которого он может остановить свое постижение следующей ступени.

Приложение

ОБ ИЗДАНИИ «ТАЙНЫ ВЕЧНОЙ КНИГИ»

«Тайны Вечной Книги. Каббалистический комментарий к Торе» – многотомное издание, передающее содержание одноименного цикла передач с каббалистом Михаэлем Лайтманом. Автор и ведущий – Семен Винокур.

Уникальное издание впервые приоткрывает завесу тайны о истинном смысле Торы. Знания, которые тысячелетиями передавались из уст в уста, хранились от посторонних глаз и ушей, сейчас раскрываются нам, потому что пришло время.

В каждом томе последовательно дается каббалистический комментарий к недельным главам Торы.

СОДЕРЖАНИЕ ТОМОВ

Том 1, главы Торы: «В начале», «Ноах», «Иди себе».

Том 2, главы Торы: «И открылся», «И было жизни Сары», «Вот родословная Ицхака…», «И вышел Яаков».

Том 3, главы Торы: «И послал», «И поселился», «В конце», «И подошел», «И будет», «Имена», «И явился», «Идем».

Том 4, главы Торы: «Когда послал», «Итро», «Законы», «Пожертвование».

Том 5, главы Торы: «Укажи», «Когда будешь вести счет», «И собрал», «Исчисления», «И призвал».

Том 6, главы Торы: «Прикажи», «Восьмой», «Зачнет», «Прокаженный».

Том 7, главы Торы: «После смерти», «Будьте святы», «Скажи».

Том 8, главы Торы: «У горы», «По Моим законам», «В пустыне», «Исчисли».

Том 9, главы Торы: «Когда будешь зажигать», «И послал», «Корах», «Закон», «Балак».

Том 10, главы Торы: «Пинхас», «Матот», «Маасей», «Дварим».

МИХАЭЛЬ ЛАЙТМАН

Михаэль Лайтман (философия PhD, биокибернетика MSc) – всемирно известный ученый-исследователь в области классической каббалы, основатель и глава Международной академии каббалы (МАК) – независимой, некоммерческой ассоциации, занимающейся научной и просветительской деятельностью в области науки каббала.

М. Лайтман – автор более 70 книг по науке каббала, переведенных на 40 языков, являющихся углубленными комментариями ко всем оригинальным каббалистическим источникам.

СЕМЕН ВИНОКУР

Автор и ведущий серии передач с Михаэлем Лайтманом «Тайны Вечной Книги», писатель, сценарист, кинорежиссер и продюсер более восьмидесяти документальных и художественных фильмов, лауреат премий и наград 12 международных фестивалей за лучшие документальные фильмы, обладатель приза Израильской академии кино за лучший сценарий игрового фильма.

МЕЖДУНАРОДНАЯ АКАДЕМИЯ КАББАЛЫ

http://www.kabacademy.com/

Учебно-образовательный интернет-ресурс – неограниченный источник получения достоверной информации о науке каббала.

Миллионы учеников во всем мире изучают науку каббала. Выберите удобный для вас способ обучения на сайте.

УГЛУБЛЕННОЕ ИЗУЧЕНИЕ КАББАЛЫ – ЕЖЕДНЕВНЫЙ УРОК

http://www.zoar.tv/

Каждое утро на сайте ведется прямая трансляция уроков каббалиста Михаэля Лайтмана для всех, кто занимается углубленным, ежедневным изучением науки каббала и исследованием каббалистических первоисточников.

Видеопортал Зоар.ТВ располагает уникальным контентом в виде бесплатных видео материалов, видеоклипов, ТВ онлайн, добрых фильмов онлайн, музыки.

**ИНТЕРНЕТ-МАГАЗИН
КАББАЛИСТИЧЕСКОЙ КНИГИ**

Все учебные материалы Международной академией каббалы основаны на оригинальных текстах каббалистов.

ИЗРАИЛЬ:
https://books.kab.co.il/ru/

РОССИЯ, СТРАНЫ СНГ И БАЛТИИ
http://kbooks.ru

АМЕРИКА, АВСТРАЛИЯ, АЗИЯ
https://www.kabbalahbooks.info

ЕВРОПА, АФРИКА, БЛИЖНИЙ ВОСТОК
https://books.kab.co.il/ru/

Михаэль Лайтман

ТАЙНЫ ВЕЧНОЙ КНИГИ
Каббалистический комментарий к Торе
Том 9

Технический директор: *М. Бруштейн.*
Редакторы: *Э. Сотникова, А. Постернак.*
Технический редактор: *Н. Серикова.*
Верстка: *Ю. Дмитренко, С. Добродуб.*
Оформление обложки: *А. Мохин.*
Выпускающий редактор: *С. Добродуб.*

ISBN 978-965-7577-98-1
DANACODE - 760-143

www.ingramcontent.com/pod-product-compliance
Lightning Source LLC
LaVergne TN
LVHW021755060526
838201LV00058B/3096